ÉTUDES

D'HISTOIRE NATURELLE

LAUSANNE. — IMPRIMERIE AUG. PACHE

LES ALPES SUISSES

ÉTUDES D'HISTOIRE NATURELLE

PAR

EUGÈNE RAMBERT

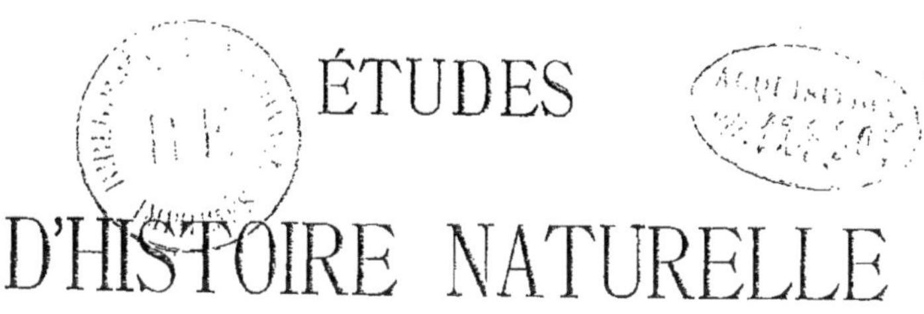

LES PLANTES ALPINES.
LA QUESTION DU FŒHN. — LE VOYAGE DU GLACIER.
LA FLORE SUISSE ET SES ORIGINES.

LAUSANNE

LIBRAIRIE F. ROUGE

4, rue Haldimand, 4.

1888

LES PLANTES ALPINES

A Madame E... K...

LES PLANTES ALPINES

A MADAME E... K...

Où commence la flore de la montagne ? Parfois la limite en est si claire qu'on pourrait la dessiner sur la carte ; d'autres fois elle est partout et nulle part, et il faut traverser de longues régions douteuses avant d'être assuré que l'on est sorti de la végétation de la plaine. Si l'on aborde la montagne du côté nord, en choisissant un point où elle ne s'appuie sur aucune colline avancée, on rencontre aussitôt quelques espèces alpines, et la ligne précise où commence la pente, est une limite pour la botanique aussi bien que pour la géographie. Le pied de la Dent de Morcles, à quelques pas du beau village de Bex, en est un exemple frappant. A peine a-t-on laissé derrière soi les prairies et pénétré dans les taillis montueux, que l'on voit fleurir sous chaque buisson la jolie

Anémone Hépatique, et que la Bruyère incarnate
empourpre au loin les pentes boisées et pierreuses.
Si, au contraire, on s'élève d'abord sur des plateaux
en gradins, si on monte de Rorschach à St-Gall et
de St-Gall sur les hauteurs de l'Appenzell, la transition est difficile à saisir, tant elle est bien ménagée,
et le botaniste qui ne voudrait ouvrir sa boîte qu'au
moment où se ferait sentir le passage, risquerait
fort de ne pas l'ouvrir du tout. Il en est de même
lorsqu'on pénètre dans l'intérieur des Alpes par une
de leurs vallées. On peut aller de Martigny au glacier du Rhône, sans savoir où l'on a rencontré la
montagne et, avec elle, sa flore. Sur les versants
méridionaux, les espèces alpines descendent en général beaucoup moins, et la végétation de la plaine
monte d'autant. Si, par exemple, on aborde par le
Valais cette Dent de Morcles qui, du côté de Bex,
abrite de son ombre la Bruyère incarnate jusqu'à
quelques pas du village ; si on l'attaque par l'arête
qu'elle envoie mourir au coude du Rhône, en face
de Martigny, la différence paraîtra bien frappante.
Sitôt qu'on a traversé le fleuve, on se trouve au
pied d'une rampe interminable, qui, d'une traite,
s'élève de 1500 à 2000 mètres ; mais au lieu d'y
glisser, comme sur les pentes qui regardent le nord,
les rayons du soleil la frappent perpendiculairement,
en sorte que la montagne s'annonce par un redoublement de chaleur. En hiver, les froids intenses

n'y sont pas rares ; mais en été, la sécheresse y est continue et le soleil brûlant. C'est un climat espagnol plutôt que suisse. Les talus formés par les éboulements ou les anciens dépôts des torrents, y sont couverts de moissons déjà dorées dès les premiers jours de juin, et de pampres qui croissent un peu au hasard, mais qui n'en produisent que des vins plus violents. Dans les lieux incultes, le figuier, l'amandier, le chèvre-feuille d'Etrurie croissent en buissons sauvages ; sur les rochers, les pins élancent en hautes colonnes leurs troncs résineux ; tous les brins d'herbe sont desséchés, et il faut gravir plusieurs centaines de mètres pour sentir le premier souffle d'un air rafraîchissant, et pour rencontrer la première plante qui soit réellement fille des hauteurs.

Cependant, de quelque façon qu'on aborde les Alpes, on se trouve, un peu plus tôt ou un peu plus tard, transporté au milieu d'une végétation nouvelle, qui vient on ne sait d'où, mais qui est tout autre que celle des contrées environnantes. Cette végétation elle-même change de caractère et d'aspect à mesure que l'on s'élève. On peut la diviser en deux zones, celle des forêts et celle des gazons, qu'il serait facile de subdiviser, et qui ne diffèrent pas beaucoup moins l'une de l'autre que, prises ensemble, elles ne diffèrent de celle de la plaine. Les limites en varient beaucoup, selon les contrées. Dans l'Appenzell, les forêts ne vont guère au-delà de 1500 mètres, tandis qu'en Engadine elles dépassent 2000 mètres. D'ailleurs, mille accidents locaux font sentir leur influence. Dans les bassins occupés par un glacier, les espèces supérieures s'emparent des moraines et descendent avec elles ; les torrents en transportent les graines et les déposent sur leurs rives ; les rochers perpendiculaires leur offrent aussi des refuges dans leurs précipices ; elles s'y sèment, et ne tardent pas à s'y établir bien au-dessous de leur étage naturel. La ligne de démarcation n'est donc pas une ligne régulière ; elle va festonnant autour de chaque massif, changeant de niveau selon mille circonstances, surtout selon les versants. Tous les fonds de ravine, tous les angles saillants formés par les arêtes, la font dévier de l'horizontale. Ce n'est pas non plus une ligne mathématique, précise et bien tranchée, comme celles que dessine sur les cartes de géographie la rencontre des couleurs qui indiquent les différents Etats. Il y a des régions intermédiaires, et nombre d'espèces appartiennent aux deux zones, ce qui fait que les transitions s'adoucissent sur un fonds commun.

C'est de ces régions superposées de la flore alpine que j'ai essayé de donner quelque idée dans les pages qui suivent, beaucoup moins au point de vue de la science qu'à celui du pittoresque. Peut-être l'entreprise est-elle téméraire ? A quoi bon décrire des fleurs ? Les personnes qui les ont vues, en ont une image bien plus nette que celle que peuvent en donner les descriptions les plus exactes, et si on ne les a jamais vues, il n'y a pas de description qui puisse y suppléer. Cette objection, que je me suis faite un peu tard, m'a semblé si forte que, si j'y avais songé, je n'aurais pas noirci tant de papier. Mais que dirai-je ? Pendant ces jours nébuleux, au plus fort d'un hiver dont la rigueur est exceptionnelle, cette brillante flore des Alpes m'a poursuivi de son image ; c'était comme une idée fixe, comme un de ces refrains qui, durant des jours et des semaines, se chantent d'eux-mêmes dans la mémoire et qu'on fredonne sans y songer. Au lieu de s'envoler comme tant d'autres, ce rêve tout composé de souvenirs est devenu de plus en plus clair et vivant, si bien que j'ai essayé de le saisir et de le fixer. Il y a beaucoup perdu. On ne sait pas ce qu'il faut de mots pour dire ce que l'imagination voit d'un regard. Libre, elle a le vol de l'hirondelle ; traînant une plume après soi, elle chemine à peu près comme les bœufs à la charrue. C'était un rêve ailé ; ce n'est plus qu'une description lente et paresseuse.

Telle qu'elle est, je vous l'offre. Peut-être aura-t-elle pour vous une partie de l'intérêt qu'elle a eu pour moi ; peut-être vous fera-t-elle revivre un instant au milieu de ces fleurs aimées, dont nous avons fait si souvent d'abondantes récoltes, et que vous arrangiez le soir en si merveilleuses corbeilles. Les jouissances du souvenir ont aussi leur prix, et pour les goûter, il n'est heureusement besoin ni de descriptions parfaites ni de dessins toujours à la hauteur du modèle.

I

La montagne s'annonce par ses forêts. On y retrouve la plupart des arbres de la plaine, le hêtre, le frêne, l'érable, le sapin ; mais ils prennent bientôt sur les pentes alpines une physionomie particulière. Passé une certaine hauteur, on cherche en vain des hêtres qui ressemblent à ceux de ces bois du plateau, sagement cultivés, où ils n'ont que le temps de pousser d'un jet de longues tiges blanches, nues et régulières. Les hêtres de la montagne croissent lentement. Ils y gagnent une singulière vigueur. Ils ont des racines qui se détachent en contre-forts, et dont les replis étreignent le roc ; sur chaque rameau, comme sur le bras d'un athlète, se relève en bosse le muscle qui le relie au tronc, et le bois en est aussi dur que la pierre dont ils se nourrissent : aussi n'est-il pas rare que les bûcherons se bornent à les émonder, comme on fait pour les vieux saules au bord des étangs, en sorte que, au lieu d'un arbre complet, on n'a qu'un tronc rabougri, mutilé tous les quatre ou cinq ans, mais qui n'en est que plus dur et plus tortueux, et qui se cramponne au sol avec un redoublement d'énergie. En passant de la plaine à la montagne, toutes les espèces arborescentes subissent du plus au moins un changement pareil : l'individu gagne non pas en grosseur, mais en force musculaire; il devient plus noueux et plus dur ; il se fait montagnard.

Dans les parties chaudes des Alpes, dans le canton de Vaud, en Savoie, en Valais, dans le Tessin, ailleurs encore, les pentes inférieures sont couvertes de châtaigniers ; plus haut, le hêtre et le sapin vivent ensemble et forment des forêts étendues ; puis le sapin règne sans concurrence jusqu'à ce qu'il rencontre, lui aussi, un climat trop sévère, et qu'il cède la place à l'arolle [1] et au mélèze. Telle est, si l'on peut parler ainsi, l'échelle normale et complète des forêts alpines. Le premier et le dernier échelon manquent souvent ; les deux autres sont permanents, et on les retrouve partout.

Les forêts de châtaigniers ne sont pas les moins pittoresques. Elles s'établissent sur des pentes fort inclinées ; l'ombre en est fraîche, et elles absorbent si bien tout ce que le sol renferme de sucs nutritifs, qu'elles n'abritent jamais qu'un gazon maigre, rare et qui végète péniblement. En général, elles ne sont

---

[1] Nom populaire du pin-alvier (Pinus Cembra).

pas très serrées ; les arbres ont de la place et ils en
profitent. Pour peu qu'on les laisse croître à leur
fantaisie, ils poussent à la base des jets qui s'emparent de toute la sève, si bien que la tige centrale ne
tarde pas à dépérir, et qu'une demi-douzaine de
châtaigniers, bientôt de taille respectable, grandissent en famille sur le tronc mort de l'aïeul. Cette
façon de croître n'est pas favorable au développement en hauteur ; aussi les châtaigniers abandonnés
à eux-mêmes se développent-ils plutôt en largeur ;
chaque membre de la famille vit pour soi et tire de
son côté, à moins, ce qui n'est pas rare, que les
tiges, en grossissant, ne se soudent les unes aux
autres et ne produisent à la longue des troncs énormes, fabuleux, laissant à leurs formes deviner leur
origine multiple, souvent creux, et dont le branchage irrégulier n'a rien de l'abondance touffue des
grands tilleuls ou des grands érables ; c'est une
végétation buissonnante sur un tronc géant. On
affirme qu'il faut chercher dans le bourgeon l'unité
de la vie végétale, et que les arbres n'ont que l'apparence de l'être individuel ; mais dans le châtaignier, cette apparence n'est guère trompeuse, et
l'on n'a pas de peine à reconnaître en lui le végétal
collectif, l'arbre polype. Le même caractère se retrouve dans ses feuilles à nervures parallèles, dentées et attachées très près les unes des autres, et
surtout dans ces longs chatons dressés, grêles, d'un

blanc soufré, qui, au temps de la floraison, se dressent en bouquets à l'extrémité de tous les rameaux. C'est alors qu'il faut voir les forêts de châtaigniers, et, si possible, d'un point assez élevé pour que le regard rase le faîte des arbres. La couleur des chatons se marie heureusement avec la verdure, et l'on dirait une mer de feuillage dont toutes les vagues sont fleuries. Peut-être ces petites merveilles qu'on appelle des fleurs, ne produisent-elles pas, par leur réunion, d'effet d'ensemble plus grandiose.

Le châtaignier n'aimant guère à vivre seul et ne prospérant que lorsqu'il peut tout accaparer, on sort assez brusquement des régions qu'il occupe, et l'on passe, sans transition, à des forêts composées d'essences diverses, surtout de hêtres et de sapins. Le chêne n'est pas commun à la montagne, il n'aime pas le sapin ; mais le hêtre et le sapin s'arrangent fort bien, au contraire, d'une vie en commun, et forment à eux deux les plus splendides ombrages que l'on rencontre sur les flancs des vallées alpines. Ils y croissent l'un et l'autre plus lentement qu'à la plaine ; mais si les circonstances leur sont favorables, ils finissent par y atteindre une hauteur prodigieuse, et il n'y a pas de forêts aux formes plus amples, plus riches, plus variées. Les sapins sont toujours les mêmes ; leur sombre verdure ne change pas, et du haut de leur éternelle gravité, ils regardent la feuille du hêtre muer à chaque saison. Car c'est là le propre de cet arbre au bois dur, à l'écorce lisse et serrée, où la mousse ne mord pas : il a beau prendre des formes noueuses et athlétiques, il reste coquet par le feuillage. Ses feuilles naissantes sont du vert le plus tendre et le plus délicat, avec une légère bordure de cils argentés ; puis, à mesure que le tissu en devient plus ferme, la nuance en devient aussi plus concentrée, sans cesser d'être gaie et douce à l'œil ; enfin l'automne se fait à peine sentir que déjà elles commencent à se dorer, et s'apprêtent à passer par toute une série de tons, depuis l'or clair jusqu'à l'or fauve et roux. La nature était en veine de romantisme, quand elle a marié à l'immobilité du sapin la joyeuse coquetterie du hêtre ; elle a voulu se donner la fête des contrastes, et elle en a soigneusement réservé le bouquet pour la fin : l'automne dans ces forêts a des magnificences incomparables.

Le mélange de ces deux arbres n'est point nuisible aux espèces plus petites. A leur pied se développe une végétation luxuriante, dont les formes et la puissance témoignent de la fécondité d'un sol formé de détritus, et enrichi chaque année des dépouilles de l'automne. La Spirée des bois y pousse des panicules blanches d'une dimension fabuleuse ; les palmes des fougères s'y allongent démesurément ; la plus haute des campanules de notre pays, la Campanule à larges feuilles, y élève

parfois jusqu'à la taille d'un homme ses tiges amin-
cies, chargées au sommet de toute une sonnerie de
grandes cloches bleues, et partout où le sol est
plus humide, les tussilages se pressent, étalant à
l'envi leurs énormes parasols. Puis, à côté de ces
hautes herbes, ce sont des buissons touffus, des
ronces entrelacées, souvent aussi des cytises légers,
dont les fleurs dorées retombent en longues grappes,
et brillent de loin dans les clairières. Mais peut-être
ces forêts d'essences diverses n'ont-elles pas de
plus riche ornement que la Rose des Alpes, dont
elles sont la véritable patrie, et qui en décore tous
les taillis. [1]

La Rose des Alpes est célèbre parce qu'elle n'a
point d'épines, et qu'elle en pousse, dit-on, lorsqu'on
la transporte ou qu'elle s'égare dans la plaine. Gracieuse légende ! La Rose des Alpes est une de ces
espèces flottantes, dont les caractères ne semblent
pas parfaitement assis, comme on en trouve plusieurs dans cette famille. Souvent elle manque totalement d'aiguillons ; tout aussi souvent, quelques-
unes des parties vertes, les pédoncules surtout,
sont chargées de poils glanduleux, longs et presque

---

[1] La Rose des Alpes est une églantine, qui n'a point de
rapport avec le Rhododendron, auquel on a le plus grand tort
de donner aussi ce nom-là. Il ne faudrait pas beaucoup de
confusions semblables pour que le langage devînt une
énigme perpétuelle.

piquants ; quelquefois enfin, quoique rarement, les tiges ligneuses sont armées d'aiguillons aigus. Cette dernière variété, qui se rencontre à la montagne de même que sur les collines de la plaine, prouve que la Rose des Alpes n'a pas complétement dépouillé l'instinct de la famille, et qu'elle est, comme ses sœurs, une ronce ennoblie et de race plus fine. Nul doute qu'on ne puisse la cultiver à volonté avec ou sans épines.

Peut-être n'a-t-on jamais fait à la nature de plus sensible outrage qu'en émondant le rosier, jusqu'à ce qu'il devienne un petit arbre, dont le tronc nu se termine par un paquet rond de feuillage. Le rosier est un buisson ; il ne porte pas des rameaux, il pousse des jets. Pourquoi faire disparaître un contraste aussi heureux que celui d'une fleur aux formes chastes et pures sur un fouillis de souches épineuses, de tiges entrelacées, de longs jets ondoyants, qui s'échappent au dehors et se suspendent dans les airs ? Rien de plus agreste que le rosier. Laissons-le croître dans nos bosquets, massons-le en haies irrégulières et touffues, qu'il grimpe en espalier avec de libres pousses retombantes ; mais ne le transformons pas en un arbre manqué. N'est-ce pas une seconde faute que de faire doubler la rose ? Les étamines s'y prêtent de si bonne grâce qu'elles semblent nous y inviter elles-mêmes, et il faut reconnaître que, dans quelques variétés, la ceinture des

pétales est un peu dégarnie et demande à être ren-
forcée ; mais est-il nécessaire pour cela de changer
en une boule pesante cette corolle légère, la plus
parfaite qui existe ? — Quelques pétales arrondis,
amples et plus ou moins découpés en cœur, attachés
à leur centre commun par un onglet très court, juste
ce qu'il faut pour les dégager, formant ensemble,
autour d'un bouquet d'étamines, une coupe dia-
phane, qui s'ouvre toujours davantage et dont la
courbe est un chef-d'œuvre de grâce sans mollesse :
voilà la rose, et voilà aussi la véritable élégance,
l'élégance native, idéale, divine, pure de toute recherche aristocratique, qui n'est que la distinction
suprême et la perfection de la beauté. Il y a plus de
libre fantaisie dans le support de la coupe, dans ce
calice aux sépales ciselés, couverts parfois de toute
une végétation de mousses en miniature ; mais il
révèle aussi une pensée d'harmonie : par les riches
découpures de chaque sépale il rappelle la variété
et les accidents du feuillage, tandis que sa disposition régulière annonce et prépare la beauté simple
de la corolle.

Faire naître de la ronce la reine des fleurs, tel est
le problème qu'a résolu la nature le jour où elle a
créé le rosier, tel est le motif qu'elle a reproduit
dans toutes les espèces du genre, en le variant avec
une inépuisable richesse d'invention. Quelques-unes
de ces ronces devenues rosiers, portent de petites

fleurs mignonnes et joufflues comme la figure d'un enfant qui sourit ; d'autres, avec leurs blanches corolles, semblent nées pour décorer le tombeau des vierges ; d'autres encore se couvrent de grandes fleurs aux pétales pourpres et veloutés, qui rivalisent de luxe, de richesse, de magnificence avec ce que l'on peut voir ou rêver de plus éclatant. Mais toujours, que la beauté en soit plus gracieuse, plus touchante, plus splendide, toujours c'est la fleur accomplie naissant d'un buisson sauvage et tout hérissé d'épines. Il en est des créations de la nature comme de celles de l'art : les plus saisissantes supposent un contraste devenu harmonie, deux ou plusieurs notes différentes, mais qui donnent un accord.

Le Rosier des Alpes est un de ceux qui s'éloignent le plus du type, et sans les variétés à aiguillons, on pourrait dire qu'il s'en écarte tout à fait. Il ne croît pas en impénétrables fouillis ; il n'a pas de ces longs jets arqués, provoquants, qui s'élancent d'une broussaille à l'autre. Avec ses tiges menues, son bois lisse, délicat, teint en rouge, ses feuilles fines, un peu allongées, d'une nuance claire, d'un vert léger, il ne forme que de grêles bouquets, qui, au lieu d'envahir les taillis, s'y font place avec une sorte de réserve craintive ; c'est le plus timide, le plus innocent des rosiers, celui qui a le plus dépouillé le caractère de la ronce. Mais la fleur est bien une rose, brillante et passagère. Elle ne vit réellement que l'espace d'un matin ; la corolle tombe le jour même où elle achève de s'épanouir, et, à peine ouverte, elle pâlit et se fane. Il en est plus ou moins ainsi de toutes les roses : la fleur reine est la fleur fragile ; elle subit dans sa rigueur la dure loi du changement, qui est une loi de déclin autant que de progrès ; mais cette ironie de la destinée, cette fatalité des choses créées, qui semble peser à double sur les êtres les plus fins, n'éclate dans aucune espèce plus visible, plus manifeste que dans la Rose des Alpes. Il est rare que ses fleurs ouvertes tiennent ce qu'elles promettaient ; elles n'ont qu'un moment, et il faut le saisir. Elles sont de taille moyenne ; elles reposent sur un calice sans ciselures ; la couleur en est transparente, non veloutée ; mais c'est le plus pur de tous les carmins, une de ces nuances comme il ne s'en élabore qu'à l'ombre, loin des rayons qui brûlent, et de la chaleur qui hâle et basane le teint. Le Rosier des Alpes n'a jamais respiré que l'air des grands bois, et s'il est des gloires moins promptes à passer, il n'en est pas de plus fraîches que la sienne, lorsque pliant sous le poids de ses boutons et de ses corolles naissantes, il brille, le matin, dans l'épaisseur des taillis verts.

A mesure que l'on monte, cette végétation cachée à l'abri de la forêt devient plus alpine. Au pied des troncs vermoulus, sur les talus du sentier ou dans

les anfractuosités des blocs tombés des hauteurs,
apparaissent bientôt plusieurs espèces de fleurettes
de plus en plus étrangères à la plaine. Ici, c'est la
Campanule naine, non celle qui étale sur nos murs
ses longues tiges effilées et ses fleurs éparses, mais
une toute petite campanule, dont chaque touffe est
un bouquet, avec des rosaces de feuilles crénelées
et d'innombrables tiges grêles et courtes, chargées
de corolles délicates, qui sonnent à tous les vents ;
il suffit pour les mettre en branle qu'une mouche
les effleure de l'aile ou qu'un insecte invisible se
suspende à leur long pistil. Ailleurs, c'est la Möhringie qui émaille les mousses de ses mille fleurs
sémillantes, toujours gaies et bien éveillées, dont les
pétales dessinent des croix en miniature à quatre
rayons blancs. Quoiqu'elle descende avec l'Anémone
Hépatique jusqu'à deux pas de la plaine, la Möhringie
est une des plantes qui rappellent le plus vivement
la montagne ; elle aime à croître au bord des sentiers qui y conduisent, et elle en montre le chemin.
On voudrait la cueillir ; mais on ne sait comment en
démêler les tiges entrelacées ; elle fait corps avec la
mousse, et il faut enlever tout le tapis où s'engagent ses racines imperceptibles ; c'est alors mieux
qu'une plante, c'est un jardin, c'est un bosquet, qui
tiendrait sans peine dans les deux mains d'un enfant.

Cependant les hêtres commencent à devenir

moins élancés et plus rares ; bientôt ils disparaissent tout à fait, et le sapin règne sans concurrence : la forêt lui appartient. On fait ainsi un pas nouveau et vraiment décisif vers les régions alpines. C'est que le sapin est l'arbre de la montagne. Ils ont l'un avec l'autre cette convenance et cette harmonie qu'ils regardent en haut. On ne se figure sur les flancs élevés des Alpes ni chênes, ni tilleuls, ni aucun arbre qui pousse de très longues branches latérales. La croissance verticale est ici de rigueur. Ce n'est pas seulement une affaire de goût ; c'est une nécessité. Presque partout un arbre à rameaux étendus ne pourrait se développer que d'un côté. D'ailleurs, la croissance verticale est la seule qui permette aux troncs de se serrer les uns contre les autres, et de s'appuyer réciproquement pour opposer à l'avalanche ou à la tourmente une résistance plus efficace. Si le sapin est à la montagne l'arbre dominant, peut-être cela tient-il moins à la facilité avec laquelle il supporte le froid qu'à sa manière de croître, et aux avantages qui en résultent dans les luttes à soutenir.

Les sapins forment de grandes forêts, ou, comme l'on dit dans le Jura, des *joux*, qui revêtent d'un épais manteau les flancs des vallées et les croupes des avant-monts ; l'individu s'y perd dans la masse, comme un brin d'herbe dans une prairie ou un soldat dans un régiment. Quelquefois aussi ils couron-

nent les arêtes et les hérissent de pyramides et de
clochetons découpés à jour ; souvent ils s'avancent
en longues files sur les corniches des rochers, et
s'appliquent si bien contre la paroi qui les abrite
qu'à les voir d'en bas on les y croirait incrustés.

Les jeunes sapins n'ont pas une physionomie très
marquée. Ils sont faits pour vivre en société et se
prêter assistance. Aussi l'intérêt général l'a-t-il em-
porté sur les fantaisies de l'humeur individuelle.
Tous prennent la forme qui convient le mieux à tous;
aucun ne dévie du type. Les nécessités d'une lutte
en commun ont imprimé à la race entière un instinct
d'ordre et de discipline.

Mais les forêts de vieux sapins ont une sorte de
grandeur austère et solennelle, qui ne peut inspirer
que de graves méditations. Ce sont les plus mystérieuses de toutes, celles dont l'ombre est la plus
épaisse. Quand le vent souffle, on n'y voit ni feuilles
qui tremblent, ni branches qui se tordent ; mais la
masse entière ondule et se balance ; d'un bout à
l'autre c'est le même mouvement et la même plainte,
et ces milliers de grands arbres plient et se relèvent
et gémissent ensemble, comme s'ils n'avaient qu'une
voix et qu'une âme.

Les sapins les plus remarquables sont peut-être
ceux que le peuple appelle *gogants*, antiques sapins
isolés dont le bétail aime l'ombre, et qu'on laisse
vieillir, depuis des siècles, près des chalets des Sous-

Alpes et du Jura. Le temps les a dépouillés à demi ;
il a fait de larges trouées dans leur feuillage ; les
branches qui restent s'inclinent vers la terre, et celles
qui croissent plus près du sol s'y appuient de tous
côtés : depuis tant d'années qu'elles portent le far-
deau des neiges de chaque hiver, elles ont fini par
céder sous le poids. Mais les branches seules ont
fléchi, la cime n'a pas plié, et, malgré la fatigue de
l'âge, ces vétérans, toujours debout, droits et fiers,
continuent à donner l'exemple aux jeunes conscrits
de la forêt. Que de gravité et de tranquillité recueillie
dans cette vieillesse sévère ! mais aussi que de bonhomie ! Ils nourrissent tout un peuple de lichens
parasites, dont les longues barbes grises se rejoignent de branche en branche, et il n'est pas de toit
plus hospitalier que celui que forment tout autour
du tronc leurs rameaux abaissés : pendant les nuits
d'hiver, les chamois viennent y dormir ; en été, les
chèvres, les vaches et souvent les bergers ou les
voyageurs, s'y abritent pendant l'orage, ou y cher-
chent un refuge contre la chaleur du jour. Ils meurent rarement d'une mort vulgaire. Le bûcheron les
respecte parce qu'ils sont utiles au pâtre et aussi,
peut-être, parce que le bois n'en vaut pas celui des
plantes plus jeunes. Ils sont réservés à la foudre.
Chaque été, elle en détruit plusieurs. J'en ai vu un
consumé sous mes yeux. Il s'alluma soudain de la
base au faîte avec toutes ses feuilles aciculaires, ses

lichens barbus et ses petites branches résineuses ; il brûla pendant quelques minutes comme un flambeau sur la montagne ; puis il s'éteignit presque aussi rapidement qu'il s'était allumé, et il ne resta qu'un tronc chauve et noirci, où le feu couva pendant quelques heures encore.

Il n'est pas absolument impossible de trouver dans les Alpes des forêts de sapins qui n'aient jamais été coupées. Quelques-unes ont été préservées par un accès trop difficile, d'autres par leur position au-dessus d'un village, qu'elles protègent contre les glissées de neige. C'est là qu'il faut aller si l'on veut se faire une idée de ce que peut être la végétation de la mousse. Elle s'y entasse en épaisses toisons, en lits superposés, où l'on enfonce doucement, sans jamais sentir au-dessous le sol et ses aspérités. La couche d'une année y verdit sur les restes de celle des années précédentes, et ainsi de suite à l'infini. Toutes les dépouilles de la forêt, bois mort, aiguilles desséchées, vieux troncs pourris, s'y ensevelissent depuis des siècles et s'y accumulent en désordre. Il suffit de quelques branches cassées qui tombent de manière à faire pont d'un tertre à l'autre pour servir de base à un étage nouveau de jardins suspendus, sous lesquels se cachent des espaces vides et des grottes ignorées ; mais si l'on vient à poser le pied sur ces fragiles édifices, ils craquent tout à coup, et l'on plonge jusqu'à la ceinture au sein des mousses verdoyantes.

Peu de plantes peuvent supporter la fraîcheur et l'obscurité de ces retraites profondes, où ne pénètre qu'une lumière pâle et diffuse. Elles ont pourtant leur flore à elles. Autour des troncs s'établissent des colonies d'airelles ; quelques parasites croissent sur les bois morts, et de petites orchidées bizarres sortent de la mousse elle-même. Qu'est-ce, par exemple, que cette plante rosée, qui n'a point de feuilles, et dont la hampe porte trois ou quatre fleurs, d'une carnation si extraordinaire que l'on croit deviner sous l'épiderme des veines et des chairs? Cueillons-la, mais avec précaution, de peur de ne pas atteindre jusqu'à ce rhizome souterrain, qui ressemble à une branche de corail, et d'où naissent d'un côté la tige, de l'autre quelques grêles racines. La voilà tout entière, et plus d'un botaniste en serait jaloux. C'est bien une plante, quoiqu'à première vue on puisse presque en douter ; c'est une de ces orchidées qui semblent nées d'un mariage entre une fleur et un insecte, c'est le fragile Epipogium, hôte des bois les plus solitaires, la plus mystérieuse de toutes les créations de ces mystérieuses retraites. Encore quelques années, et lorsqu'une administration soigneuse aura soumis toutes les forêts des Alpes à des coupes régulières, l'Epipogium aura cessé d'exister, à moins qu'il ne trouve un dernier refuge dans les forêts sacrées, interdites à la hache du bûcheron.

Avec leurs grandes mousses, les forêts de sapin sont pour les pentes qu'elles occupent une protection que rien ne peut remplacer. Les pluies les plus torrentielles s'y perdent comme dans une éponge capable d'absorber un déluge, et l'eau ne s'en échappe que goutte à goutte. Les masses de neige qui y tombent en hiver sont et demeurent fixées au sol, et y fondent tranquillement, sans jamais glisser; le sol lui-même en est affermi; un immense réseau de racines le retient et le consolide, et il est bien difficile qu'il s'y détermine le moindre mouvement. Les *joux* sont des réservoirs qui alimentent, à leur lisière inférieure, des sources toujours limpides; mais il ne s'y forme ni ruisseaux ni torrents; il n'en descend aucun débris, et, à moins qu'elles ne soient attaquées du dehors, elles peuvent être considérées comme immuables; aussi le sapin mérite-t-il, à double titre, d'être appelé l'arbre de la montagne : non-seulement il a tout ce qu'il faut pour y prospérer, mais encore il la protége. Aucune autre espèce ne pourrait rendre les mêmes services. Le mélèze et le pin n'ont pas le feuillage assez dense; l'ombre en est trop claire, et l'eau des pluies rencontre autour de leurs troncs un sol plus nu qu'elle n'a pas de peine à ronger. Les forêts de pins qui existent çà et là sur les versants méridionaux, et celles de mélèzes, qui sont communes en Valais, ont des pentes moins régulières, et l'on voit au premier coup d'œil qu'il faut y faire la part de l'accident. Il en est de même du hêtre : ses feuilles sèches forment un humus excellent, propice à toutes sortes d'herbes et de broussailles ; mais pour protéger le sol, rien ne vaut une épaisse toison de mousse. Le sapin est un trésor sans prix. Oter le sapin aux Alpes, c'est à peu près comme si l'on ôtait le chameau au désert ou le Nil à l'Egypte. Sans lui, la plupart des vallées seraient inhabitables. Malheureusement, beaucoup de montagnards n'ont pas encore compris ce que leur vaut cet arbre tutélaire, et les coupes inconsidérées qu'ils pratiquent eux-mêmes ou qu'ils permettent à la spéculation, en donnent chaque jour la preuve trop évidente.

Dans la plus grande partie des Alpes suisses, les derniers arbres que l'on rencontre, sont de pauvres sapins rabougris, qui végètent éternellement sans dépasser la taille d'un genévrier, des sapins devenus buissons, avec des bourgeons terminaux qui n'ont pas la force de s'élancer, des branches traînantes plus longues que la tige, et de petits troncs noueux, auxquels il faut plus d'un demi-siècle pour atteindre l'épaisseur du poignet. Cependant il est quelques vallées, surtout dans les Grisons, où il existe au-dessus des derniers sapins des forêts considérables, en Engadine, par exemple. Ce sont des forêts de mélèzes et d'arolles. Il est difficile de réunir deux espèces de conifères plus différentes d'aspect. Grâce à ses mouchets d'un feuillage clair, le mélèze est en été le plus gai des arbres à aiguilles ; en hiver, il en est le plus triste, parce qu'il perd ses feuilles, et qu'il n'y a rien de plus lamentable que sa haute tige dépouillée : il n'a pas l'air dégarni, il a l'air sec. Comparé au sapin, il paraît plus souple et plus dégagé, et s'il résiste mieux aux frimas, on serait tenté d'y voir une victoire semblable à celle du roseau sur le chêne : il se peut, en effet, que ce soit pour lui un avantage de perdre ses feuilles ; au moins en résulte-t-il qu'il laisse glisser la neige entre ses branches, et qu'il n'a pas à porter tout ce qu'il en tombe en un hiver ; il offre aussi moins de prise à la tourmente, et il peut plus facilement vivre seul ; mais on aurait tort de parler de roseau à propos du mélèze des hautes Alpes ; il fait comme le hêtre, il se modifie pour s'approprier à ce climat nouveau. Autant ceux que l'on cultive dans la plaine, ou qui croissent sur les pentes inférieures, prennent des formes flexibles et régulières ; autant en Engadine ils ont le tronc épais, ramassé, tordu, noueux ; ils n'ont de léger que le feuillage. Sous un coup de vent leurs petites branches élastiques flagellent les airs en tous sens ; mais le tronc reste ferme et ne plie pas. Quant à l'arolle, il n'a rien de l'humeur cosmopolite du mélèze, qui s'accommode de toutes les altitudes ; il n'habite que les Alpes les plus élevées, et s'il l'emporte sur le sapin, ce ne peut être que par un redoublement de vigueur. Malgré la finesse de son bois rouge et parfumé, c'est un vrai lutteur, aux bras musculeux, né pour braver les plus furieuses tempêtes et les climats les plus sauvages. Il n'est pas de tronc aux formes plus athlétiques ; les rameaux en sont fièrement dressés ; il porte de longues aiguilles sombres, triangulaires, groupées en bouquets, à la manière des pins, et attachées cinq à cinq dans la même gaîne. On retrouve jusque dans les fruits ce caractère de force et de rude énergie ; ce sont des cônes ronds, noirs, compactes, couverts d'un enduit résineux, et qui mettent des années à mûrir. Enfin, l'arolle ne se dresse pas en une flèche élancée ; il s'arrondit en dôme au sommet, et c'est avec raison qu'on l'a nommé *le cèdre des Alpes.*

Ces dernières forêts de l'Engadine grimpent péniblement le long des flancs de la montagne, et donnent peu d'ombrage. A leur air de vétusté, à leurs clairières multipliées, au petit nombre de jeunes plantes qui se préparent à remplacer les vieillards, on les prendrait pour une armée de vétérans, dont les bataillons aventurés en pays lointain, ravagés par la disette et par les combats, ne se recrutent plus depuis longtemps. Cependant il faut faire une exception en faveur de l'Albula, [1] par exemple, et de quelques localités où, grâce à des circonstances favorables, le sapin a pu y ajouter l'appoint de son feuillage plus dense. Ces trois espèces réunies forment des forêts touffues, très fraîches, d'une originalité surprenante, où, sur le noir rideau des sapins, se détachent tour à tour les cimes légères des verts mélèzes et les faîtes élargis de l'arolle tortueux.

Elles ont un attrait tout particulier, ces forêts de l'Engadine. Elles n'abritent pas une végétation de mousses aussi luxuriante que celle des *joux ;* mais combien elles recèlent d'espèces jolies et rares ! C'est un monde à part, et la flore y prend un caractère frappant de finesse et de distinction. Quiconque a visité à une demi-lieue de Pontrésina, sur le sentier qui, de l'autre côté de la rivière, conduit au glacier de Morteratsch, un certain groupe de blocs pittoresquement entassés et ombragés d'arolles, se souviendra des terrasses ou lits de verdure qui s'étendent de l'un à l'autre. Chacune est un sanctuaire pour le botaniste. La Trientalis d'Europe y plonge dans la mousse ses racines menues, et ouvre,

---

[1] Au-dessus de Ponte ; mais non pas sur la route, de l'autre côté du ruisseau. Il en est de même au fond de la vallée, près des bains de St-Moritz ; mais les arbres sont moins beaux, ce qui tient, peut-être, à la nature marécageuse du sol.

au-dessus de feuilles en croix, les blanches étoiles de ses fleurs ; tout autour, la petite Linnée, une autre fille du Nord, entrelace les réseaux de ses tiges traînantes, aux folioles rangées deux à deux, d'où s'élancent par centaines des pédoncules fluets, qui portent chacun deux ou trois petites cloches retombantes, d'un rose tendre avec des stries incarnat. Tout est si délicat dans ces jardins mignons, cachés entre d'énormes blocs granitiques, si gracieux, si coquet, l'élégance fragile en est si minutieuse, qu'on a peur de cueillir, peur de déranger, et qu'on se borne à respirer à distance la délicieuse senteur des Linnées.

Les forêts de la haute Engadine ont cette spécialité, qu'elles sont à la fois les plus élevées et les plus abordables de toute la chaîne des Alpes. Elles occupent le fond et les pentes inférieures d'une vallée large, bien ouverte, semée de magnifiques villages, et le touriste qui a élu domicile à Maria ou à Pontrésina, va s'y promener comme dans un parc. Cependant cette vallée fait partie d'un des plus formidables soulèvements des Alpes : elle aboutit, ainsi que les forêts qui l'embellissent, à des cimes et à des glaciers de premier rang, et sur une longueur de plusieurs lieues elle atteint et dépasse le niveau du Rigi-Culm : il en résulte que des flores ordinairement séparées par plusieurs centaines de mètres pris sur la verticale, s'y rencontrent et s'y mêlent.

On sait que sur les vastes massifs la température est ordinairement plus douce que sur les montagnes isolées, ou qui font partie d'un ensemble moins grandiose, ce qui permet à beaucoup de plantes d'y prospérer plus haut ; en revanche, plus un massif est vaste, plus sont étendus les territoires qu'y occupent les espèces supérieures, et il y a tout lieu de croire que la force d'expansion d'une espèce dépend, entre autres circonstances, de l'étendue du territoire qu'elle occupe déjà. De là deux lois qui agissent en sens contraire dans les chaînes alpines les plus puissantes, l'une qui fait monter la flore des Sous-Alpes, l'autre qui fait descendre celle des sommités. Aussi, lorsqu'on pénètre au cœur des plus hautes Alpes, faut-il s'attendre à quitter plus tard les prairies et les forêts, et à rencontrer plus tôt les espèces glaciaires. Ce phénomène n'est nulle part plus sensible qu'en Engadine. Sur nos montagnes vaudoises, il faudrait grimper longtemps, à partir du dernier sapin, pour récolter le Chrysanthème des Alpes, un chrysanthème haut comme la main, au feuillage artistement découpé, au calice noir et à la collerette bien blanche, bien propre, bien ouverte, tandis qu'en Engadine, on le rencontrera en pleine forêt, à quelques minutes des villages. Pour celui qui n'aurait herborisé que dans le canton de Vaud ou en Savoie, ce serait une plante caractéristique des sommités ; pour celui qui n'aurait vu que l'Engadine, ce serait une espèce à large zone, habitant indifféremment les cimes et les pentes boisées. Il en est de même de l'Ancolie des Alpes, plante superbe, l'une des fleurs les plus grandes et les plus riches de la montagne, bien différente de celle de la plaine. Celle-ci n'est que gracieuse, agreste, peut-être un peu triste : la couleur de petit deuil qu'elle affecte parfois, surtout dans la variété qui habite les bois montagneux, semble lui convenir mieux qu'une autre. L'Ancolie des Alpes est moins effilée, moins haute ; les rameaux en sont aussi moins nombreux ; elle ne porte qu'une ou deux fleurs, rarement trois ou quatre, mais grandes, d'un bleu pur et franc, et qui, délicatement suspendues, se balancent avec majesté. Le dessin en est d'un travail curieux et d'une heureuse ampleur ; c'est celui de toutes les ancolies : des pétales dont une pointe se recourbe et s'allonge en éperon, tandis qu'à l'autre extrémité ils s'élargissent en limbe et se rapprochent par leurs bords, de manière à former un vase penché et de ciselure gothique ; puis toute une série d'autres pétales alternant avec les premiers, plus larges, plus longs, et se dégageant latéralement, comme autant d'ailes bien ouvertes. Une fleur pareille a beau être grande, elle ne peut pas être lourde ; toujours elle flotte légère, et de fortes dimensions en font mieux ressortir les formes rares, aussi harmonieuses qu'originales, où brille dans sa hardiesse le génie des belles fantaisies. Ailleurs, cette plante qui fait l'orgueil des touristes assez heureux pour la rencontrer, ne se trouve guère que dans la région des plus hauts chalets ; mais à Maria, la perle de l'Engadine, elle fleurit sous les mélèzes, à deux minutes du village, et il ne faut pas plus de peine pour en aller cueillir une gerbe que pour faire un bouquet dans le jardin de l'hôtel.

« Engiadina, terra fina ! » dit une chanson populaire dans la contrée ; celui qui l'a composée a bien dit, et ce refrain revient de lui-même à la mémoire du botaniste qui, assis sous un arolle, cueille d'une main quelque fleur des avant-monts, venue du bas de la vallée, et de l'autre quelque fleur des cimes, descendue avec les glaciers.

Mais il ne suffit pas d'une course de forêt pour prendre une juste idée de la végétation du premier étage des Alpes. Les forêts ne couvrent ni tous les flancs, ni toutes les croupes de la montagne, et pour peu que la vallée soit large, elles n'en occupent pas le fond. Dans les vallées qui courent du sud au nord ou du nord au sud, les maisons, les cultures, les prairies, les forêts sont semées indifféremment sur l'une ou sur l'autre rive, et il n'y a guère entre leurs versants que des différences accidentelles, ou qui intéressent moins le botaniste que le géologue. Dans celles qui se dirigent de l'est à l'ouest ou vice versâ, on remarque entre les deux pentes un contraste qui ne cesse pas : l'une fait face au soleil, c'est celle des villages, des prairies, des champs, des jardins ; l'autre est à l'ombre, c'est celle des forêts et des grandes *joux*. Le Pays-d'Enhaut et la Gruyère offrent un exemple frappant de l'influence qu'exerce l'orientation. Ils appartiennent l'un et l'autre à la vallée de la Sarine, et ils ne sont séparés que par un défilé ; mais dans le Pays-d'Enhaut la rivière se dirige de l'est à l'ouest, tandis que dans la Gruyère elle coule du nord au sud. Ici, les deux rives sont également fertiles, animées, riantes ; là, il semble qu'on change de zone en passant de l'une à l'autre.

Nous n'avons guère fait jusqu'à présent qu'une promenade du côté de l'ombre ; le châtaignier lui-même, que nous avons rencontré en premier lieu, ne craint pas les versants tournés au nord, pourvu que la contrée jouisse d'un climat doux. Il nous reste, avant de gagner une région plus élevée, à voir le côté du soleil et les prairies.

Le côté du soleil a aussi ses arbres, quoique les forêts y occupent, en général, beaucoup moins d'espace ; mais le hêtre et le sapin n'y sont plus, au même degré, les espèces dominantes. On y trouve des cerisiers, de fort beaux frênes, des ormes, surtout des érables, qui forment sur quelques points des groupes qu'il vaut la peine de recommander

aux peintres. Les érables de Richisau, par exemple,
sur le chemin du Pragel, à deux ou trois lieues de
Glaris, sont moins célèbres sans être moins remarquables que les fameux châtaigniers d'Evian. L'érable n'a rien, même à la montagne, de la ténacité et
de la force concentrée du hêtre ; au lieu de petites
feuilles rondes et sèches, il en pousse de grandes,
capricieusement découpées, portées sur de longs
pétioles, et que les vents d'automne moissonnent
par milliers à la fois ; il n'a pas le fruit du hêtre,
lourd, hérissé et qui ne peut que tomber, il a des
samares ailées. L'écorce n'en est pas nue et dure ;
elle se creuse en sillons, se fendille en plaques irrégulières et se relève en arêtes bosselées. Tout est
accident sur le tronc de l'érable : ici une grotte pour
un lichen, là une esquille qui se détache, ailleurs
des chemins creux, où montent et descendent d'interminables files de fourmis, qui se saluent au passage. Le branchage n'obéit à aucune loi : c'est le
génie de l'invention, le démon de la fantaisie qui a
dirigé dans tous les sens ces rameaux élancés, aux
mouvements imprévus, aux articulations pittoresques. L'érable a beau vieillir, le temps a beau le ra-
vager, il a toujours l'air jeune et coquet, et les oiseaux s'y plaisent, comme s'il y avait entre eux et
lui une secrète affinité de nature.

De ce côté cependant, les arbres ne sont pas l'essentiel. Ils ombragent les granges et sont moins dis-

posés en forêts étendues qu'en bouquets ou en petits bois, au bord des ruisseaux ou à la lisière des pâturages. L'essentiel, c'est la prairie. Mais les prairies des Sous-Alpes diffèrent beaucoup les unes des autres. Lesquelles visiterons-nous ? Irons-nous dépouiller celles de l'Engadine, que toute une population de Tyroliens vient faucher au mois de juillet, remontant de village en village ? Choisirons-nous les gracieuses collines de l'Appenzell, ou bien descendrons-nous dans une de ces sauvages vallées des Alpes pennines, à Saas, à Evolena, à Praz-de-Fort, dont les fonds verts sont serrés entre les plus gigantesques murailles des Alpes ? Il faudrait faire tout cela et bien plus encore, car d'un lieu à l'autre il y aurait à cueillir des espèces nouvelles et dignes d'intérêt. Surtout il ne faudrait pas oublier certaines prairies marécageuses, prairies de plateaux élevés autant que de vallées, celles d'Einsiedeln, par exemple, ou du Zugerberg.

La végétation des marais est, en effet, la plus distincte de toutes ; il n'y en a point qui ait autant de physionomie. Il suffit d'avoir une fois ouvert les yeux pour reconnaître de loin les prés marécageux. Les herbes y sont étroites, raides, aiguës, et rien ne les caractérise plus généralement que la surabondance des joncs, des carex, des scirpes, des linaigrettes et autres genres semblables, tous à feuilles en lame tranchante ou en pointe allongée. A force de multiplier leurs touffes compactes et fibreuses, qui ne périssent jamais, qui deviennent, au contraire, d'année en année, plus fortes et plus denses, quelques espèces forment dans le marais des îles solides, d'innombrables archipels, entre lesquels nagent les herbes aquatiques. Dans la plaine, cette végétation est une des plus pittoresques, et les peintres le savent bien. Elle se groupe volontiers en masses heureuses, toutes faites pour le pinceau. Les joncs y sont de haute taille, et s'y propagent en forêts mobiles ; les typha y serrent en faisceaux leurs feuilles robustes, fermes, flexibles, de véritables lames de rapière ; l'Iris jaune, *la fleur à couteaux*, comme disent les paysans, y ajoute les siennes, également nombreuses et serrées, mais plus larges, encore plus finement aiguisées et souvent recourbées comme un glaive ; puis tout autour flottent les grands nénuphars, amarrés à de longues tiges et toujours au niveau de l'eau, s'élevant et descendant avec elle. On sent au luxe, au désordre de ces formes exubérantes et de rapide venue, l'influence d'une chaleur humide et fiévreuse, des tièdes vapeurs qui montent à la surface des eaux stagnantes. Si quelque part la flore suisse peut rappeler celle des tropiques, c'est dans certains marais inondés, exposés à toute l'ardeur du soleil, comme il en existe en Valais. Mais à la montagne, les marais inondés sont plus rares et de moindre étendue ; à l'ordinaire,

ils sont remplacés par des tourbières, où l'on retrouve les mêmes formes aiguës, mais courtes, pauvres, monotones. Plus de nénuphars, plus d'iris ; çà
et là de maigres buissons de saules, d'aunes, de
bouleaux et, au lieu de grands joncs limoneux, des
champs de sphagnum, sorte de mousse, qui s'amasse
en couches épaisses et cède lentement sous le pied.
Bien loin de rappeler celle des tropiques, la végétation des tourbières montagneuses est froide et sibérienne. Cependant elle a aussi son charme. La Linaigrette des Alpes y pousse par myriades des hampes
un peu plus hautes que la main, couronnées chacune
d'un plumet de fils blancs et soyeux, qui se développe, s'étale, se dilate et devient une chevelure
floconneuse, que le vent emporte un matin. Le sphagnum a d'ailleurs ses plantes à lui, et si l'on se donne
la peine de se baisser quelquefois, on y cueillera de
charmantes espèces, qu'on pourrait presque appeler
parasites, car leurs racines se perdent dans cette
couche de mousses imbibées d'eau, et se nourrissent
de leurs débris. Ainsi font la plus jolie des airelles,
l'Airelle Canneberge, dont les tiges couchées s'émaillent de fleurs gaies et brillantes à quatre rayons
empourprés, et l'Andromède, l'une des perles de la
famille des bruyères, qui incline d'un peu plus haut
ses corolles, urnes délicates, d'une carnation dia-
phane, et dont la contenance est d'une goutte de
rosée. Puis, sur le sol même, pour peu qu'on le

fouille, on découvrira des légions de feuilles arrondies, bordées de longs cils rouges, et qui figurent
exactement une épaulette militaire. Telle botte de
sphagnum en est si bien garnie qu'elle suffirait à
fournir tout un régiment de grenadiers de Nürem-
berg. La plante qui porte cette verdure singulière,
le Rossolis, ne fleurit pas toujours, et quand elle
daigne le faire, elle se borne à quelques fleurs sans
apparence ; on dirait qu'elle met toute sa gloire à
ces feuilles étranges, petits chefs-d'œuvre, nés d'un
caprice de la nature.

Mais n'y eût-il aucune de ces espèces jolies ou
curieuses, n'y eût-il que les carex, il vaudrait la peine
de s'y arrêter. La fleur des carex est on ne peut plus
élémentaire ; elle n'est composée que d'une écaille
végétale, portant à son aisselle trois étamines ou un
pistil, selon le sexe ; le fruit n'est qu'une capsule
sèche, souvent à peine plus grosse qu'une tête d'é-
pingle ; la tige n'est qu'une sorte de chaume avec
quelques feuilles linéaires, dont le limbe se développe à l'extrémité d'une gaîne. Voilà, sans doute,
de bien pauvres ressources ; mais jamais la nature
ne s'est montrée plus habile à faire beaucoup avec
peu. La seule flore suisse possède plus de quatre-
vingts carex, sans compter quelques espèces critiques, créées par les observateurs modernes, qui en
porteraient le nombre au-delà de quatre-vingt-dix.
Rien de plus intéressant que d'en suivre toute la

série dans un herbier riche et bien soigné ! Malheureusement, ce n'est que dans les collections qu'on
les rencontre réunies. Les unes habitent les Alpes,
les autres la plaine ; les unes les sables, d'autres les
forêts, d'autres les rochers, d'autres les prairies,
d'autres les étangs ; mais il est telles tourbières de
la montagne, celles d'Einsiedeln, par exemple, où
l'on pourra en récolter en une matinée au moins
quarante espèces différentes. Un œil exercé n'aura
pas même besoin pour les distinguer de la plante
entière, la capsule y suffira ; sa forme, sa grosseur,
sa couleur, les raies et stries dont elle est sillonnée,
la pointe qui la termine, le léger duvet de poils qui
la recouvre parfois : tout cela varie assez pour qu'il
n'y ait pas deux carex à capsules identiques. Mais,
sans descendre à ces détails, quelle distance entre
ce petit Carex puce, si abondant à Einsiedeln, qui
cache dans l'herbe ses tiges bassettes et menues,
couronnées de quatre ou cinq fruits bien étalés, bien
séparés, dont la forme et la couleur lui ont valu le
nom qu'il porte, et ce grand carex, le Carex géant
(maxima), commun dans les bois voisins de la tourbière, où il serre en faisceaux ses feuilles tranchan-
tes, — de vraies dagues, tantôt neuves et aiguisées
de la veille, tantôt brisées et rouillées, — et élance
à la hauteur d'un homme ses tiges triangulaires,
d'où pendent à de longs filets d'interminables épis
verts, sur lesquels l'épi supérieur, l'épi mâle, secoue

le pollen de son panache d'étamines. Entre ces deux types, il semble qu'il y ait un monde, et pourtant ce sont des organes semblables ; on n'y surprend aucune différence essentielle de constitution, et la distance qui les sépare est comblée par une multitude d'espèces qui font transition, sauf à s'échapper sans cesse vers d'autres types également marqués, également originaux, quoique formés des mêmes éléments, toujours aussi peu nombreux et aussi simples. Elles sont nues, tristes, sévères, âpres, stériles, ces vastes tourbières d'Einsiedeln ; ce sol est ingrat, et pourtant dans cette pauvreté éclatent, plus visibles encore et plus manifestes, la merveilleuse industrie de la nature et la fécondité de son génie.

Souvent aussi les tourbières de la montagne sont des nids de plantes rares, et le botaniste le plus difficile, le plus blasé, y trouve de quoi remplir sa boîte. Celles d'Einsiedeln sont, sous ce rapport, particulièrement remarquables : non seulement elles réunissent une collection complète des jolies espèces plus ou moins répandues dans les marais des Sous-Alpes ; mais elles ont, en plus, des spécialités d'un grand prix. Outre la Trientalis, plante du nord, qui nous envoie des colonies, et qui y croît encore au moins sur un point, de même qu'en Engadine, on y rencontrera le Jonc du Styx, la Lysimaque en grappes, la Linaigrette grêle, le Carex de Gaudin, et d'autres plantes encore, très rares, soit pour la Suisse, soit même pour la flore générale. Mais à quoi bon rechercher les plantes qui sont rares ? En sont-elles plus brillantes ? En ont-elles plus de parfum ? Cette rareté qui les fait priser si haut, n'est-elle pas l'indice d'une nature aristocratique et dédaigneuse ? De quel droit se dérobent-elles à la foule, et vont-elles se cacher dans quelque retraite inconnue, où elles ne fleurissent que pour les botanistes ? Dans ce siècle démocratique, il n'est pas impossible d'entendre tenir ce langage. Mais dans tous les pays du monde les plantes sont rares pour deux raisons principales. Les unes, parce qu'elles n'y sont pas chez elles, comme ce charmant Cyclamen à feuilles de lierre, espèce italienne qui a passé les Alpes on ne sait comment, pour venir habiter la montagne de l'Arvel, près du Léman, ou bien comme ce curieux Géranium, dit de Bohême, qui du fond de la Scandinavie, a envoyé quelques tribus dans l'Allemagne du Nord, et poussé sa pointe jusque dans les forêts de sapins du bas Valais, où il se perpétue sur le sol brûlé des charbonnières abandonnées ; les autres sont rares parce qu'elles périssent, refoulées de station en station par la jalousie de leurs rivales, ou détruites lentement par l'effet de circonstances peu propices, le climat, les envahissements de l'agriculture, etc. Les premières sont nombreuses en Suisse, pays intermédiaire, où se rencontrent plusieurs flores, de même que plusieurs langues et plusieurs races ; les

secondes ne le sont pas moins. Pelouses, bois, rochers, plages, marais : chaque station compte un
certain nombre d'espèces qui déclinent. Toutes,
sans doute, ne paraissent pas également regretta-
bles ; mais n'est-il pas permis de reporter sur elles
quelque chose de l'intérêt auquel les victimes ont
droit ? Ces plantes victimes, devenues rares parce
qu'elles s'en vont, sont particulièrement nombreuses
dans la flore des tourbières. On saigne le sol, on
l'exploite, on creuse des canaux de desséchement,
et le sphagnum disparaît, emportant plusieurs espèces, dont le sort n'est pas autre que celui de certaines races humaines : la civilisation les pourchasse
et les détruit. Si l'on prend un catalogue botanique
d'une partie quelconque de la Suisse, publié il y a
dix ou quinze ans, et que l'on y cherche au hasard
une plante de marais peu commune, on peut parier,
presque à coup sûr, qu'une moitié au moins des
stations où elle est indiquée, n'ont plus qu'un intérêt
historique. La plante y était ; mais elle n'y est plus.
Si le plateau d'Einsiedeln continue à être riche, c'est
qu'il a encore des tourbières vierges, derniers refuges pour les races persécutées ; mais le nombre en
diminue aussi. Il y en avait une à quelques pas du
village de Studen, où croissait, à côté de la Trientalis, une singulière orchidée, le Malaxis des marais,
rare entre les plus rares : il y avait élu domicile dans
de petits jardins formés par des renflements ou des

boursouflures du sphagnum, et il s'y était établi dans la société de jolies euphraises. Quand j'y fus, il y a deux ans, adieu la Trientalis! adieu le Malaxis! adieu le sphagnum, et ses précieux petits jardins relevés en bosse! Des hommes civilisés, des barbares! avaient fait de la tourbière un affreux champ de pommes de terre.

Des déceptions de cette nature sont, à la plaine, le pain quotidien des personnes qui herborisent. Les paysans y mettent de la malice. Y a-t-il dans leur pré une plante intéressante, vite ils y passent la charrue et y sèment du blé; est-ce à l'abri d'une haie, aussitôt ils trouvent des motifs pour remplacer la haie par un mur ou pour l'arracher; est-ce dans quelque place marécageuse, c'est par là qu'ils commenceront à drainer. A la montagne, heureusement, les conflits sont moins fréquents entre les intérêts économiques et ceux des botanistes. Les cultures y sont plus simples, souvent nulles, et, sauf les tourbières exploitées, la végétation y est fixe, ou, si elle se modifie, ce n'est pas sous l'influence de l'homme. Pour le botaniste, comme pour le philosophe, la montagne est un asile de paix.

Les prairies des avant-monts, que l'on engraisse et que l'on fauche, sont elles-mêmes très peu sujettes au changement. La flore, nous l'avons dit, y varie d'un lieu à l'autre, mais non d'une année à l'autre. Nous y avons une dernière gerbe à cueillir. Forcés

de choisir entre plusieurs stations également dignes
d'intérêt, nous retournerons à nos Alpes vaudoises,
et nous irons remplir nos corbeilles dans l'une de
leurs plus gracieuses retraites.

Il existe aux environs de Vevey un vallon reculé,
quoique bien connu dans la contrée. Une fissure de
plus en plus profonde, creusée par un torrent, la
Baye de Montreux, le partage dans sa longueur. La
Dent de Jaman le domine de sa fière pyramide, et
l'on ne sait si elle le protége ou le menace. Dans sa
partie moyenne, à mille mètres d'altitude, et dans
un pli gracieusement ondulé du versant qui regarde
le sud, se cache le Pré d'Avant. Il est divisé en un
grand nombre de parcelles, qui ont chacune leur
grange. C'est tout un village de constructions en
bois, habité surtout pendant l'époque de la fenaison.
Une auberge fait centre. Elle est modeste, mais propre et on ne peut mieux située, avec une échappée
par le débouché de la gorge sur le Léman de Montreux, celui de Rousseau et de Byron.

Si l'on visitait le Pré d'Avant au mois d'avril, on
y cueillerait déjà la Primevère officinale, le Bois-
gentil, la Nivéole et surtout le Safran printanier.
Avant que l'herbe écrasée par la neige ait eu le
temps de se relever, les Safrans se hâtent de la percer de leurs mille boutons effilés, blancs ou violets
ou panachés de violet et de blanc. C'est une première floraison, aussi fugitive que brillante. Le mois

de mai n'a pas encore commencé à faire monter la sève dans les bourgeons, que déjà les Safrans ont disparu, et si bien disparu qu'il n'est pas facile, même à un botaniste, de retrouver les restes de leurs multitudes ensevelies. Mais d'autres plantes les ont remplacés. Voyez, à quelques pas de l'auberge, cette source abondante, qui à peine échappée de sa prison souterraine, avant même qu'elle ait eu le temps, sous ce ciel nouveau, de se reconnaître et de s'orienter, est déjà condamnée à faire tourner la roue d'une scie. Mais au Pré d'Avant il y a des loisirs pour l'industrie, et la source en fait son profit ; elle passe à côté du canal où on l'emprisonne peut-être une fois par mois, et elle s'en va bondir au milieu des buissons et des fleurs. L'une des prairies qu'elle arrose est humide ; le gazon en est d'un vert sombre, grâce à une foule de petits scirpes bruns ou noirs ; mais la Gentiane bleue, et les ombelles roses de la Primevère farineuse ne ressortent que plus vivement sur cette teinte obscure. Quand le temps est beau et que les promeneurs sont nombreux, il s'en cueille chaque jour des bouquets à remplir les deux mains ; mais la poussée de la nuit suffit à combler les places vides, et plus on en prend, plus il y en a.

Voici le mois de mai. Que signifie cette neige sur les monts ? Est-ce l'hiver ? Non, c'est le Pré d'Avant qui s'est vêtu de Narcisses. Si l'on n'a jamais

vu la floraison des Narcisses sur quelques-unes de
nos montagnes, et spécialement sur celles qui dominent Montreux, il est bien difficile de s'en faire une
juste idée. Ce sont d'immenses champs de fleurs, où
toutes les corolles se touchent de beaucoup plus
près que les épis dans les moissons les plus serrées,
tellement qu'il faut compter par myriades celles qui
n'ont pas de place au soleil, et qui s'ouvrent à l'ombre de leurs sœurs. Quand on sait au juste où les
chercher, on peut du Signal de Lausanne, c'est-à-
dire d'une distance de six lieues, reconnaître à la
teinte le moment où les Narcisses sont fleuris.

Le Narcisse du Pré d'Avant, le même que celui
qui croît ailleurs sur les Alpes et le Jura, était généralement envisagé comme identique au Narcisse des
poëtes. Un examen plus approfondi ayant fait découvrir quelques différences, on lui a donné un autre
nom, un peu raide et bien savant *(radiiflorus)*. Mais
ces différences, quoique réelles, ne sont pas très
apparentes, et nous pouvons les négliger d'autant
mieux que c'est par un caractère souterrain, la forme
de la bulbe, que les deux espèces se distinguent le
plus sûrement.

Le Narcisse est donc une plante à bulbe. Chaque
bulbe produit des bulbilles, qui croissent et multiplient à leur tour, en sorte que partout où il y en a
une, il y en a bientôt des tribus. De toutes ces bulbes, jeunes et vieilles, naît une touffe de longues

feuilles en lame, étroites, peu consistantes, d'un vert luisant, et du milieu desquelles s'élancent des hampes nombreuses. A une hauteur variable (elle peut atteindre un demi-mètre), chaque hampe fait un coude brusque et à angle droit. Là se forme l'ovaire, puis la corolle, toujours unique. Ainsi les fleurs, quoique portées sur une tige svelte, ne regardent pas en haut ; elles se regardent mutuellement, et se mirent les unes dans les autres. Elles sont fixées sur l'ovaire au moyen d'un tube allongé, étroit et verdâtre, à l'extrémité duquel elles s'épanouissent en six grands pétales, plus éclatants que la neige, et disposés comme les rayons d'une roue, dont le tube formerait l'essieu. Au centre, se détache en avant une petite cupule bordée de rouge.

Le Narcisse ne fait pas songer, comme la rose, au type idéal de la beauté. Cette hampe coudée, cet ovaire nu et ce tube effilé, souvent enveloppé d'une pellicule sèche, brisée par un enfantement trop rapide, restent fort loin des justes proportions et de l'harmonie parfaite de la rose. Néanmoins le Narcisse est une création des plus frappantes. Lorsqu'on les considère de près et un à un, on trouve qu'il n'y en a pas deux qui se ressemblent, et l'on s'étonne du changement que peut apporter dans la physionomie d'une fleur une différence minime. Les uns, avec des pétales étroits, qui se ressentent encore de la manière dont ils étaient enroulés dans le bouton,

ont l'air coquet, chiffonné, volage, capricieux ; les
autres, et c'est là le vrai, le beau Narcisse, ont de
larges pétales, étalés sans raideur, et qui se recouvrent par les bords : cette forme plus ample s'harmonise mieux avec la senteur pénétrante et l'éclat
de la fleur, avec ce blanc qui n'est pas un simple
rayonnement de la surface, qui n'est pas non plus
le blanc candide de l'innocence, mais qui, relevé
par la bordure rouge de la cupule, trahit plutôt je
ne sais quelle voluptueuse langueur et quelle secrète
ardeur de passion. Les Grecs avaient raison — tous
leurs mythes sont vrais — si quelque beau jeune
homme, en se mirant dans l'eau profonde, s'est
jamais épris de lui-même, et si les dieux ont eu
pitié de son mal, c'est en Narcisse qu'ils ont dû le
changer.

Mais à cet éclat de jeunesse, pourtant moins pas-
sager que celui de la rose, succède une vieillesse
triste et soudaine. En quelques jours le Narcisse
s'épuise, et sa beauté se consume. Ses feuilles flé-
tries jonchent le sol ; la corolle se ride et se dessèche
sur place ; l'ovaire seul grandit démesurément, jusqu'à ce que la tige fatiguée tombe écrasée sous le
poids, et que toute la plante disparaisse dans l'herbe
toujours plus haute. Il semble que les habitants des
villages voisins n'aient vu le Narcisse que dans cette
période de décrépitude, car ils l'appellent, dans leur
patois, la *Gotrauza*, c'est-à-dire *celle qui a un goî-*

tre. Au reste, malgré l'irrévérence du nom, ils en sentent fort bien la beauté. Dans la seconde quinzaine de mai, toutes les maisons en sont parfumées, et nombreuses sont les jeunes filles qui vont le dimanche à la montagne en remplir leurs tabliers blancs.

Le Narcisse est-il utile ou nuisible à la végétation des prés ? L'expérience pourrait seule en décider. Je le crois plutôt favorable. Ses bulbes vont chercher leur nourriture au-dessous de la plupart des autres herbes, et ses débris enrichissent la surface du sol d'un engrais puisé dans le sol lui-même, mais plus profond. D'ailleurs, quoiqu'ils aient l'air de tout envahir, ils ne prennent pas de place ; dès qu'ils commencent à s'affaisser, les graminées se font jour, et remplissent l'espace qu'ils occupaient. En tout cas, fussent-ils nuisibles, on aurait de la peine à les détruire, et à moins qu'on ne laboure le sol à trois décimètres de profondeur, et qu'on ne le passe au crible, pour jeter au torrent tout ce qu'il contient de bulbes et de bulbilles, le Pré d'Avant aura toujours sa fête des Narcisses. Merveilleuse apparition ! Trois semaines avant la floraison, à peine peut-on la soupçonner ; trois semaines après, on n'en voit plus trace. Toute cette végétation est là, cachée dans la terre, dix mois sur douze, invisible, latente, en apparence inactive. Mais elle se prépare sans doute ; elle accumule ses forces et se recueille pour le soleil de mai. Aussi quelle puissance, quel éclat, quelle surabondance de vie et de parfums, quelle hâte de jouir, quelle fièvre de volupté, quelle splendeur et quelle ivresse, quand toutes ces fleurs s'ouvrent à la fois, et que les tièdes brises du soir les font ondoyer au passage ! La sève coule à pleins bords ; c'est le printemps et l'effervescence de sa jeunesse ; c'est Vénus, la déesse éternelle, qui s'enivre de sa fécondité !

Cependant les prairies de la plaine ont été rasées par la faux, et les faneurs vont prendre le chemin de la montagne. Hâtons-nous de les devancer. Pour le Pré d'Avant commence l'été, la saison chaude et calme, le plein et majestueux épanouissement de toutes les forces de la nature. Le sol n'est plus occupé par une seule espèce, avide de tout absorber. Il y a place pour chacun, et même après l'éblouissante floraison des Narcisses, cette variété de formes et de teintes conserve son charme supérieur. L'herbe est dans toute sa vigueur ; elle est moins haute que dans certains prés gras de la plaine, peuplés de grandes ombellifères ; mais elle est plus serrée, plus élégante, plus savoureuse pour les troupeaux et plus émaillée de vives corolles. Au temps de la fenaison, quand elle sèche au soleil, l'odeur en est plus fine et plus riche.

Donnons un regard à cette plante un peu triste, moins triste pourtant que son nom, le Géranium livide, aux pétales rejetés en arrière, d'un lilas pâle et mélancolique ; il en est peu qui soient plus répandues dans les prairies des Sous-Alpes, et qui en éveillent plus distinctement le souvenir. A côté d'elle brille une de ses sœurs, le Géranium des bois, qui croît fort bien dans les prés, et les réjouit de ses grandes corolles au port assuré et d'un bleu violet. Au-dessus des plus hautes graminées, le Lys Martagon balance ses cloches pesantes, dont les lobes purpurins et tachetés de brun sont roulés en dehors, et d'où sortent, suspendues à de longs filets, six étamines surchargées de pollen. Combien j'en passe et qui ne mériteraient pas cet oubli ! Mais au moins cueillerons-nous encore la plante par excellence des Sous-Alpes, la Grande Astrance, bonne fille robuste, qui n'a dans la tenue rien de roturier ni de vulgaire, mais qui ignore également les vaines délicatesses. La tige en est haute et ferme, sans raideur ni légèreté, juste ce qu'il faut pour se faire largement place dans le gazon. De la base se détachent quelques feuilles portées sur de longs supports, amples et digitées ; près du sommet, une autre feuille également digitée simule un involucre, d'où naît un bouquet de pédoncules ayant chacun leur ombelle de fleurs. Les fleurs proprement dites sont très petites ; mais leurs ombelles sont enveloppées d'une sorte de calice collectif, formé d'une ceinture de sépales fermes et consistants, tantôt verdâtres, tantôt blancs ou ro-

sés, qui ne ressemble pas mal à une fraise à la
Henri IV. La réunion de ces calices diversement
colorés, abritant chacun une gerbe de corolles, qu'on
prendrait pour des étamines, est d'un effet original
et pittoresque. Les prés où abondent les Grandes
Astrances ont un air de gaîté, de propreté rustique
et de beau luxe villageois.

Retournerons-nous au Pré d'Avant? Oui, une fois
encore, mais sur l'arrière-automne, à la fin d'octobre,
peut-être seulement en novembre. Cette saison est
plus belle à la montagne que partout ailleurs. Les
touristes vont en été chercher la fraîcheur sur les
Alpes ; pourquoi n'y vont-ils pas en automne chercher la lumière et le soleil? C'est alors que s'accomplit à la lettre la belle image de Bossuet, et que les
monts trouvent leur sérénité dans leur hauteur.
Tandis que la plaine languit sous une mer de brouillards, le ciel y est sans nuages, et comme si toutes
les vapeurs s'étaient précipitées dans les bas-fonds
de l'atmosphère, l'air est plus que jamais limpide et
transparent. Le moment serait mal choisi pour venir
faire au Pré d'Avant une récolte de fleurs ; on n'y
trouverait plus que les colchiques, encore pour la
plupart seraient-ils déjà brisés et gisants, et cependant la végétation resplendit d'un éclat nouveau,
dernier sourire de la vie qui s'éteint. Tout est silen-
cieux : les vaches ont quitté leurs pâturages de
l'été ; on ne voit, on ne rencontre personne, et si

l'on entend quelque bruit, il ne vient que des feuilles qui tombent. Mais ce silence n'est pas celui de la mort, c'est celui du recueillement. La nature célèbre encore une fête ; elle donne un concert suprême aux religieuses magnificences ; seulement la fête est pour l'œil, et la symphonie est composée de couleurs. Les teintes de l'automne sont répandues sur les flancs du vallon, avec une profusion et une richesse dont on n'a pas l'idée quand on n'a vu que les automnes du plat pays. Il semble que les grands arbres et les petites plantes rendent en couleurs tout ce que le soleil de l'été, le clair soleil de la montagne, a pu leur verser de lumière. Sur le sombre accompagnement des sapins, basse grandiose et sévère, se détache, en masses lumineuses, la vive coloration des hêtres ; l'érable y mêle ses tons plus clairs, et il n'y a pas jusqu'au moindre buisson de noisetier qui n'ait pris la pourpre, et ne fasse aussi sa partie dans l'orchestre universel. Ce ne sont pas des teintes de parade ; rien qui ressemble à une campagne pavoisée, ce sont les pompes d'un culte : la vallée est devenue un temple.

II

Il est malaisé de donner une idée générale de la végétation des Sous-Alpes : d'un lieu à l'autre les différences sont trop grandes. Aussi nous sommes-nous borné à rassembler quelques souvenirs ; nous avons fait un choix. Mais à mesure qu'on monte, il y a plus d'unité dans la flore, et l'on peut beaucoup plus facilement se figurer une vue d'ensemble de la zone supérieure. Sur les premières pentes, on ne perd pas le sentiment de la région où l'on se trouve : les cultures et les bois la font reconnaître ; mais plus haut, on oublie la contrée pour ne se souvenir que de l'altitude ; on n'est ni dans l'Appenzell, ni dans le Valais, ni dans les Grisons, ni dans l'Oberland ; on est à la montagne. Les Alpes étant une barrière au pied de laquelle aboutissent plusieurs flores, il faut y atteindre une certaine hauteur pour échapper à l'influence de la végétation des plaines avoisinantes, et n'avoir plus sous les yeux que les seules espèces alpines. Sans doute, elles ne sont pas partout les mêmes ; mais les différences vont rarement jusqu'à modifier l'aspect général.

Si nous retournions en Engadine, nous passerions sans intermédiaire des forêts aux gazons. Les arolles

et les mélèzes s'y établissent si haut qu'il n'y a pas
de buisson qui l'emporte sur eux. Ailleurs, il en est
autrement, et pour passer du dernier groupe de sapins à la première pelouse complétement privée de
végétation arborescente, il faut franchir une région
douteuse, où plusieurs espèces d'arbustes forment
encore des taillis étendus. Outre l'aune vert, on y
distinguera quelques saules, un surtout, le Saule de
Laponie, dont les feuilles brillent comme de l'argent.
Là est aussi la vraie patrie du rosage des Alpes,
plus connu sous son nom grec de rhododendron,
l'Alpenrose des Allemands. On le rencontre plus bas
et plus haut ; mais nulle part il ne rougit de plus
vastes espaces.

Il y a deux espèces de rhododendron, souvent
réunies, mais inégalement répandues dans les Alpes
suisses, le Rhododendron velu et le Rhododendron
ferrugineux, sans compter une forme intermédiaire,
qu'on pourrait croire hybride si on ne la trouvait
pas quelquefois bien loin de l'une des espèces nor-
males. Tous deux croissent en buissons trapus, aux
rameaux emmêlés et tortueux, à l'écorce dure et
noire, ne portant des feuilles qu'à leur sommet.
Celles de l'un, d'un vert plus gai et marquées de
petits points roussâtres, sont armées sur les bords
d'une rangée de cils : de là son nom de Rhododendron velu ; celles de l'autre sont plus grandes, plus
allongées, parfaitement glabres, d'un vert sombre et

luisant en dessus, tandis que le dessous est recouvert d'une couche de rouille, qui l'a fait baptiser le *ferrugineux*. Les grappes de fleurs naissent du centre des bouquets de feuilles. Le calice est peu visible. Pour sa forme et pour ses dimensions, la corolle ressemble plutôt à celle d'une Jacinthe simple qu'à celle des rhododendrons exotiques cultivés dans les serres. Elle est un peu plus évasée dans le Rhododendron velu qui passe d'un rose très pâle au pourpre le plus vif, et se panache quelquefois, surtout dans les régions inférieures, de rose et de blanc. Celle du Rhododendron ferrugineux est plus étroite et plus comprimée ; la couleur en est moins éclatante ; c'est une teinte pourpre aussi, mais plus concentrée et plus sombre.

Le rhododendron est la plante alpine par excellence ; non seulement il n'existe pas dans les plaines environnantes, sauf une ou deux exceptions tout à fait bizarres ; mais encore on n'y voit rien qui lui ressemble. Ce n'est pas l'espèce, c'est le genre lui-même qui est alpin. Aussi le premier buisson que l'on en rencontre fait-il événement dans chaque excursion, et se voit-il bientôt dépouillé pour orner boutonnières, chapeaux et corsages.

Le rhododendron a parfois la vie dure ; on le sent à ses formes ramassées et noueuses. Mais quelle joie quand la neige est fondue, et que le soleil de juin le réchauffe de ses rayons ! Evidemment, il ne s'y fie pas tout d'abord. Ses boutons ne se développent qu'avec une extrême lenteur, et restent serrés assez longtemps les uns contre les autres. Mais les beaux jours continuent ; il prend confiance et s'épanouit un matin. Libre sur sa montagne, il boit par tous les pores cet air tonique et fortifiant, qui stimule la vie et chasse au loin les pensers rongeurs. N'y a-t-il pas quelque harmonie secrète entre cet arbuste fleuri, tout rayonnant de santé et de lumière, et ce cri d'appel, ce Jou-eh sonore, que les pâtres se renvoient de colline en colline, et que ne sauraient pousser ni les poitrines faibles, ni les cœurs abattus ? N'y a-t-il pas aussi quelque harmonie entre la libre existence des chamois de la forêt et la senteur subtile, légèrement amère et sauvage, qu'exhale un champ de rhododendrons en fleurs ? Pour les enfants des Alpes, le rhododendron c'est la patrie. N'en envoyez point à ceux qui vivent à l'étranger, car il en est comme du *ranz-des-vaches*, il donne le mal du pays.

Nous entrons enfin et définitivement dans la zone supérieure, celle où disparaissent les arbres et les arbustes. On y arrive par deux chemins. Le plus long et le plus doux suit le fond des vallées, et les remonte de bassin en bassin, de défilé en défilé : après en avoir traversé toute une série, on finit par trouver une rampe ou une gorge qui fait barrière, et où les forêts s'arrêtent plus ou moins brusquement ; les buissons peuvent s'élever davantage, couvrir un étage de plus, franchir encore un défilé ; puis ils rencontrent aussi leur limite. L'autre chemin, beaucoup plus court, mais beaucoup plus pénible, moins un chemin qu'un escalier, quitte la vallée sur un point quelconque, et monte directement contre l'une ou l'autre des murailles qui en forment les flancs. On peut quelquefois grimper par une pente suivie et régulière jusque bien au-dessus de la végétation arborescente, que l'on voit s'amoindrir graduellement; d'autres fois, et peut-être est-ce le cas le plus fréquent, à la hauteur où les sapins commencent à devenir plus rares et moins élancés, on aborde des terrasses, des plateaux, des vallons spacieux, de vastes contrées, que d'en bas on pouvait à peine soupçonner. Ces vallons, dont le niveau est souvent de dix-huit ou dix-neuf cents mètres, ont des hivers particulièrement rudes ; la neige s'y accumule en masses plus épaisses, le vent l'y chasse de tous côtés, les avalanches l'y précipitent, et elle est encore loin d'y être fondue lorsque, à égalité d'altitude, les versants inclinés commencent à verdoyer. Aussi les arbres et les buissons n'y pénètrent-ils pas facilement; il n'est point rare qu'ils en respectent l'entrée alors même que sur la pente, à droite et à gauche, ils s'élèvent encore d'une centaine de mètres. On dirait une porte qui leur est interdite, et qui nous ouvre un monde nouveau, celui du véritable pays alpin, avec sa flore de plus en plus caractérisée, ses grands pâturages, ses chalets et ses troupeaux.

A cette hauteur, il y a, comme dans la plaine, un printemps, un été et un automne ; mais ces trois saisons se font en trois mois. Les plantes éclosent rapidement, et l'on ne distingue que deux florai- sons : l'une suit la fonte des neiges, l'autre est en retard de quelques semaines. En s'élevant assez haut, on peut, au mois de juillet, les traverser toutes deux à quatre ou cinq cents mètres de distance verticale ; mais plusieurs des montagnes les plus renommées pour la beauté de leur végétation, Cha- mossaire, par exemple, dans les Alpes vaudoises, doivent être visitées au mois de juin. Si l'année est chaude, dès le commencement d'août, l'herbe perd sa fraîcheur ; il ne reste plus que des fleurs attar- dées, et chaque plante se hâte de fructifier.

La rapidité avec laquelle s'accomplit le cycle de la vie végétale est un des traits les plus saillants de cette flore. Il faut voir comment certaines espèces poussent au bord des champs de neige. Le sol est libre depuis un jour à peine ; il est imbibé d'eau glacée, et déjà de toute part pointent des bourgeons blancs et gonflés de sucs. De vingt-quatre en vingt- quatre heures, on en mesure les progrès. Parmi les plus précoces, se distinguent de charmantes auri- cules aux ombelles purpurines, surtout nombreuses

et variées dans les chaînes orientales. Mais le pro-
dige de cette floraison hâtive est la soldanelle. Il en
existe aussi deux espèces, avec des formes intermédiaires et douteuses, exactement comme pour le
rhododendron. La plus grande, la Soldanelle des
Alpes, est commune à peu près partout en Suisse ;
l'autre, la Petite Soldanelle, habite surtout les montagnes d'Uri, de Glaris, des Grisons ; je ne crois pas
qu'elle ait beaucoup de stations plus occidentales
que le Faulhorn. Toutes deux poussent quelques
feuilles arrondies et fermes. Une fourmi guerrière
pourrait se faire un bouclier de combat de celles de
la Petite Soldanelle. De l'aisselle naît une tige, qui
porte des fleurs retombantes. La Soldanelle des
Alpes en a jusqu'à quatre ; elles sont d'un lilas tendre, de la grosseur d'une cupule de gland, mais
beaucoup plus évasées, et frangées jusqu'à la moitié
de leur profondeur. La Petite Soldanelle n'en a ordinairement qu'une, plus étroite, plus allongée, avec
des franges plus courtes. La couleur en est d'une
délicatesse infinie : c'est une teinte rose bleuâtre,
avec des reflets changeants et métalliques, et à l'intérieur un réseau de veines sanguines.

La Petite Soldanelle ne se replie pas, comme le
fait la sensitive, au toucher d'un corps dur ; cependant ces franges, cette transparence de la corolle,
cette couleur nuancée, chatoyante et qui joue avec

la lumière, semblent trahir le mystère d'une orga-
nisation nerveuse qui dépasse en finesse tout ce
que l'imagination peut rêver. S'il y a des plantes
somnambules, la Petite Soldanelle doit l'être. La
fermeté de ses feuilles nervées est celle d'une main
légèrement crispée, et la fleur est si frêle qu'on
dirait une âme suspendue entre la terre et le ciel et
toujours prête à s'envoler : ce n'est qu'un souffle.
Aussi combien de corolles jonchent le sol dans ce
creux que vient de quitter la neige, et où elles se
balançaient par centaines ! Elles n'ont pas eu le
temps de se faner ; mais elles n'ont plus eu la force
de se soutenir, et elles sont tombées dans la fraîcheur de leur beauté.

Et cependant cet être fragile a soif de vivre. La
soldanelle n'attend pas, comme le prudent rhododendron, que les beaux jours aient succédé aux
beaux jours. Des Alpes inférieures jusque sur les
plus hautes cimes, elle suit la neige à la piste. Quand
les frimas tardent à disparaître, l'impatience la
prend, et si le sol réchauffé a quelque peu fondu le
dessous du *névé*, de manière qu'il y ait un interstice
par où se glisse le souffle du printemps, elle se hâte
de pousser. Lorsque la croûte glacée est encore trop
épaisse, l'imprudente fleurette périt dans l'obscurité
de sa prison ; mais si elle peut la percer du sommet
de sa tige pointue, ce qui arrive souvent à la Solda-

nelle des Alpes, elle vient ouvrir au-dessus sa corolle tremblante, et triompher pendant quelques heures sur ce blanc tapis qui lui servira de linceul.

La flore de la zone des gazons est remarquable par sa richesse. Elle est bien autrement variée que celle des régions polaires, avec laquelle elle offre, d'ailleurs, des traits de ressemblance on ne peut plus frappants ; peut-être n'y a-t-il pas en Europe de chaîne de montagnes qui, à niveau pareil, recèle plus de trésors botaniques. Le seul district des Alpes vaudoises, un carré long qui ne mesure, à vol d'oiseau, que trois lieues sur cinq, ne compte pas moins de trois cents espèces dont cette zone est la véritable patrie, et ce nombre serait presque doublé si on y ajoutait celles qui y montent de la région montagneuse inférieure. Un district de même étendue, pris en Valais ou en Engadine, serait au moins aussi riche, et sans dépasser les frontières de la Suisse, on pourrait réunir une collection d'un millier d'espèces, composée de plantes cueillies toutes au-dessus de la limite des forêts.

Ces richesses ont en outre l'avantage de n'être pas dissimulées et éparpillées, comme il arrive souvent dans le Jura. Si l'on n'a pas des renseignements exacts, on pourra courir les chaînes jurassiques pendant plusieurs jours, en passant toujours à côté des espèces les plus intéressantes. Sur les Alpes, le même accident est sans doute possible dans une certaine mesure; mais on n'y fera pas de course sérieuse sans beaucoup voir, beaucoup cueillir, et revenir surchargé. C'est que la plupart de ces vallons qui s'ouvrent au-dessus des forêts, sont disposés de manière à réunir dans un espace restreint plusieurs flores très diverses : ce sont de véritables jardins botaniques, où la nature a elle-même rapproché et groupé toutes les sortes de richesses. Il en est dont le fond est occupé par un lac, sur les bords duquel s'étendent de petits marais : c'est une première station botanique, et, avec elle, une première flore; non loin du lac, sont les chalets et tout autour un sol gras : seconde station, seconde flore; à quelque distance, règne la pelouse proprement dite : troisième flore ; sur les flancs du vallon se dressent des parois de rochers, au pied desquelles se sont formés de vastes éboulis : quatrième et cinquième flores; enfin, pour peu qu'un glacier ait déposé quelque moraine dans le voisinage, on aura une sixième station, qui ne sera pas la moins intéressante. Ajoutez que de l'une à l'autre de ces stations, il y a des places intermédiaires; que la pelouse peut être plus ou moins unie, plus ou moins bosselée; que la couche de terre végétale sera sur certains points très épaisse, tandis que sur d'autres le roc affleurera le sol — toutes circonstances qui agissent sur la végétation et la modifient — que les sources dans la verdure, et souvent aussi

les lits pierreux des torrents, ont leurs spécialités ;
que le pâturage sec diffère grandement du pâturage
humide et frais ; qu'il en est de même du rocher ;
que les vieilles moraines diffèrent également de
celles de formation récente ; que l'influence des
versants se fait sentir dans cette zone, aussi bien
que dans celle des arbres ; que partout enfin, où il
reste quelque tache de neige, quelque avalanche
qui ne veut pas fondre, la floraison printanière,
celle de juin, forme des îles au milieu de celle de
juillet — et l'on comprendra comment dans une
vallécule, dans un pli de terrain, à peine indiqué sur
les meilleures cartes, la flore des hautes Alpes peut
rassembler la moitié de ses trésors. Deux botanistes
partant, je suppose, des chalets de la Vare, dans les
Alpes de Bex, et allant dépouiller, l'un les pentes
qui regardent le sud, celle des rochers d'Argentine,
blancs, chauds, chéris des vipères ; l'autre les pentes
qui regardent le nord, arrosées par les eaux du glacier de Paneyrossaz, pourraient fort bien ne pas se
perdre de vue et se héler de minute en minute ;
mais ils reviendraient, après quelques heures de
promenade, avec des récoltes si différentes qu'ils
auraient peine à croire qu'ils ont cheminé parallèlement, au même niveau et toujours si près l'un de
l'autre. Ils pourront d'ailleurs faire chacun une
expérience piquante, quoique toute simple, s'asseoir
et compter les espèces qu'il leur sera possible d'at-

teindre de la main : si le lieu est bien choisi, s'il touche d'un côté à un bloc garni de quelque verdure, d'un autre à un bord de pelouse, d'un autre enfin à quelque lit de gravier, le total obtenu sera fabuleux : il dépassera trente et quarante espèces.

Cette variété peut être encore augmentée si, à la différence des expositions, s'ajoute une différence géologique des terrains. A quoi peut tenir cette influence géologique? Est-ce, comme on le croyait d'abord, à la nature intime de la substance dont le sol est formé? Est-ce, comme on le croit plus généralement aujourd'hui, à sa constitution physique, par exemple, à une pâte plus compacte ou plus friable? Peu importe. Elle n'en est pas moins considérable, évidente, incontestable. Aussi les montagnes les plus riches sont-elles justement celles où se rencontrent un sol granitique et un sol calcaire. Ainsi les Alpes de Fully, l'Albula et le Piz-Late. Une double promenade à l'Albula, dans le genre de celle que j'indiquais pour le vallon de la Vare, donnerait des résultats plus remarquables encore. Mais, sans prendre tant de peine, il suffira pour être frappé de l'action du sol sur la végétation, de suivre l'ancien chemin du col au-dessus de l'auberge du Weissenstein. De hauts rochers le dominent, d'un côté granitiques, de l'autre calcaires; des blocs en sont tombés en quantité prodigieuse, et se sont entassés sur les deux bords de la route, à droite ceux d'une espèce, à gauche ceux de l'autre : on dirait un champ de bataille et les morts accumulés de deux armées en présence. Ces débris sont trop nus, trop compactes, de chute trop récente, pour nourrir beaucoup de plantes ; mais ils sont tapissés de lichens, et il suffit de la couleur de cette pauvre végétation pour indiquer de loin la nature de chaque bloc. Parfois, dans l'entassement calcaire, on en remarque un dont les lichens sont verts au lieu d'être jaunes comme tout autour ; on va voir, et l'on trouve un quartier de granit qui a rebondi plus hardiment, et ne s'est arrêté qu'au milieu des légions ennemies.[1]

Pour décrire d'une manière complète la flore des gazons, il faudrait tenir compte de tous ces faits, et cela sans négliger des modifications essentielles, qui ne proviennent pas uniquement des circonstances que nous avons énumérées. Autre est la chaîne pennine, autre celle qui fait barrière au sud des Grisons, autre celle de l'Appenzell. Bien des lieues les séparent ; leurs vallées s'ouvrent sur différentes parties de l'Europe, et il est fort naturel que, toutes choses égales d'ailleurs, la flore n'y soit pas identique. Il faudrait donc, pour être complet, ne pas se borner à une description générale ; il faudrait étudier

---

[1] Je puis faire erreur sur la couleur des lichens ; je n'ai pas retrouvé la note que j'avais prise sur les lieux ; mais cela n'importe guère. Le fait subsiste.

avec détails quelques massifs spéciaux. On prendrait successivement, je suppose, les Alpes de Morcles et de Fully, celles du St-Bernard, celles de Zermatt et de Saas, celles de la Haute-Engadine, celles de la Basse, sans compter quelques sommets des chaînes avancées, tels que le Pilate et le Sentis; mais ce serait tout un travail, et un travail à l'adresse des naturalistes. Nous ne visiterons que quelques stations, répondant toutes, dans notre pensée, à des souvenirs très nets, même quand les noms propres seront passés sous silence, et qui, en nous permettant de nous arrêter sur plusieurs des espèces les plus intéressantes, donneront au moins une idée sommaire de la végétation des hautes Alpes.

Commençons par la flore du rocher.

En parcourant la zone des forêts, nous avons négligé les rochers, non qu'il n'y ait beaucoup à cueillir, mais parce que la flore y offre de tels contrastes qu'elle en devient difficile à classer. S'ils sont exposés au soleil, ils se couvrent d'une végétation qui, à mille mètres et plus, rappelle celle des parties chaudes des vallées, et qui, plus bas et dans des circonstances favorables, peut devenir presque méridionale. C'est contre les parois qui tombent immédiatement sur la plaine du Rhône, entre Martigny et Sion, première assise d'une pente ininterrompue jusqu'à la région des neiges éternelles, que se trouvent en

Suisse les plantes les plus italiennes. Il suffit d'indiquer le figuier et l'amandier. Peut-être n'y sont-ils
pas absolument sauvages; on les rencontre non loin
des habitations, au pied de vieilles ruines — le
figuier sur la colline de la Bâtia à Martigny, et
l'amandier sur les rochers de Saillon, au-dessous de
la tour qui les couronne — mais ils n'en croissent
pas moins en plein vent, au milieu des buissons et
des rocailles, et s'ils ont eu besoin de l'homme pour
s'y introduire, ils s'y conservent d'eux-mêmes. Dans
des circonstances moins exceptionnelles, ce seraient
en tout cas des œillets, le Géranium-sang, des stipes
surmontées d'une longue aigrette, et d'autres espèces qui supposent également de chauds étés. En revanche, si le rocher est tourné au nord et en communication directe avec la haute montagne, la flore
y devient alpine à quelques pas de la plaine, et il
n'est pas nécessaire de monter beaucoup pour y
rencontrer des plantes dont la station normale
n'est pas à moins de deux mille mètres. Le Glarnisch en offre un bel exemple. Il tombe en parois
abruptes jusque dans les eaux du Klönsee, à 800 mètres. Les avalanches, les torrents, les cascades, qui
se précipitent des sommets, entraînent une multitude
de semences, que la fraîcheur (elle est éternelle à
l'ombre de ces formidables murailles) sollicite à
germer. Aussi quel contraste entre les deux rives !
Le 13 mars 1862, le lac était encore couvert d'une

couche de glace de trois décimètres, surface argentée où l'on courait sans crainte; sur la rive dominée
par le Glarnisch, il n'y avait que des montagnes de
neige, de l'autre côté, on pouvait grimper une heure
durant contre une pente nue, dont la Bruyère incarnate, en pleine floraison, embellissait tous les rochers. Quelques mois après, les premiers jours de
juillet, la différence, pour être moins saillante, n'était
en réalité pas moins forte; la rive des bruyères était
couverte d'une végétation brûlée et médiocrement
alpine; mais il suffisait de passer le lac, ce qui, il est
vrai, ne se faisait plus à pied sec, pour trouver en
abondance le Rhododendron velu, la Saxifrage
bleue, etc. Les promeneurs qui vont au Klönthal à
la recherche du monument de Gessner (monument
si bien caché qu'il en est presque introuvable), peuvent cueillir des bouquets qui donneraient à penser
qu'ils reviennent de quelque sérieuse ascension.
Ainsi la flore des rochers des Sous-Alpes se rattache
tour à tour à celle de la plaine ou à celle de l'Alpe
élevée. Néanmoins, elle a parfois un cachet particulier qu'il vaut la peine de noter. Pour peu que le
rocher soit décomposé et qu'il touche à des forêts
de sapins, elle leur emprunte quelque chose de leur
végétation touffue. Les mousses y forment des tapis,
qui se laissent enlever par grandes plaques, et dans
l'épaisseur desquels beaucoup de plantes trouvent
à se nourrir. Comme elles y ont plus de jour, elles

y prospèrent plus facilement que sous l'ombre obscure des sapins. Là se cachent, entre autres, les plus riches colonies de la Violette à deux fleurs, une vraie violette, non une pensée, dont la verdure est d'une gaîté charmante, et dont les fleurs, d'un jaune vif et franc, sont toujours une surprise pour ceux qui ne les connaissent pas encore. Des violettes jaunes! cela renverse toutes les idées qui naissent d'elles-mêmes à ce seul nom de violettes. Est-il une couleur moins modeste? Et cependant elles sont fort jolies; elles ont un petit air éveillé, fripon, chiffonné, qui leur sied à ravir, et quoique sans parfum (qu'auraient-elles à faire d'un parfum?) on se figure que les papillons et les libellules doivent avoir pour elles des caprices, et se plaire à les agacer en passant. Auprès d'elle fleurit d'ordinaire la Petite Astrance, timide sœur de celle du Pré d'Avant. Ce sont les deux seules astrances de nos Alpes, et l'on reconnaît aussitôt le même type; mais la seconde a accaparé tout ce qu'il y a dans la famille de sang robuste et de riche santé; au lieu que la première s'est réservé la grâce exquise, l'élégance, la délicate poésie. On voit de ces partages entre frères ou sœurs. Quelle main légère que celle qui a découpé ces feuilles si bien groupées, et quelle sera la jardinière aux doigts de fée dont les œuvres pourront rivaliser avec cette fleurette, qui est, à elle seule, une corbeille? Le vase en est d'un pur albâtre, encore une fraise à la Henri IV, comme dans l'Astrance du Pré d'Avant, mais plus petite, plus déliée, plus transparente; il s'en dégage tout un bouquet de fines corolles, que des pédoncules élancent à la hauteur convenable, et qui sont assez rapprochées pour l'effet d'ensemble, pas assez pour se gêner et se froisser mutuellement. C'est là le vrai bouquet, aigrette légère, joyeuse gerbe épanouie, et non l'entassement confus de toutes sortes de merveilles étouffées et manquant d'air.

Toutefois cette riche végétation appartient moins au rocher lui-même qu'aux anciens blocs qui en sont tombés; c'est au pied des parois qu'on a le plus de chances de la rencontrer brillante. La flore spéciale aux rochers des Alpes se présente différemment, et n'a toute sa physionomie que dans la zone où nous sommes parvenus.

Les rochers lisses sont inaccessibles à la végétation aussi bien qu'à l'homme; mais ils ne sont pas les plus communs. A l'ordinaire, la pierre est fendillée à l'extérieur; elle présente des saillies et des excavations, où les plantes se logent et croissent comme dans des pots à fleurs, chacune vivant pour soi. Les places vides sont toujours en grand nombre. Cependant les rochers sont beaucoup plus sérieusement occupés qu'il ne le semble au premier abord. Si petites que soient les espèces qui les habitent, elles ont de fortes racines, qui vont chercher au

loin leur subsistance. Telle plante presque imperceptible accapare tout ce que la couche de terre
meuble, serrée dans la fissure où elle croît, peut
fournir d'aliments à quelques décimètres à la ronde.
L'Arabette à feuilles de Serpolet, par exemple, a des
proportions bien ténues. Sa tige, à peine plus haute
que la main, est épaisse comme une aiguille à trico-
ter, et ses feuilles peu nombreuses ont à peu près
la taille de l'ongle du petit doigt : le nom en indique
assez bien la forme et la grandeur. Cependant ayant
réussi un jour, en soulevant une dalle, à mettre
les racines à nu, je pus constater qu'elles formaient
un réseau considérable dont les derniers filaments
s'étendaient en tout sens à trois ou quatre décimètres au moins. Il est donc tel de ces pots à fleurs où
se niche la végétation des rochers, qui est parfaitement rempli et absorbé par une seule plante de très
peu d'apparence.

N'y eût-il que leur ingénieuse adresse à se garantir des frimas, les espèces du rocher mériteraient
encore d'être observées de près. Aux trois quarts
enfoncées dans la pierre, elles ne se hasardent à l'air
libre qu'avec toutes sortes de précautions, et juste
ce qu'il faut pour vivre et pour respirer. Les unes se
recouvrent sur toutes les parties exposées de poils
fourchus ou étoilés, qui se touchent et s'entrelacent ;
les autres ne laissent pas tomber la plus petite de
leurs feuilles desséchées, qui les habillent encore

quand elles ont cessé de les nourrir. Elles ont raison. Sur la pelouse, la neige s'accumule et recouvre le gazon d'un épais manteau ; mais contre le rocher, la neige ne tient pas, et les quelques flocons qui peuvent s'y accrocher çà et là sont une pauvre garantie contre les gelées de l'hiver.

Cependant, malgré les froids plus rigoureux qu'ils ont à braver, les habitants du rocher pourraient bien avoir choisi la bonne part, et je les soupçonne d'avoir plus que les autres l'esprit de calcul et de prudence. Ils ont deux grands soucis : se nourrir et se vêtir. On vient de voir comment ils se tirent de la seconde difficulté. Pour la première, il suffit qu'ils trouvent une fente, une petite grotte inoccupée. Ce point gagné, ils sont chez eux, et ils y vivent en sûreté, c'est-à-dire en paix. Il ferait beau, sans doute, briller là-bas sur la pente adoucie ; mais combien cet avantage se paie cher ! Les vaches vous broutent et vous foulent aux pieds ; les chèvres à la langue effilée viennent ronger tout ce que les vaches ont épargné, et n'y eût-il pas de troupeaux, quelle lutte que celle de la concurrence entre toutes ces espèces jalouses, également avides de vivre, de s'étendre et de multiplier ! Si chacune était libre, chacune, en quelques années, aurait occupé toute la surface du sol, celle-ci de ses bulbes, celle-là de ses surgeons envahissants, telle autre de ses graines innombrables. Qui sait tout ce qui se cache, sous la gloire de ce tapis

émaillé, d'ambitions étouffées et de rivalités mal
contenues? Les sages du rocher contemplent du
haut de leur retraite ces luttes et ces périls. Ils n'ont
pas à craindre la dent du bétail; ils défient même
les botanistes, et quand ils ont pris possession de
leur ermitage, ils en défendent l'entrée par leur
seule présence, et n'y meurent que de vieillesse.

Mais le rocher serait plus escarpé encore, que
nous ne le quitterions pas avant d'avoir atteint une
touffe de cette cotonnière, que les botanistes appellent *pied-de-lion* (l'Edelweiss des Allemands). On lui
donne souvent, mais à tort, le nom d'Immortelle
des Alpes. Les capitules des immortelles sont entou-
rés d'une fausse corolle, aux pétales si fermes qu'on
dirait une lame d'écaille plutôt que du tissu végétal.
Rien de semblable chez la Cotonnière. C'est tout
simplement une plante frileuse, qui s'enveloppe
d'un triple duvet bien ouaté, et ne hante que les rochers exposés à toute l'ardeur du plein midi. Cette
espèce de large patte, qui s'étale au sommet des
tiges et qui fait aussi l'effet d'une corolle, n'est
qu'un vêtement de plus, une chaude collerette de
laine, dans laquelle se cachent et se rengorgent les
fleurs, agglomérées en petites têtes. Quand le ciel
est sombre, la Cotonnière prend une teinte grisâtre
et maussade ; mais quand de chauds rayons pénètrent son épaisse fourrure, elle se dresse contre le

rocher, elle brille et se dégourdit, comme ces vieillards que l'on voit au printemps rangés en file contre quelque haute muraille et se déridant au soleil.

En général, et surtout sur les pentes calcaires et brûlées (celles auxquelles s'appliquent plus particulièrement les traits de cette description), les plantes du rocher ne se distinguent pas par la vivacité des couleurs. Quand le pain manque ou qu'il faut le payer trop cher, on économise sur la toilette. Ainsi font ces nombreuses draves, ces arabettes, ces saxifrages, qui se contentent de fleurs blanchâtres ou jaunâtres, et ne songent pas le moins du monde à rivaliser avec leurs sœurs de la pelouse. Il y a pourtant quelques exceptions. En compagnie de la Cotonnière, on trouvera un bel aster, l'Aster des Alpes, qui ne porte guère qu'une fleur, mais grande et richement peinte en lilas. Si le rocher était plus humide, si quelque source suintait dans le voisinage, ou si seulement il était à l'ombre, on y cueillerait au premier printemps la plus brillante des saxifrages de la montagne, la Saxifrage à feuilles opposées, qui de la fente où s'engagent ses racines, laisse pendre ou traîner sur la pierre une longue chevelure de tiges emmêlées, garnies d'un feuillage scarieux, chétif, écrasé, et de grandes fleurs aux découpures si profondes que la corolle n'a plus que des lobes

d'une couleur amarante ou purpurine, somptueuse,
mais délicate et qui passe très promptement au
soleil.

C'est un phénomène commun dans la flore des
Alpes, que ce luxe de fleurs et tout le reste, tige et
feuillage, en quelque sorte sacrifié. Il semble que les
plantes consacrent toutes leurs forces vitales, em-
ploient tout le temps qui leur est donné, à fleurir et
à fructifier, et que les autres fonctions ne soient
pour elles qu'un accessoire. Certaines espèces de la
plaine ou des avant-monts prennent sur les hauteurs
des formes naines avec des corolles plus grandes ;
d'autres y sont remplacées par des espèces très
voisines, qui en diffèrent aussi par ce double caractère. La Saxifrage à feuilles opposées est purement
alpine, et ne peut être comparée avec aucune de
celles de la plaine, mais le contraste n'en est pas
moins saillant. Qu'attendre de ces balais de tiges
obscures, semblables à des racines cassantes, dont
la moitié sont sèches, et de cette verdure coriace et
comprimée, agglomération de cartilages plutôt que
de feuilles ? On se demande s'il peut y avoir là des
canaux pour la sève et comment la vie y circule. Et
pourtant, dès les premiers beaux jours, toute cette
végétation d'apparence stérile s'anime et se peuple,
et ce sont des fleurs partout et des couleurs magnifiques et des richesses à profusion.

Mais c'est dans les chaînes essentiellement granitiques qu'on trouvera le plus grand nombre d'exceptions à la pâleur ordinaire de la flore du rocher. Ces roches antiques et dures, cristallines, aux reflets métalliques, et d'où l'étincelle jaillit à chaque pas sous le fer du soulier, semblent avoir conservé je ne sais quelle chaleur cachée et quelle énergie créatrice. La pierre calcaire n'a produit que l'élégante Auricule jaune, tandis qu'il est né du granit toute une collection d'auricules, d'un rose vif et qui croissent en touffes bien autrement puissantes. La même remarque pourrait s'appliquer à plusieurs genres, mais tout spécialement aux plantes grasses.

C'est le propre de la végétation des rochers, qu'à côté des espèces les plus sèches on y trouve les plus charnues. Ces dernières ne sont pas abondantes sur les Alpes : quelques saxifrages, des orpins, des joubarbes ; voilà tout, ou peu s'en faut. Cela tient sans doute au climat. Leur mode de vivre a ce grand avantage qu'elles n'ont pas besoin de longues racines, quelques grains de terre leur suffisent ; mais il leur faut décidément plus de chaleur, un air plus humide et plus nourrissant. En outre, les plantes grasses alpines sont, en général, de petite taille. Les plus fortes sont les joubarbes, qui font le désespoir des botanistes, lorsque, prises entre deux feuilles de papier, elles s'aplatissent, se déforment, s'écrasent, perdent leurs feuilles, se baignent dans leur jus, et prennent une affreuse couleur de foin pourri. On regrette d'autant plus de ne pas pouvoir les conserver que les variétés en sont très nombreuses, et que, au lieu de trois ou quatre espèces, comme l'indiquent la plupart des catalogues, les Alpes en comptent peut-être une vingtaine. Il faudrait donc les étudier ; mais comment s'y reconnaître après une dessication si lamentable ? La plus répandue et la plus haute de nos joubarbes est celle des toits, que chacun connaît ; mais les plus belles sont des joubarbes un peu moins cossues, dont les feuilles radicales, groupées de manière à simuler des têtes d'artichaut, sont recouvertes d'un tissu de fils cotonneux, comme si une araignée s'était logée à l'intérieur, et qui se couronnent de fleurs disposées en cyme, étoiles ardentes, dont la pourpre rivalise avec celle des nuages d'automne au couchant. Il n'est pas tout à fait rare d'en trouver sur sol calcaire ; mais si on veut les voir en abondance, il faut remonter les longues vallées de la chaîne pennine ou des Grisons. Peut-être quelque touriste me saura-t-il gré d'en indiquer une station très riche et de facile abord, à deux pas de la route du Saint-Bernard : si, un peu avant le bourg de Saint-Pierre, on prend à gauche par un petit sentier qui passe près d'une petite chapelle, on arrivera à des terrasses rocheuses et moutonnées, où des plates-bandes de ces joubarbes resplendissent au soleil.

La flore du rocher nous conduit naturellement à

celle des éboulis. Au pied des parois verticales s'accumulent les débris qui en tombent. Où il n'y a que gros blocs entassés, la végétation est à peu près nulle ; mais plusieurs espèces ont élu domicile partout où les pierres sont plus petites et mêlées d'un peu de terre végétale. Quelques-unes pourraient tout aussi bien croître sur le roc en place ; mais il en est qui habitent exclusivement les champs de cailloux et de graviers, comme le Tabouret à feuilles rondes, la belle Renoncule-Parnassie et de nombreuses graminées aux épillets bigarrés.

Que cueillerons-nous ? Des graminées d'abord, dont les panicules mobiles trembleront au-dessus de nos bouquets. Sur les Alpes, les graminées, quoique nombreuses encore, ne jouent pas un rôle aussi important que dans les prairies de la plaine ; elles n'y forment pas le fonds principal de la végétation ; elles y sont plus clair-semées, et il en croît sur le gravier, en touffes éparses, autant qu'au milieu des gazons. Moins simples que les carex, leurs cousins très éloignés, les graminées sont plus souples et plus légères. La tige en est faite pour se bercer au vent, et le mouvement est leur état naturel. Quelques espèces ont des fleurs dont les glumes s'ouvrent en deux paires de petites ailes transparentes, avec des étamines jaunes ou brunes, suspendues par le milieu à des fils imperceptibles : si l'on pouvait leur souffler la vie animale, il n'y aurait plus beaucoup à faire pour les transformer en insectes légers, mouches ou phalènes. Il en est d'autres dont une paillette se prolonge en arête, ou se couronne même d'une plume soyeuse, d'une si grande finesse que celles des oiseaux n'en donnent pas l'idée ; les fleurs d'une stipe commune en Italie, et point rare sur les coteaux soleillés de la vallée du Rhône, portent une plume aussi haute que toute la plante, mesurant de trois à quatre décimètres, mais si légère et si délicate qu'on la voit à peine, à moins qu'elle ne se dessine contre le ciel. D'autres encore serrent leurs fleurs en épis tantôt allongés, tantôt courts et arrondis, qui brillent de couleurs variées et qui, attachés en grand nombre à de très minces pédoncules, forment des grappes toujours agitées et frémissantes. Celles que l'on rencontre à la montagne, appartiennent en majorité à cette dernière catégorie ; mais elles redoublent de finesse et prennent des teintes plus colorées. Souvent la tige et les feuilles ont la couleur d'un bois rouge ou brun recouvert d'un vernis luisant, et les épillets semblent avoir été dessinés et peints par un artiste minutieux. Les plus ingrats, peut-être, de tous les genres de la famille, au moins à en juger par la végétation du plateau suisse, les paturins et les fétuques, y produisent des espèces dignes d'être remarquées même à côté des plus jolies graminées, ainsi le Paturin du Mont-Cenis, la Fétuque violette, celle de Haller et celle de

Scheuchzer. Cette dernière, qui croît, il est vrai, plutôt dans le gazon que sur le gravier, et qui n'est pas commune partout, attirera sûrement l'attention; elle est d'un port si élégant, les épis en retombent avec tant de grâce, et les paillettes vertes en sont si joliment bordées de brun et de violet, qu'elle n'a rien à craindre du voisinage des grandes corolles éclatantes. On aura toujours pour elle au moins un regard. Après tant de beautés qui se montrent, c'est le bouquet de la jouissance que de trouver la même perfection, le même génie, dans des créations plus modestes, qui semblent n'être là que pour faire masse et verdure.

Que cueillerons-nous encore ? Des passerages, des linaires violettes à gueule safran, et si nous avons la bonne fortune de le rencontrer, nous ne négligerons pas le Pavot des Alpes. Mais le Pavot des Alpes est rare ; il en croît une espèce à fleurs orangées sur quelques points des Alpes orientales, à la Bernina, par exemple, et une autre espèce à fleurs légèrement soufrées au Pilate, à la Chaumény et ailleurs. Le Pavot des Alpes a les pétales plus petits que celui de nos moissons, mais il rachète ce désavantage en croissant en touffes plus fournies. Quant à la couleur, elle n'en est guère moins voyante. Au reste, comme celui de la plaine, il se plaît aux contrastes. Quelle splendide inutilité que ces grands pavots rouges dans les blés, et toute cette poésie improductive qui écarte les épis nourriciers ! Le Pavot des Alpes offre-t-il un contraste moins surprenant ? Ses fleurs délicates se refusent à briller ailleurs qu'au milieu des cailloux entassés. Il a pris à tâche de soutenir vaillamment une gageure impossible. Quelle est la profondeur de cette couche de gravier ? Trois doigts. Ce n'est pas assez. Il y a peu de mérite à croître dans les pierres lorsqu'on rencontre le sol à trois doigts de profondeur ! Mais si l'on enfonçait dans ce lit mouvant jusque bien au-dessus de la cheville, peut-être trouverait-il qu'il en vaut la peine et que le cas est digne de lui. Vous verriez alors sortir d'entre les pierres sa verdure grise, une feuille ci, une feuille là ; puis de feuille en feuille ce serait une touffe, qui pousserait bientôt des hampes effilées, du haut desquelles la gaze légère de ses pétales chiffonnés flotterait comme un étendard.

Entre les éboulis et la pelouse verte s'étend une bande intermédiaire, des terrains écorchés, avec des blocs en place, et des mottes de gazon qui forment des bosses irrégulières. La flore des éboulis s'y continue ; celle de la pelouse y commence, et quoiqu'il ne faille pas y chercher une végétation spéciale et nettement distincte, quelques espèces trouvent dans cet entre-deux le sol qui leur est le plus favorable, entre autres la Dryade. La Dryade est une rosacée, dont les souches ligneuses se divisent en un grand nombre de rameaux tortueux, lesquels s'appliquent sur les blocs, et cheminent lentement, mais toujours, jusqu'à ce qu'ils en aient fait le tour et se rejoignent de l'autre côté. Cette manière de croître n'est pas très rare dans la zone des gazons, et doit être envisagée comme un des traits particuliers de sa flore. Quelques saules nains, tous charmants, avec des chatons dressés en épis, font exactement comme la Dryade. C'est au naturel ce que l'on obtient par la culture. La treille est encore possible où la vigne ne l'est plus, et dans les régions trop froides pour qu'il y prospère en plein vent, l'arbre est remplacé par l'espalier. Sur les Alpes les derniers représentants de la flore ligneuse sont aussi des espaliers en petit. Le plus remarquable est la Dryade. Ses feuilles argentées en dessous, vertes en dessus, sont fermes comme celles du chêne et découpées à peu près de la même manière, mais à peine plus grandes que la circonférence d'un gland, et sillonnées de nervures, qui leur donnent un relief tout particulier. Elles couvrent la pierre d'un réseau touffu, au-dessus duquel s'épanouissent de nombreuses corolles, véritables roses blanches, de la taille d'une églantine moyenne, qui font la gloire de l'espalier. L'ensemble est brillant, pur, gracieux ; la fleur est une véritable fleur grecque, comme son nom. Tous les détails en sont achevés et d'une exquise perfection. Rien de plus fin que la végétation de petites glandes noires qui orne le calice et relève l'éclat des corolles.

Voici enfin la pelouse et tout d'abord le chalet. Mais hélas ! quelle triste verdure que celle qui, cent pas à la ronde, annonce la demeure des bergers ! On ne sait sur quoi l'on marche, ou plutôt on le sait trop bien ; ce n'est pas de la terre, c'est du fumier perdu ; ce sont des flaques nauséabondes et tout autour des herbes grossières, des chénopodes fétides, de pesants rumex nageant à demi dans le bourbier et souvent des champs d'orties. S'il est sur ces hauteurs des plantes que l'on voudrait pouvoir extirper, qui n'ont ni utilité ni beauté, qui rentrent dans la part que la nature semble avoir faite, en toutes choses, au génie du mal, c'est ici qu'on les trouvera. Elles témoignent de la présence de l'homme. La population des pâtres a, sans doute, conservé des vertus qui se perdent ; elle est simple, hospitalière, honnête ; mais, il en faut convenir, elle est aussi routinière, et il y a bien quelque indolence dans le respect qu'elle porte aux antiques usages et son peu de goût pour les innovations. Cette vie calme et sans événements, cette solitude au sein des Alpes, plonge l'âme dans une sorte de grave repos ; elle agit comme un opium fort affaibli, mais qui, à la longue, fait sentir ses effets. Supposez un montagnard actif et instruit, que de choses il entreprendrait, s'il était

le maître de la montagne ! Une barrière protégerait
au moins le seuil de sa porte ; il saurait le prix de
tout cet engrais qui ne fait que souiller le sol sans
le féconder ; il le recueillerait avec soin pour le dis-
tribuer partout également ; une enceinte fermée ré-
gnerait devant l'étable ; des mesures seraient prises
pour qu'elle ne se transformât pas en une mare
boueuse, et tout aussitôt commenceraient les herbes
utiles, le gazon qui vaut du lait. Les orties disparaî-
traient ; les rumex et les chénopodes ne couvriraient
plus de vastes espaces, et ces soins faciles seraient
plus que payés par l'augmentation des produits. Ce
n'est pas le bon goût seulement qui les réclame ;
c'est, en première ligne, l'intérêt.

Et le pâturage lui-même ! L'aspect n'en est pas
toujours plus réjouissant que celui des abords du
chalet. La pelouse est la seule station botanique de
la zone supérieure des Alpes qui soit menacée, mais
elle l'est plus sérieusement qu'on ne pense. Presque
toujours dominée par des pentes ardues, souvent
par de hautes parois, elle reçoit toutes les pierres
qui en tombent ; elle est sillonnée de tous les torrents, grands ou petits, qui descendent des hauteurs
et se gonflent dans les jours d'orage de boue et de
graviers. Quelques-uns de ces dangers ne peuvent
pas être conjurés. Aucune industrie humaine ne
saurait empêcher les Diablerets de s'ébranler sur
leur base, et de jeter sur un vallon fertile le plus

ruiné de leurs sommets. Sans prendre un exemple aussi extrême, plusieurs des torrents qui dévastent les pâturages, exigeraient, pour être contenus, des travaux difficiles et coûteux ; mais ces formidables agents de destruction n'exercent leurs ravages que sur des points déterminés : l'action en est limitée, et ce ne sont pas eux qui font le plus de mal ; ce sont les petits désordres, sans cesse répétés, qui se produisent un peu partout, et qu'il serait facile de réparer ou de prévenir. Quoi de plus simple que de ramasser et de réunir en tas les pierres qui tombent au printemps ! On l'a fait avec succès ; pourquoi ne le ferait-on pas toujours et partout ? La quantité qui en tombe annuellement, n'est pas si grande, et si beaucoup de montagnes en sont jonchées, c'est qu'on les laisse s'accumuler. Il est même certains cônes d'éboulement, toujours plus larges et envahissants, alimentés par d'étroits couloirs, qu'on pourrait, avec un peu de bonne volonté et de savoir-faire, arrêter dans leur marche et reconquérir pour le gazon. Passe encore s'il n'y avait que les dégâts causés par la nature ! Mais quel triste spectacle que celui de larges versants tout entiers appauvris et stérilisés par l'incurie des hommes ! A quoi bon ces creux innombrables qui marquent tous les pas des bestiaux ? Il est des pentes qui pourraient engraisser de magnifiques troupeaux, qui ne sont plus qu'un chemin raboteux, creusé d'une infinité d'ornières. Serait-il

donc trop coûteux de prendre la pioche, et de ren-
verser les bosses dans les creux, afin de rendre le
gazon continu ? Les bras ne manquent pas pour se
mettre à l'œuvre. Les bergers sont là, occupés à
surveiller les troupeaux, occupation nécessaire, mais
qui est à peine un travail et qui laisse de longs loisirs, car garder les vaches, ce n'est, la plupart du
temps, que les regarder. Sans recourir à des ouvriers, sans travailler au-delà de ce qu'on peut rai-
sonnablement attendre d'un homme, sans y placer
de gros capitaux, si les bergers se bornaient à utiliser le mieux possible leur séjour de chaque été, les
pelouses alpines auraient bientôt changé d'aspect.
Dix ans leur suffiraient pour les transformer. Mais
ils ne se figurent pas qu'on puisse lutter contre les
éléments ; ils ont reçu la montagne de leurs pères ;
ils y vivent comme on y a vécu depuis un temps qui
dépasse toute mémoire, et quand ils la voient s'en-
sevelir sous les décombres, morceau par morceau,
ils s'inclinent résignés sous les coups de la destinée.
Mauvais respect, qui nuit à tout le monde : aux pro-
priétaires d'abord, aux paysans qui leur louent le
bétail pour l'été, et aux habitants de la plaine qui en
consomment les produits. La nature en souffre elle-
même, car le désert n'est pas beau lorsqu'il n'accuse
que la négligence des hommes. Tous, jusqu'aux botanistes, amis suspects des domaines trop bien cultivés, applaudiraient à des soins plus heureux.

Souhaitons donc bonne chance à la Société suisse qui vient de se former en vue de mettre un terme à la dégradation des Alpes, et hâtons-nous de chercher à quelque distance une vraie pelouse. Peut-être, nous faudra-t-il d'abord traverser des pâturages pierreux, où les grands aconits croissent en cercle autour des blocs, et où les vaches sont prudentes à choisir leur nourriture ; mais enfin nous trouverons bien quelque part, et sans doute là-bas, sur la pente adoucie, où coulent lentement de petits ruisseaux et où l'herbe est toujours fraîche, une pelouse comme nous la désirons, unie, intacte, vierge.

Les belles pelouses alpines diffèrent beaucoup des prairies des Sous-Alpes et de la plaine. Les hautes herbes qui vous montent jusqu'à la ceinture ou, au moins, jusqu'aux genoux, ont fait place à un gazon presque aussi court et tout aussi bien fourni que ces gazons de luxe, sur lesquels on fait passer le rouleau et qu'on rase tous les dix jours. Les plantes dont il est formé sont basses ; mais les corolles sont grandes, et il en est tout émaillé. On dirait des tapis et des broderies. Souvent on est embarrassé de savoir où poser le pied, tant les fleurs sont serrées et le parterre épanoui.

Mais par où commencer? Les voilà toutes réunies, et il y en a trop pour choisir. Anémones, pédiculaires, orchis, violettes, véroniques, gentianes, silènes, myosotis : à qui donner la préférence ? Moissonnons au hasard.

Belles Anémones, c'est sur vous que le sort tombe ; mais que de peine pour vous bien cueillir! Il faut, si l'on veut avoir autre chose qu'un misérable fragment, atteindre jusqu'à leur tige souterraine, qui court parallèlement au sol, et dont un bourgeon se détache pour croître de bas en haut et venir se développer à l'air libre. Ce bourgeon naissant toujours un peu plus loin, la plante fait chaque année un pas et se déplace légèrement. Comme les anémones ont la vie longue, elles font ainsi de véritables voyages. Si elles croissent près d'un caillou, elles finiront peut-être par en faire le tour, et par aller mourir au-delà, après en avoir vu les deux faces. Il naît d'abord de ce bourgeon quelques feuilles, souvent grandes, et qui, dans plusieurs espèces, se divisent, se subdivisent et se resubdivisent encore, pour se découper en une multitude de petites folioles, elles-mêmes dentées et déchiquetées ; ensuite une tige, qui porte près de son sommet trois feuilles également très découpées, espèce de faux calice, au-dessus duquel, mais à quelque distance, s'ouvre la corolle. Celle-ci est une coupe formée de grands pétales, qui enceignent une gerbe touffue d'étamines et de carpelles. Il y a quelques rapports entre l'anémone et la rose ; au moins offrent-elles le

même contraste entre une verdure très accidentée
et des fleurs noblement régulières; mais dans l'anémone l'harmonie est moins parfaite et la transition
ne paraît pas aussi habilement ménagée. Au lieu
d'amener le passage de la feuille à la fleur, le faux
calice de l'anémone répète hardiment le dessin de
la feuille, en sorte que la corolle est obligée de s'en
dégager et de se faire porter plus haut par le pro-
longement de la tige. De là, je ne sais quoi d'aven-
turé et parfois de fantastique. Le même caractère se
retrouve dans la couleur. Qu'elle soit plus éclatante
ou plus pâle, la nuance de la rose est toujours d'un
ton gracieux et souriant. Cette fleur a un secret :
quand c'est elle qui le produit, le jaune lui-même
devient aimable, harmonieux, caressant. La belle
imagination des Grecs glissait sans effort de l'idée
de la rose à celle de l'aurore. Les images auxquelles
ce rapprochement a donné lieu, ont pu, à force
d'être répétées, devenir pâles et fades; elles n'en
étaient pas moins justes, et d'un génie auquel le
sens de la couleur ne fut pas plus étranger que
celui de la forme et des arts plastiques. Toujours le
nom de la rose rappellera l'Orient et le doux pays
de la lumière. Il y a de ces impressions qui sont
sœurs, et qui, logées dans la mémoire à la porte
l'une de l'autre, s'éveillent mutuellement. Il n'en est
pas de même de l'anémone. Fleur cosmopolite, elle
s'harmonise avec le ciel de chacune de ses patries;

des teintes les plus graves elle passe aux plus
ardentes, des plus rêveuses aux plus passionnées.
Sous le climat de Florence, elle resplendit comme
les coquelicots des blés ; elle donne aux ombrages
de nos bois la gentille Sylvie aux pétales blancs relevés de carmin, et sur les hautes terrasses des
Alpes, elle s'épanouit en grandes fleurs contempla-
tives, et dérobe aux cimes vierges la pâleur de leur
diadème de neige.

Les anémones alpines sont nombreuses et si variées qu'elles suffiraient à de royales corbeilles. En
faisant une promenade à la Croix de Javernaz, au-
dessus de Bex, dans les Alpes vaudoises, et sans
dépasser les pâturages broutés par les troupeaux,
on en rapportera quatre espèces et plusieurs variétés. Seulement il faut s'y prendre de bonne heure.
Année commune, le 15 juillet serait déjà beaucoup
trop tard. La plus répandue est l'Anémone dite des
Alpes, espèce changeante. Sur certaines pentes
sèches et plus ou moins rocailleuses, il en croît une
variété géante, dont la tige peut mesurer un mètre,
et dont les feuilles se laissent à peine serrer dans un
herbier d'un format très respectable. Mais il semble
que la plante ne grandisse à ce point qu'aux dépens
de la fleur, et peut-être préférera-t-on une forme
plus commune, de moitié moins haute, dont les corolles blanches, de la taille d'une grande églantine,
se colorent d'un pâle azur. L'Anémone des Alpes

appartient aux chaînes calcaires ; sur le granit, elle est remplacée par l'Anémone soufre, plante ramassée sur sa tige, et dont la fleur est jaune-canari. A la Croix de Javernaz, les deux espèces se rencontrent, ainsi que les terrains qu'elles préfèrent, et l'on peut récolter toute une série de formes qui font transition de l'une à l'autre ; d'abord des anémones blanches, élancées, avec une légère teinte paille, puis d'autres plus petites et de coloration plus intense, jusqu'à ce que l'on tombe tout à fait dans le type soufre.[1] Dans la même contrée, l'Anémone Narcisse, dont les fleurs sont groupées en gracieuses ombelles, rappelle par sa coloration la Sylvie des bois. Mais la perle des anémones de Javernaz et peut-être de toutes les chaînes des Alpes, est l'Anémone printanière. Les trois feuilles de son calice se prolongent et ceignent la corolle d'une chevelure dorée, et ses pé-

---

[1] Cette Croix de Javernaz *(ceci soit dit à l'usage des botanistes)* est décidément un lieu propice aux plantes hybrides. On y trouvera dans un espace singulièrement restreint tous les passages possibles non-seulement entre ces deux anémones, mais encore entre la Primula Auricula et la Primula villosa, ainsi qu'entre l'Androsace helvetica et l'Androsace alpina (Gaud). En outre, le Geum inclinatum (hybride du G. rivale et du G. montanum) n'y est pas très rare, et avec un peu de bonheur, on pourra y mettre aussi la main sur un ou deux pieds d'Achillea Thomasiana (hybride de l'A. macrophylla et de l'A. atrata). Cette liste serait peut-être augmentée si l'on étudiait avec quelque soin les gentianes des environs, surtout les G. purpurea et punctata.

tales, recouverts en dessous d'une villosité soyeuse, d'un blond ardent, ont moins des couleurs que des reflets, mais des reflets suaves, plus insaisissables encore que ceux de la Petite Soldanelle, flottant entre le rose, le bleu et le violet. Elle croît aussi dans les lieux les plus frais, sitôt la neige fondue; mais, à l'inverse de la Soldanelle, c'est une grande fleur, bien ouverte au moment de son premier éclat, puis se fermant à demi et conservant long-temps quelques restes de sa beauté. Les touristes qui la trouvent fanée, se figurent parfois qu'elle est en bouton, et se fatiguent à en chercher de mieux épanouies. Véritable fille des Alpes, sa beauté est surtout expressive. Il n'est pas de plante qui ait plus de physionomie; elle semble rebelle à toute culture, et sa grâce mystérieuse, attachante, étrange, à la fois divine et sauvage, rappelle l'attrait des abîmes séducteurs où le glacier ensevelit ses vic-times. Si les Alpes avaient leur sirène, leur Loreley, attirant le voyageur de solitude en solitude, l'Ané-mone printanière serait sa fleur de prédilection.

Pour compléter ce bouquet d'anémones, il fau-drait en cueillir en un même jour les fleurs et les fruits, et on le peut à la rigueur. Ce qu'il semble y avoir de fantastique dans quelques-unes de leurs espèces, est doublement marqué dans le fruit, agglo-mération sphérique de carpelles, dont les pointes tordues en spirale ont l'air de petits serpents argen-

tés, et forment ensemble une tête de Gorgone.
Quand ils ont atteint tout leur développement, la
masse en est bien épaisse; mais plus jeunes et légè-
rements dégarnis, nous pourrions les cacher dans la
verdure, de manière à ce que leurs pointes barbues
se montrassent entre les fleurs de nos corbeilles, et
ils en relèveraient encore l'originale beauté.

Nous ne vous oublierons pas, douces vergerettes
au rayon rose ou lilas; petits orchis classiques, à la
tête noire et au parfum vanillé; grandes pensées,
aux pétales violets, qui étalez sur l'herbe humide
vos corolles veloutées, trop souvent brûlées par la
gelée; ni vous non plus, jolies alchimilles, qui nous
donnerez au moins votre verdure, vos feuilles à cinq
ovales, brillantes comme de l'argent et chatoyantes
au soleil comme de riches étoffes de soie.

Pourquoi faut-il passer si vite? Il y a trop à voir.
Mais toi, que rêves-tu là, petite Gentiane bleue? Tu
as mieux que de l'éclat; il y a du prestige dans ta
beauté, et quand, assis sur la pelouse, on t'a con-
templée un moment, on ne doute pas que tu n'aies
un regard et une âme.

Est-il un genre plus alpin que celui des gentianes?
Les espèces qui le représentent en Suisse (de vingt
à trente) croissent toutes à la montagne; quelques-
unes habitent aussi les collines de la plaine; mais
d'autres figurent parmi les plantes qui atteignent le
plus haut niveau. J'ai cueilli une gentiane sur les

derniers rochers du Muveran (3061 m.). Au sommet du Drônaz, près du St-Bernard (2950 m.), c'est encore entre des gentianes que l'on s'assied, en face du Mont-Blanc.

Les amateurs, qui n'y mettent pas tant de finesse, les divisent simplement d'après la couleur. Il y a pour eux la Gentiane jaune, à laquelle ils associeraient celle de Charpentier, s'ils la connaissaient, puis les gentianes rouges et enfin les gentianes bleues, de beaucoup les plus nombreuses.

La Gentiane jaune est une plante extrêmement commune, et l'une des plus fortes parmi celles qui croissent dans la zone des gazons. Ses tiges souvent épaisses comme le pouce, s'élèvent parfaitement droites jusqu'à la hauteur d'un mètre et plus. Ses feuilles amples, lisses, mais avec de fortes nervures, et dessinant un large et bel ovale, sont disposées par paires, et vont en diminuant de grandeur jusqu'au sommet de la tige, où elles portent, à leur aisselle, des verticilles ou anneaux de fleurs jaunes, au tube court, mais aux lobes allongés, pointus et écarquillés. Les bestiaux ne mangent pas les gentianes, en sorte que, le pâturage une fois brouté, elles restent seules debout, avec leur port militaire et leurs faux airs de grenadier. Mais elles ont d'autres ennemis. Sur l'arrière-automne, avant que les premières neiges les aient ensevelies, des ouvriers armés de pioches, viennent en faire des razzia, non pour les extirper, mais pour en distiller les racines, qui donnent une eau-de-vie d'un goût et d'un parfum étranges, d'ailleurs saine, restaurante et faite pour être bue sur le glacier, à trois ou quatre mille mètres au-dessus de la mer. Souvent les touristes en arrachent une plante pour sucer un morceau de la racine, excellent préservatif contre la soif, à moins qu'ils ne se méprennent, ce qui n'est pas difficile quand les fleurs manquent; alors, au lieu de gentiane, ils sucent du vérâtre, poison cher aux homéopathes, auquel cas ils en ont pour des jours à avoir le palais en feu, et à s'ingurgiter des flots d'eau sans en calmer l'irritation. [1]

Les gentianes rouges ont une tenue assez semblable, mais elles sont de moitié moins hautes, plus déliées, moins robustes; les feuilles n'ont pas la même ampleur; elles se rétrécissent et s'allongent, et les anneaux de fleurs, moins fournis et disposés en étages moins nombreux, ne forment pas de si hauts panaches; en revanche, les corolles sont beaucoup plus grandes, d'une couleur purpurine, foncée de brun, avec de jolis dessins à l'intérieur; elles prennent une forme de campanule, sauf que leurs lobes ovales et boursouflés ne se déjettent pas en dehors, mais se recourbent les uns contre les autres.

[1] Il y a un moyen sûr et très simple de ne pas s'y tromper. La Gentiane a les feuilles opposées : le Vérâtre, alternes.

En passant des gentianes rouges aux gentianes bleues, on voit le type se modifier dans le même sens : la plante diminue au bénéfice de la fleur. Seulement, on distingue bientôt deux embranchements marqués. Le type idéal du premier est si simple qu'il se laisse décrire d'un mot : une grande cloche, naissant d'une rosace de feuilles appliquées sur le sol. Parmi les espèces communes, celle qui le réalise le mieux est la Gentiane dite sans tige, bien connue de tous les touristes. Mais il n'atteint à sa perfection que dans une espèce beaucoup plus rare, la Gentiane des Alpes. Ici la corolle est vraiment une cloche, une belle cloche indigo, au vase élargi, d'une courbure parfaite, et qui se tient debout sur quelques petites feuilles ovales. La tige manque tout à fait, ou plutôt elle se cache, car il suffit de creuser tout autour pour voir que des corolles qui semblent indépendantes, se relient par des fils souterrains, et se rattachent à une seule racine. Près des lacs de Fully, en Valais, des blocs tapissés de mousses et de mille fleurettes, sont émaillés de ces coupes brillantes, qui s'emplissent chaque nuit de la rosée de la montagne.

Le second embranchement offre un type plus compliqué, qui n'exige pas un sacrifice aussi complet de ce qui n'est pas la fleur, et tend moins à la grandeur qu'à l'éclat des corolles ; au lieu de cloches, ce sont des tubes étroits, enfermés dans un calice, mais se couronnant au sommet de lobes ou demi-pétales, qui rayonnent autour de l'ouverture. Dans ce groupe les espèces remarquables sont nombreuses. C'est, entre autres, la Gentiane des neiges, qui se cache dans l'herbe toujours trop haute pour elle, et dont les fleurs, des étoiles microscopiques, daignent s'ouvrir pour quelques heures, quand le ciel est pur et le soleil au zénith. C'est la Gentiane printanière, plus grande, beaucoup plus répandue, et dont le mode de croissance rappelle celui de la Gentiane sans tige. Pour la forme de la corolle, aucune ne la dépasse : jamais artiste ne dessinera une étoile aussi parfaite de grâce et de pure élégance. La couleur en est assez variable ; elle passe du bleu le plus intense à un bleu de ciel assez clair, parfois même, mais c'est un accident très rare, au violet et au blanc. Elle habite les Alpes et les Sous-Alpes ; on la trouve aussi sur les coteaux du Jorat ; mais elle n'est nulle part plus brillante que sur les avant-monts, au mois d'avril ou dans les premiers jours de mai. Nous l'avons déjà rencontrée au Pré d'Avant. C'est enfin la Gentiane de Bavière, qui appartient plus exclusivement à notre zone, d'où elle monte jusque fort au-dessus de la limite des neiges éternelles. Elle aime les lieux frais, les bords de ruisseaux. Ses tiges portent quelques petites feuilles rondes, d'un vert très gai, rangées deux à deux. Je ne sais si pour la ciselure de la corolle, elle

égale toujours la Gentiane du printemps ; mais pour
la couleur, elle est encore plus admirable, et, s'il
fallait choisir, c'est à elle, peut-être, que la palme
appartiendrait. Heureusement, rien n'oblige à choisir
entre ces créations diverses, par lesquelles la nature
s'est essayée à réaliser une idée, et qui se complè-
tent les unes les autres.

La Gentiane de Bavière et la Gentiane du printemps n'ont point de parfum ; au moins ne leur en
ai-je jamais trouvé. Il est vrai que pour des organes
plus fins toutes les plantes en auraient ; mais s'il en
est qui puissent s'en passer, ce sont ces deux gentianes. Un parfum trop sensible les gâterait. Le parfum est une émanation de la fleur ; il en révèle la
substance intime, l'être caché. Mais la fleur de la
Gentiane n'a besoin de se donner à connaître par
aucune émanation. Sa couleur n'est pas un vernis à
la surface des pétales ; c'est un azur lumineux, qui
rayonne du dedans, et qui semble fait pour se marier
avec cette forme étoilée, dont la scintillation des
astres a fourni le modèle. La Gentiane ne s'efface
point comme la modeste violette. Pourquoi s'efface-
rait-elle ? La modestie est une vertu humaine, dans
laquelle il entre de la défiance ; mais la candeur,
qui vient du ciel, n'a point de défiance : elle ignore
à la fois l'orgueil et la modestie ; elle se livre ingé-
nument et lève la tête sans fierté. Ainsi fait la Gentiane, avec ses yeux bleus et son long regard. Fleur

adorable, en elle éclate le mystère de la pureté, non de cette pureté fragile que nous nommons l'innocence, et dont certaines nuances du blanc nous offrent seules le juste emblème, mais de la pureté céleste, éternelle et de l'inaltérable beauté.

Nous n'avons qu'à suivre les ruisseaux qui arrosent les pelouses où nous glanons ainsi, pour arriver au fond du vallon, où nous trouverons probablement quelques prairies marécageuses ; mais nous ne ferons que les traverser, parce que la végétation en diffère peu de celle des tourbières des Sous-Alpes. C'est la même flore, sensiblement diminuée, malgré quelques espèces nouvelles, et toujours ces teintes obscures, ces herbes pointues et raides, des scirpes, des joncs, des carex, mais plus petits encore et plus tristes, pris sous la neige et dans la glace dix mois sur douze. La plupart des jolies espèces qui ornaient le sphagnum ont disparu, et je ne vois guère à cueillir, en passant, que la Linaigrette de Scheuchzer, dont les soies argentées ne forment pas seulement, comme celles de la Linaigrette des Alpes, de légers mouchets, mais une haute chevelure, épaisse, richement fournie, en sorte que leur tête blanche domine au loin la pâle végétation du marais.

Le marécage traversé, nous chercherons encore quelque pente herbeuse qui regarde le soleil. Là le sol sera plus sec et souvent plus grossier, les herbes plus hautes, plus irrégulières, volontiers groupées en mottes touffues. Le gazon y prendra une teinte brûlée, et les espèces qui attirent les yeux, ne tarderont pas à différer sensiblement de celles que nous avons rencontrées sur la pelouse plus humide et plus fraîche. Nous y verrons en grand nombre les épervières alpines, dont les capitules d'or sont enveloppés d'un chaud calice poilu, le Chardon bleu, un cousin de la Grande Astrance, et nullement un chardon — il n'a reçu ce nom qu'à cause des larges collerettes épineuses et déchiquetées qui entourent ses pyramides de fleurs — enfin le Lis des Alpes, l'étincelante Paradisie, dont les boutons encore fermés tissent en silence leur robe immaculée. Mais quoi ? toujours des fleurs blanches ! Le blanc surabondera dans nos récoltes. Il doit en être ainsi, car cette surabondance même est un des traits les plus saillants de la flore des Alpes. On pourrait croire qu'il en résulte quelque monotonie. Nullement. Le blanc n'est pas le moins du monde uniforme. Il y en a plusieurs espèces : celui qui n'est que propre, celui qui est mat, celui qui est semé de parcelles scintillantes, celui qui renvoie franchement tous les rayons et devient lumineux, celui qui est opaque, celui qui est transparent, et bien d'autres encore. La plupart d'ailleurs semblent n'être dus qu'à l'épuration successive d'une teinte quelconque, bleue, verte, grise ou rose, et l'on y surprend encore des reflets qui en trahissent l'origine. Le blanc a donc

ses nuances et ses tons, bien plus richement repré-
sentés dans la végétation alpine que dans celle de
la plaine. Dans nos vergers, le nombre des fleurs
blanches est peu considérable. A part les ombellifères, dont le blanc tire toujours un peu sur le vert,
je n'y vois guère, en fait d'espèces apparentes, que
les grands chrysanthèmes ; tandis que les narcisses,
les dryades, les anémones, les paradisies, de nombreuses espèces de sablines, de céraistes, de saxifrages et aussi de chrysanthèmes, semblent s'être
donné pour tâche d'épuiser à la montagne toutes les
nuances du blanc, et de les réunir sur des pelouses
voisines. Là est la gloire de la flore des Alpes. Les
couleurs en ont plus d'éclat, aussi affectionne-t-elle
par dessus tout celle qui est lumière. C'est que les
Alpes sont vraiment un pays de lumière. L'aurore y
est matinale, la nuit tardive. Si le soleil y est moins
chaud, il est plus brillant. Ses rayons ne s'éteignent
pas dans une atmosphère épaisse, toujours plus ou
moins chargée de vapeurs ; ils rencontrent un air
léger, sec, limpide, qu'ils traversent en se jouant,
pour venir verser sur le sol et ses productions tout
ce qu'ils contiennent de clarté. Notre flore de plaine,
dans les régions tempérées, est née d'une lumière
qui a passé par un écran ; celle des tropiques s'est
évidemment colorée sous l'influence d'une chaleur
humide et concentrée ; celle des Alpes a reçu peu
de chaleur, mais beaucoup de jour ; elle est à la fois

fraîche et rayonnante. Il en est tout autrement des insectes alpins, coléoptères, mouches et papillons. Autant les fleurs ont d'éclat, autant, quelques-uns exceptés, les insectes sont ternes. Mais quelle différence entre la vie de la fleur et celle de l'insecte ! Celui-ci passe les trois quarts de l'année caché dans un trou ; pendant d'interminables hivers, il dort dans l'obscurité d'une prison souterraine, tandis que la fleur éclôt avec le printemps, et ne connaît que les beaux jours. Aussi voyez la Paradisie. Tous les blancs pâlissent devant celui de cette fille du soleil. Il est si parfait, si radieux, qu'il exclut toute idée d'épuration ; il n'est que blanc, il n'est que lumière. Mais que de fragilité ! Une nuance pareille n'est pas faite pour ce monde. Sur la Paradisie la moindre tache est irréparable. Quiconque la touche la gâte, et s'il vient à tomber de ses étamines un seul petit grain de pollen, la voilà souillée. Il n'y a pas de brise dont l'haleine soit assez douce et caressante pour qu'elle puisse s'y abandonner sans péril.

Cependant on continue à monter, et les pâturages où paissent les grands troupeaux, ne tardent pas à faire place à des gazons de plus en plus ras, souvent en pente très inclinée, que les moutons seuls peuvent brouter. Bientôt le sol est nu sur de vastes espaces, sans que ce soit la fertilité qui lui manque, et si, dans une exposition favorable, quelques plantes se rapprochent encore pour former un dernier tapis, il n'y a que les chamois qui en profitent. Deux fois par jour, ils quittent leurs hautes retraites, et viennent faire leur repas sur une de ces maigres pelouses. Enfin, l'on atteint un niveau où les gazons proprement dits manquent tout à fait, et sont remplacés par une végétation analogue à celle de la station des rochers, c'est-à-dire que chaque plante vit pour soi et cherche un abri. S'il se présente quelque croupe pierreuse richement sculptée, avec beaucoup de petites grottes et de saillies protectrices, elle peut se garnir à peu près comme ces montagnes artificielles destinées aux espèces alpines dans les jardins botaniques. Mais bientôt ces jardins eux-mêmes deviennent rares, plus petits et plus pauvres. Encore quelques pas, et la rencontre d'une plante ne sera plus qu'un accident.

Depuis les dernières pelouses jusqu'à la disparition totale de la végétation, il y a souvent à monter près de cinq ou six cents mètres. C'est presque une zone nouvelle, qu'on pourrait appeler la zone des plantes éparses. Sans doute la flore des gazons s'y continue en partie; mais on y trouve quelques espèces dont là seulement est la véritable patrie, et l'ensemble de la végétation y prend une physionomie à part.

A la rigueur, on pourrait y distinguer encore deux floraisons; mais elles se suivent de si près qu'on peut tout aussi bien dire qu'elles n'en forment

qu'une. Ici la prudence du Rhododendron serait un
faux calcul. Le printemps commence avec le mois
de juillet, c'est-à-dire au moment des plus grandes
chaleurs et des plus beaux jours, et il faut saisir
l'occasion au vol. Une espèce qui ne pousserait pas
rapidement et ne fleurirait pas aussitôt, risquerait
fort de n'avoir pas le temps de fructifier. Les quelques plantes tardives que l'on rencontre dans cette
zone, sont presque toutes des plantes très rares, et
l'on est conduit à penser que leur rareté s'explique
par leur paresse à fleurir. Elles luttent dans des
conditions défavorables contre un climat trop rigoureux, en sorte que la moyenne annuelle des décès
l'emporte sur celle des naissances ; elles s'éteignent.
Il existe, par exemple, une petite crépide, que l'on
aurait dû dédier à E. Thomas, le premier botaniste
qui l'ait cueillie, et que le zèle des nomenclateurs a
plusieurs fois baptisée et débaptisée. On l'appelle la
Crépide chevelue (jubata), ou la Crépide à fleurs
d'or, ou bien encore la Crépide de Rhétie. C'est une
plante aussi distincte que possible et qui, malgré la
pluralité de ses noms, ne rentre pas dans ces espèces
critiques, créées à profusion par la science moderne.
Sur toute l'étendue des Alpes, on n'en a trouvé jusqu'ici qu'un très petit nombre de stations : deux en
Valais, dont l'une perdue, les autres en Engadine.
Elles sont toutes extrêmement restreintes ; l'une des
plus riches, celle du Fimberpass, dans la Basse-En-

gadine, n'est qu'une terrasse rocheuse, dégarnie de cailloux roulants, qui mesure au plus cent pas de diamètre. Il est peu probable que la Crépide chevelue se soit semée de son petit jardin du Fimberpass à celui qu'elle occupe au Laviroun, à une distance de quinze lieues, et de là à ceux où elle fleurit au pied du Cervin, quarante lieues plus à l'ouest. Les stations où elle existe encore, sont, sans doute, tout ce qui lui reste d'un domaine jadis plus étendu, les débris qui ont surnagé dans le naufrage de l'espèce. Mais aussi pourquoi ne daigne-t-elle fleurir qu'au mois d'août, c'est-à-dire à l'entrée de l'automne, sous un climat où l'automne est déjà l'hiver? Il en est de même de la Saussurée bassette (depressa), que l'on ne confond plus avec sa voisine, la Saussurée des Alpes, quand on l'a vue souvent et de près. Elle ne fleurit guère qu'en septembre, ou plutôt elle ne fleurit pas du tout : à force d'arriver trop tard, elle a presque perdu l'habitude de pousser des boutons à fleurs. Elle est aussi très rare, et sans les tiges souterraines par lesquelles elle se propage, elle le serait probablement bien plus. A la hauteur où nous sommes parvenus, la victoire est assurée aux plus hâtives.

Les espèces de cette zone ne sont pas moins habiles que celles des rochers de la zone gazonnée à se vêtir d'un bon manteau poilu. Bien peu sont nues, lisses et glabres. Elles ont, en outre, deux méthodes

principales pour se garantir du froid. L'une est celle
que nous avons indiquée déjà, et qui consiste à retenir les feuilles desséchées ; mais ici, elle est poussée plus loin et perfectionnée. Imaginez une souche
qui, à sa sortie du rocher ou même avant, se divise
en un grand nombre de tiges : la souche prise dans
la pierre, est à l'abri ; les tiges ne le sont pas, et plus
elles croissent plus elles s'exposent ; mais si elles
conservent leurs feuilles et les laissent s'accumuler
d'été en été, il se formera bientôt une touffe bombée,
dans l'épaisseur de laquelle elles se cacheront chau-
dement. Ce système paraît très avantageux ; au
moins les espèces qui le pratiquent sont-elles au
nombre des plus répandues sur les hautes sommités,
ainsi l'Androsace d'Helvétie, dont les touffes mesu-
rent souvent plus d'un décimètre de profondeur.
D'autres ont des habitudes souterraines. Supposez
un large platane, taillé comme dans les jardins où
il leur est interdit de dépasser un certain niveau ;
ensevelissez-le sous une montagne de gravier, jusqu'à ce que le tronc et les branches aient disparu,
et que l'on ne voie que les dernières feuilles, à l'extrémité des plus jeunes pousses, et vous aurez en
grand le mode de croissance adopté par plusieurs
plantes de la haute montagne, par la Violette et par la
Campanule du Mont-Cenis, par l'Epervière à feuilles
de Prunelle, etc. Il faut, pour les cueillir, procéder à
des travaux de déblaiement.

Certaines espèces, qui vivent également sur le roc et sur les moraines, combinent les deux méthodes, et inclinent vers l'une ou vers l'autre selon le lieu où elles croissent. L'Androsace des glaciers, et ce n'est pas le seul exemple qu'on en puisse citer, conserve mieux en plein rocher ses feuilles desséchées, et forme des touffes plus compactes, sur lesquelles les fleurs sont immédiatement appliquées ; sur le gravier, au contraire, elle s'étale en gazons étendus et lâches, garde moins soigneusement ses anciennes feuilles, et s'enhardit jusqu'à pousser des tiges à fleurs qui s'élèvent d'un et même deux centimètres.

Les petits espaliers du genre de la Dryade n'existent plus dans la zone des plantes éparses. Celui qui monte le plus haut, est, si je ne me trompe, un azaléa très printanier, qui enlace les pierres de ses ramifications innombrables, ornées de fleurettes roses, coupes charmantes, où, si elles étaient pleines de miel, une abeille trouverait de quoi faire sa provision de voyage pour retourner à la ruche. Cet Azaléa est commun dans les pelouses à chamois ; mais il s'arrête le plus souvent au seuil de la région supérieure que nous venons d'aborder, et avec lui disparaît toute trace de végétation ligneuse. Les herbes seules peuvent supporter les rigueurs d'un climat de moins en moins propice à la vie, et encore faut-il qu'elles se tiennent le plus près possible du sol, et qu'elles s'y ensevelissent aux trois quarts. Elles connaissent les hivers et les ouragans des hautes Alpes; aussi se gardent-elles des longues hampes, à moins que, blotties dans quelque fissure ténébreuse, elles n'envoient leurs pédoncules à la recherche de la lumière. Il n'y a guère que quelques graminées qui poussent en plein vent des chaumes de la hauteur de la main; flexibles comme ils le sont, ils ont moins à craindre de l'orage, et ils peuvent être gelés sans que la plante même en souffre beaucoup.

A l'inverse des espèces de la pelouse, celles de cette zone ont, en général, les fleurs petites; mais souvent le tissu de leurs pétales semble formé de gouttelettes cristallines, qui scintillent à la lumière. Plusieurs ont un parfum. Quelques espèces d'armoises exhalent une odeur d'absinthe, âcre, mais saine et fortifiante, et il est peu d'arômes plus exquis que celui de la Saussurée des Alpes.

Deux genres contribuent plus que d'autres à enrichir cette dernière flore, et à lui donner sa physionomie originale, les saxifrages et les androsaces. Les saxifrages, qui rendent justice à leur nom par la manière dont leurs racines s'ouvrent un chemin dans le rocher, probablement beaucoup mieux que par leurs vertus médicales, ne comptent pas moins de quinze espèces (je ne parle que de la Suisse) qui croissent dans cette zone extrême, et plusieurs,

dans le nombre, qui en sont réellement bourgeoises
et n'en descendent presque jamais. Ce sont des
plantes bassettes, au feuillage fin, souvent scarieux,
se serrant volontiers en touffes compactes. Sauf
quelques exceptions, elles se contentent de fleurs
peu voyantes, dont les organes sont toujours disposés avec une régularité parfaite : au centre, deux
ovaires, qui forment comme l'essieu de la fleur ; autour, trois rangées circulaires d'organes différents,
pris et fixés sous les ovaires ; d'abord, à partir du
centre, une série de dix étamines, puis une série de
cinq pétales faisant corolle, et enfin, pour troisième
série, les cinq divisions du calice, qui alternent avec
les pétales et se montrent dans les entre-deux. Les
androsaces, de la jolie famille des primulacées,
constituent un genre moins nombreux, mais non
moins alpin, dont dix espèces gagnent les plus hautes régions, souvent même les habitent de préférence. Le feuillage en est ordinairement grisâtre et
velu, et nous avons vu déjà la puissance des boules
de feuilles sèches qu'elles sont capables de former.
Les fleurs en sont toutes, sans aucune exception, de
petits chefs-d'œuvre de fraîcheur, d'un dessin pur
et d'une coloration exquise. Les étamines se cachent
dans un tube court, qui s'ouvre en une soucoupe
très évasée, sur laquelle, dans les espèces les plus
grandes, on ne pourrait pas poser le fin noyau d'une
petite cerise de la montagne. A côté de ces deux

genres, il faut encore mentionner celui des armoises, qui ne donne guère à cette zone que quatre espèces, mais dont trois sont singulièrement remarquables par les fines lanières de leur feuillage
argenté, et par cet arôme d'absinthe, qui les fait
rechercher des montagnards ; elles sont au nombre
des plantes les plus classiques des hautes Alpes.

L'influence qu'exerce sur la végétation la constitution géologique du sol, ne se fait peut-être nulle
part sentir plus fortement. Cela peut tenir au fait
que dans les régions inférieures, les différences se
perdent dans la masse, tandis qu'à un niveau où il
n'y a plus qu'un petit nombre d'espèces, elles doivent frapper davantage. En tout cas, le botaniste qui
parcourt les crêtes calcaires des Alpes vaudoises,
n'y rencontrera pas quelques-unes des fleurs qu'il
saluait avec le plus de joie sur le granit ou les
schistes des Alpes pennines, et vice versâ. Au calcaire appartient, de préférence, la plante de cette
zone qui a les plus grandes corolles. Si l'on gravit
les escarpements des Diablerets ou de la Dent de
Morcles, et que la curiosité vous pousse à aller voir
s'il n'y a rien de caché sous certains feuillets rocheux, qui font saillie et sous lesquels on pourrait,
à la rigueur, se traîner à plat ventre, on a mille
chances d'y voir, mais tout au fond, la Benoîte rampante, une rosacée, qui pousse de longs jets tra-
çants, et dont les pieds s'alignent à la file comme

ceux du fraisier dans un carré de jardin. Elle a de longues feuilles aux bords découpés et déchirés, de belles fleurs d'or, nombreuses, dont le pourtour peut égaler celui d'une pièce de cent sous, des fruits chevelus dans le genre de celui des anémones, mais à carpelles dorés comme les fleurs, et l'on s'étonne de cette végétation touffue, presque luxuriante, blottie dans une si étroite fissure. Mais ainsi le veut le rude climat de ces hauteurs; la plante la plus forte serait aussi la plus exposée, et il n'y a de salut pour elle que dans les cryptes les plus profondes. A quelques pas et dans des conditions assez semblables, quoique moins en prison, on verra sortir des fentes de la pierre désagrégée les cloches si curieuses de la Campanule du Mont-Cenis, avec leurs lobes arqués et pointus, plus longs que le vase même de la cloche : encore une grande corolle, au moins pour ces régions; un enfant de deux ans pourrait se l'ajuster au doigt comme un dé. Mais sur le roc lui-même, sur le roc dur et solide, on ne trouvera guère que de modestes saxifrages, des draves tomenteuses, portant d'humbles corolles blanchâtres, des carex au feuillage crépu, et de pauvres graminées qui végètent de leur mieux.

A tout prendre, la flore de cette zone n'a sa pleine beauté que sur le granit, et particulièrement dans la grande chaîne qui relie les deux géants des Alpes, le Mont-Blanc et le Mont-Rose. Nulle part on ne

verra plus abondantes les espèces vraiment filles
des glaces, qui en ont reçu leur nom, et qui ne pou-
vaient guère en avoir d'autre : la Renoncule, l'Androsace, l'Armoise, la Gentiane, le Myosotis du glacier.[1] Il n'y manque qu'un joli petit œillet, appelé aussi
l'Œillet du glacier, plante rare pour les Alpes suisses, dont elle n'habite que les chaînes les plus orientales. La place d'honneur appartient à la Renoncule
et à l'Androsace. La Renoncule, il est vrai, n'est pas
exclusivement granitique ; on la trouvera aussi aux
Diablerets et surtout à la Dent de Morcles, non loin
de la Benoîte rampante ; mais dans la chaîne pennine elle couvre des espaces bien plus étendus et
elle est mieux chez elle. Il n'est pas facile d'imaginer une plante plus originale. La plaine n'a rien qui
puisse en donner l'idée. Les filaments de ses racines,
blancs, longs et épais, ses tiges à demi traînantes,
qui affectent de s'écarter les unes des autres et se
recourbent comme des serpents, ses feuilles froides
au toucher, presque charnues, d'un vert luisant et
singulièrement découpées, son calice aux sépales
fauves et veloutés en dessous, ses pétales qui se
refusent à s'infléchir suivant une courbe uniforme,
dont la couleur varie du blanc au rouge, sans se
fixer jamais dans une nuance franche et définis-

---

[1] Ce dernier plus connu toutefois sous le nom de Myosotis
nain.

sable d'un mot, qui enfin s'obstinent à entourer le fruit de leur couronne desséchée : tout en elle atteste un génie bizarre et paradoxal. On ne saurait dire de cette renoncule ni qu'elle est belle ni qu'elle ne l'est pas. Elle sort des règles. Au commencement de juillet, c'est-à-dire au premier printemps, elle tempère cette sauvagerie par un grand charme de jeunesse ; mais à la fin d'août, sous les rides de l'automne, sa vraie physionomie s'est dégagée ; elle inspire un secret effroi, et l'on se rappelle que les renoncules sont de la même famille que les hellébores et les aconits. Même dans les espèces innocentes, le poison n'est pas loin.

Bien différente est l'Androsace, la perle d'une famille charmante et qui semble avoir réservé pour les plus stériles hauteurs le plus fin joyau de son écrin.

Prenons une corolle d'auricule ; rapetissons-la jusqu'aux proportions d'une belle corolle de myosotis ; teignons de l'incarnat le plus vif, l'anneau très légèrement renflé, qui dessine le fond de la coupe et ferme le tube où sont cachées les étamines ; que les pétales soient d'un blanc pur ou d'une carnation rosée, plus ou moins vive, mais toujours tendre et suave, et nous nous figurerons autant qu'on le peut sans la voir, la fleur de l'Androsace du glacier.

Imaginons encore une plaque de mousse parfois

serrée et s'arrondissant dans un creux du rocher
plus souvent étalée à la surface du sol et s'y décou-
pant en figures irrégulières, comme certaines mousses sur les troncs lisses ; que de chacun des brins
de verdure qui la composent naisse une de ces brillantes corolles, et nous aurons une touffe d'Androsace.

Une touffe d'Androsace est, à elle seule, un parterre. Quand il y en a plusieurs ensemble, les unes
à fleurs blanches, les autres à fleurs roses, d'autres
encore à fleurs pourpres, c'est tout un Eden en miniature.

L'Androsace se rencontre partout sur les arêtes
des Alpes pennines et ailleurs aussi. Mais je n'en ai
vu nulle part des champs plus merveilleux qu'au
fond des déserts les plus âpres de la vallée de Saas.
Je remontais les moraines du glacier de Schwartzen-
berg. L'une d'elles, déjà ancienne, dont la pente peu
abrupte était recouverte d'une couche de boue glaciaire desséchée, m'attira de loin par une teinte
rose tout à fait extraordinaire. C'étaient des moissons d'Androsaces. Sur une longueur de quelques
cents pas et du haut au bas de la moraine, toutes
les touffes se touchaient et se confondaient. Des
faucheurs lilliputiens les auraient couchées sur le
sol en gerbes épaisses, et en auraient rempli des
greniers.

Mais pourquoi le désert fleurit-il ainsi ? Pourquoi

tant de trésors perdus dans des régions inhabitées ? Rares sont les touristes qui s'engagent sur ces longues moraines, et si quelquefois un papillon s'y aventure, il faut qu'il se hâte de descendre avant le soir. Le glacier voisin recèle les cadavres de plus d'un de ces voyageurs imprudents, qui, se confiant en leurs ailes, se sont attardés sur les Androsaces, et ont été surpris par le souffle de la nuit. Pour qui donc tout ce luxe ? Pour personne. La nature est un artiste. Elle ne travaille pas pour le seul plaisir de nos yeux ; elle donne essor à son génie, et peu lui importe qu'on applaudisse. D'ailleurs, ces gracieuses merveilles sont mieux appropriées qu'on ne le croirait au lieu qui les voit naître. Lorsque les montagnards conduisent sur des terrains incultes l'eau du torrent de la vallée, pour qu'elle y dépose toute la terre dont elle est chargée, ils créent en réalité des champs formés du sol qui a produit les Androsaces, et leur fertilité fait assez connaître combien il est riche. Il est nouveau, les glaciers l'ont quitté depuis peu ; c'est un trésor encore entier, et ces moissons de fleurettes ne sont que les prémices de sa fécondité. Les poëtes qui rêvent la jeunesse du monde, la prendraient sur le fait en visitant les solitudes des hautes Alpes ; ils en retrouveraient dans les Androsaces la grâce naissante et la fraîche virginité.

A quoi sert aussi ce Myosotis, qui brille là-haut sur une crête inaccessible ? Qui ira le cueillir sur cette saillie de rocher ? Quelle est la fiancée qui pourra l'agrafer à son corsage ? Il s'étale de même en un gazon court, sur lequel reposent les corolles, et c'est une mousse étoilée de grandes fleurs de Ne-m'oubliez-pas, d'un bleu plus que céleste, bien ouvertes et radieuses. En le divisant, en séparant les unes des autres les nombreuses tiges courtes et serrées dont se composent les touffes, de façon que chacune devienne une plante à part, et en les élançant à la hauteur des herbes de la prairie, on aurait à peu près les myosotis des avant-monts et de la plaine, sauf qu'il faudrait encore diminuer les fleurs, en effacer l'éclat et les grouper pauvrement au sommet de rameaux effilés. Il semble par son port appartenir à une époque où la plante ne s'était pas encore complétement dégagée du lichen ; la fleur est là sans doute, et si belle qu'elle n'a plus de progrès à attendre, elle ne peut que perdre ; mais cette croissance multiple, ces herbes qui font toison, reportent la pensée vers les premiers essais créateurs, et on le prendrait volontiers pour l'aîné de la famille, pour le Myosotis primitif.

Et plus on monte, plus aussi l'on croit reculer dans le passé ; on se persuade que l'on accomplit un voyage dans le temps, et qu'en s'approchant des sommets on se rapproche des origines. Bientôt ces mousses fleuries font place aux véritables lichens, végétation immobile qui annonce la limite où s'arrête

aujourd'hui le flot ascendant de la vie, et nous introduit dans une zone où la parole du commencement :
« Que la terre pousse son jet! » semble n'avoir pas
encore été clairement entendue : on remonte jusqu'au troisième jour de la création.

Cependant cette limite n'est nulle part rigoureusement tracée ; elle n'a rien d'imprescriptible ni de
fatal, et nombreuses sont les plantes qui épient les
occasions de la franchir. Ces pauvres lichens, ébau-
che végétale, ne leur montrent pas seulement, ils
leur ouvrent le chemin. Ce sont les pionniers du
désert. Ils se collent au rocher comme une moisis-
sure, et y dessinent des arabesques compliquées,
vertes, jaunes ou rouges, où l'on reconnaît encore
l'influence du soleil de la montagne. Rien n'est plus
remarquable que la ténacité et l'énergie de résistance
de cette informe végétation. Ni le froid, ni la neige
ne l'arrêtent. Elle supporte tout, elle résiste à tout ;
aucune pierre n'est trop ingrate pour elle, et toujours elle poursuit son œuvre, qui est d'attaquer la
roche, de pénétrer dans ses plus imperceptibles
fissures, d'en décomposer lentement l'extrême surface, et de la préparer pour les espèces plus brillantes qui viendront à leur tour. Il s'accomplit ainsi
un travail obscur, mais immense. Les lichens font
un premier labour, et leurs débris eux-mêmes, toujours attachés à la pierre, constituent bientôt un
détritus, une mince couche féconde, un premier sol

nourricier. Qu'il vienne seulement quelques chaudes années, les saxifrages, les androsaces, s'établiront aussitôt dans les anfractuosités qu'ils auront préparées, et le désert sera refoulé.

Il est difficile de déterminer, avec quelque précision, la ligne actuelle du niveau supérieur des plantes éparses. Dans les Alpes vaudoises, on pourrait la fixer à 3000 mètres à peu près exactement, et envisager comme des îles nues tous les rochers qui s'élèvent au-dessus. Sur la plus haute des deux Dents de Morcles (2972 m.) croissent encore une demi-douzaine d'espèces, qui n'ont pas l'air de trop souffrir. Au sommet du Grand Muveran (3061 m.) on peut, en fouillant toutes les fissures du roc, finir par mettre la main sur quelque plante chétive ; mais sur les longues arêtes des Diablerets, massif plus glaciaire et plus froid, je doute que l'on réussisse à trouver trace de végétation au-dessus des 3000 mètres. Ce chiffre peut être envisagé comme dépassant un peu la limite moyenne pour l'ensemble des chaînes calcaires. Mais sur le granit, le gneiss, les roches micacées, la serpentine, etc., la végétation monte décidément beaucoup plus haut. En Valais, sur les crêtes des Maisons blanches, entre le Grand et le Petit Combin, l'Androsace fleurit encore, dans des nids tournés au soleil et à l'abri de tous les vents du nord, à 3500 mètres et plus. En Engadine, le sommet du Piz Languard (3262 m.) ne compte pas moins d'une dizaine d'espèces, et les nombreux touristes qui le visitent chaque année, peuvent y faire de petits bouquets : quoique de trois cents mètres plus élevé, il est plus fleuri que celui de la Dent de Morcles. Au reste, l'Engadine est le pays de la Suisse où la végétation s'aventure avec le plus de hardiesse dans les déserts des hautes Alpes. Elle y fait des pointes d'une étrange témérité. Quelle surprise que de trouver encore à quelques pas de la cime de la Tschierva (3572 m.), sur un archipel de rochers de tous côtés pris par les neiges, une joyeuse colonie de Renoncules, aussi fraîches, aussi brillamment épanouies que nulle part ailleurs ! Quand on voit de Pontrésina la tranche glaciaire qui couronne ce hardi sommet, on ne se figurerait pas que derrière, à si peu de distance, il sort des îles fleuries de cette épaisseur de glace. En général, cependant, et les Renoncules de la Tschierva ne prouvent pas du tout le contraire, il faut pour favoriser ces hardiesses, non-seulement une exposition abritée et relativement chaude, mais des communications faciles avec les pentes inférieures. Le vent, sans doute, peut semer les graines à de fortes distances et leur faire franchir de hautes arêtes. Nous nous souvenons d'avoir trouvé sur la Dent aux Favres,[1] à plus de 2900 mètres, des feuilles de chêne apportées par

---

[1] La Dent *Fara* de la carte Dufour, Alpes vaudoises.

l'ouragan et fort bien conservées. Les graines ne doivent pas exécuter des ascensions moins curieuses. Toutefois, autant que j'ai pu l'observer, sur les sommets plus intérieurs et plus masqués, les plantes gagnent un niveau moins élevé que sur les pics qui servent de contre-forts et dominent immédiatement la vallée.

Il n'est pas non plus très facile de dire, avec exactitude, quelles sont, parmi toutes les espèces de cette zone, celles qui l'emportent sur les autres dans cette course au clocher. Sur les cimes granitiques du Valais, il en est peu qui dépassent l'Androsace et la Renoncule du glacier ; mais sur les rochers calcaires des Alpes vaudoises, c'est, je crois, la Saxifrage à feuilles planes qui gagne le prix. Elle se refuse à descendre ; il lui faut les pics les plus sourcilleux, et elle croît de préférence sur les arêtes exposées à toute la fureur des vents : c'est la fleur des cimes. Elle a peu d'apparence. Elle est de celles qui s'enveloppent avec un soin minutieux de leur végétation desséchée. Ses gazons, d'un vert clair, sont formés de feuilles étroites, courtes, obtuses, et striées avec tant d'art qu'elles méritent d'être vues à la loupe. Ses tiges, hautes de deux doigts, garnies de poils mous et glanduleux, se subdivisent en quelques pédoncules fluets. Ses fleurs sont extrêmement simples ; elles ont des pétales beaucoup plus petits que ceux de la fleur du fraisier commun, mais dis-

posés à peu près de la même manière, ovales,
échancrés en cœur au sommet, et d'un blanc légèrement soufré.

La Saxifrage à feuilles planes n'est ni la plus belle
ni la plus élégante des espèces de la famille; elle le
cède à plusieurs. La Saxifrage bleue est bien plus
distinguée, bien plus finement aristocratique; celle
à feuilles opposées a bien plus d'éclat; mais tout
humble qu'elle est, elle paraît si attachée à sa rude
patrie, elle en supporte si gaiement le terrible climat,
qu'on ne peut se défendre en sa faveur d'un secret
mouvement de sympathie. Lorsqu'on la voit gravir
seule, les dernières pentes de la pyramide de l'Oldenhorn et s'ingénier à transformer en jardins co-
quets des roches sauvages, d'où elle regarde cheminer à ses pieds les grandes vagues du glacier, on
voudrait s'asseoir auprès d'elle, lier conversation et
lui arracher, si possible, le secret de sa destinée.
C'est que la flore des Alpes, outre la beauté, a l'attrait puissant, l'infinie séduction du mystère. Pourquoi est-elle autre chose qu'un amoindrissement et
une dégénérescence graduelle de la flore des vallées
voisines, et d'où viennent sur les hauteurs tant
d'espèces nouvelles et brillantes ? Si peu philosophe
que l'on soit, si peu rechercheur des causes, on
n'échappe pas à cette question; de zone en zone
elle reparaît plus pressante, plus inévitable. Les
plantes alpines ont aujourd'hui une existence moins

agitée que celles de la plaine. Celles-ci sont sujettes
à toutes sortes d'accidents et de migrations. Les
insectes passent de l'une à l'autre et en mêlent le
pollen; les oiseaux en mangent et en transportent
les graines; la culture les utilise ou les pourchasse,
et puis, elles croissent serrées dans un pays où
toutes les places sont prises, et où il n'y a de salut
pour elles qu'autant qu'elles se comportent vaillamment dans cette grande lutte de la concurrence, qui
est la loi de la vie. A l'Oldenhorn, les choses se
passent différemment : plus d'insectes, plus d'oiseaux, plus de champs, et des places libres en abondance. Rien n'y fait naître l'idée de la vie agitée et
fiévreuse de la société moderne; les espèces croissent en paix, par familles ou par tribus. Celle qui, la
première, occupe un tertre ou un creux favorable,
voit quelques-unes de ses graines germer chaque
printemps autour d'elle. Peut-être multiplie-t-elle
lentement, grâce au climat; mais au moins n'a-t-elle
à lutter pour se maintenir ni contre des espèces rivales, qui la serrent de trop près, ni contre les parasites qui dans la plaine se nourriraient de son suc,
ni contre les abeilles, les papillons, les mouches, qui
se frottent au pollen des plantes, ni contre les vers
qui en rongent les racines, ni contre les envahissements des jardins, des blés, des vignes, des prairies
artificielles, et de toutes les cultures possibles. Tout
ici rappelle les conditions simples et l'immobilité

de la vie patriarcale. La végétation de nos plaines subit d'année en année des modifications plus ou moins nombreuses et profondes; tandis que sur ces rochers, on ne se figure depuis des siècles que les mêmes saxifrages et les mêmes androsaces, avec les mêmes mœurs et à peu près dans les mêmes lieux.

Et cependant, si l'on remonte dans le passé, on arrive à une époque où ces solitudes aussi ont été le théâtre de bouleversements formidables. Il y eut un temps (rien n'est mieux attesté) où ce beau glacier de Sanfleuron que domine la Saxifrage de l'Oldenhorn, se divisait en deux bras; l'un se jetait sur le Valais, remplissait la fissure où coule la Morge, rejoignait le glacier du Rhône, et allait avec lui occuper tout l'espace qui s'étend entre Villeneuve et les croupes du Jura; le second s'engageait sur les plateaux du Sanetsch, tombait en cataractes dans le bassin de la Sarine, et, avec d'autres masses non moins puissantes et bientôt toutes confondues en une seule, allait, de son côté, se heurter aussi au Jura. Dans le même temps, les glaces du nord avaient cheminé jusqu'au cœur de l'Allemagne, et il ne restait de libre qu'une zone étroite, prise entre ces deux invasions. Où était alors la Saxifrage de l'Oldenhorn? Au dire des naturalistes, elle fuyait devant l'hiver du pôle, et, comme la plupart de ses sœurs, si elle habite maintenant les plus sauvages de nos cimes, c'est qu'elle a dû changer de patrie. Pauvre fleurette ! quel contraste entre l'immobilité de ta vie actuelle et les révolutions de jadis ! Petite comme tu l'es, il se peut que tu n'aies pas été bien instruite de si grands événements, et que tu aies subi ton sort sans le comprendre. Il ne faut qu'un caillou pour masquer l'horizon de tes fleurs, et tu ne vois guère ce qui se passe au loin. Néanmoins, que de choses tu nous dirais, si, moins oublieuse que nous, il te souvient encore des origines de ta race ! Au moins dois-tu savoir si ce fut, comme on le veut, le souffle du siroco qui, se levant soudain, a fondu ces glaces accumulées. Ce ne dut pas être dans ta vie un jour ordinaire que celui où pour la première fois tu as senti cette haleine dévorante, qui, du fond du désert, vient encore aujourd'hui faner tes corolles et jaunir ton feuillage. Ce jour, tu ne l'as pas oublié. Il doit être gravé dans ta mémoire. Compte donc vite sur tes cinq pétales combien de fois tu as fleuri dès lors, et dis-nous l'âge du Sahara. Et puis, quand le siroco s'est levé, vous avez dû, toi et tes sœurs, battre en retraite sur deux colonnes, les unes vers le nord avec les glaces du nord, les autres vers les montagnes avec les frimas des montagnes. N'as-tu réussi à gagner que le second de ces deux refuges, et serait-ce la raison pour laquelle on te cueille maintenant à l'Oldenhorn, mais nulle part au nord, ni au Spitzberg, ni en Laponie ? Quels obstacles plus grands as-tu rencontrés sur l'une de ces routes et quelles facilités sur l'autre? Raconte-nous les aventures de ton voyage, et que nous sachions pourquoi cette flore des Alpes, sœur et peut-être fille de celle du pôle, est si riche en comparaison. Mais pendant que tu fuyais ainsi et que tout changeait autour de toi, toi seule n'aurais-tu pas changé? Il ne faudrait pas des modifications bien grandes pour effacer la distance qui te sépare de telle espèce voisine, de la Saxifrage mousse, par exemple, dont les variétés innombrables aiment à t'accompagner sur les hauteurs. Etiez-vous alors aussi distinctes qu'aujourd'hui, ou votre parenté était-elle peut-être plus étroite? Avez-vous traversé, toujours semblables à vous-mêmes, tant de péripéties et de si longues révolutions? Oh! c'est sur ce point que nous voudrions t'interroger! Un mot de toi vaudrait tous les systèmes des sages. Dis-nous seulement si, au début de tes voyages, tu avais déjà les mêmes feuilles si finement gravées, le même duvet de poils mous sur tes tiges délicates, le même calice, la même corolle, les mêmes pétales blancs et légèrement découpés en cœur. Rien que cela, rien que la réponse à une seule de ces questions, et il s'en faudra peu que le plus grand des problèmes ne soit résolu, que ce mot d'espèce, si clair aux yeux de la foule, si obscur à ceux de la science, ne prenne enfin une signification précise, et que les hommes qui pensent n'aient un poids de moins sur le cœur. Que de questions encore ! Si nous savions ton histoire, combien d'autres nous en saurions ! La nature est ainsi, elle se retrouve tout entière dans la plus humble de ses œuvres, et celui qui l'aurait devinée, aurait le secret de la maille, et verrait tout le tissu se défiler dans ses mains. Pourquoi donc ne réponds-tu qu'en jouant avec la brise, et en balançant tes corolles mignonnes pleines de grâce coquette et de malicieuse gentillesse ? Est-ce ta manière de hocher la tête et de renvoyer les importuns ? Non. Je te comprends. Tu as un langage, et il y a longtemps que ta réponse est écrite sous nos yeux : elle est dans tes fleurs et dans ton feuillage, dans tes tiges et dans tes racines. Chacun de tes organes est une inscription vivante qui raconte ton passé. Seulement, elle est écrite dans une langue que nous ignorons, et tu nous invites à la déchiffrer. Petite plante, tu as beau sourire : tout est possible à la patience, et l'on te déchiffrera bien quelque jour.

Mars 1865.

LA FLORE SUISSE

ET SES ORIGINES

LA FLORE SUISSE

ET SES ORIGINES

Das Pflanzenleben der Schweiz, von Hermann Christ. — 1 vol. in-8. Zurich, Friedrich Schulthess, 1879.

I

La végétation de notre pays a fourni matière à une quantité d'ouvrages petits ou grands, tels que catalogues, flores, guides, études spéciales ou générales. C'est toute une bibliothèque, dont l'étendue et la variété prouvent que la Suisse est un des pays du monde que les herborisateurs ont le mieux fouillés. Toutefois il nous manquait une description de la flore suisse, exacte, complète et disposée en tableaux qui laissent une image dans la mémoire, quelque chose dans le genre de ce que M. Tschudi a fait pour la vie animale dans les Alpes. M. Hermann Christ, de Bâle, vient de remplir cette lacune. Il y était mieux préparé que personne. Depuis près de trente ans, il a fait de la botanique son étude favorite. Il a herborisé dans toutes nos vallées, et bien peu de Suisses connaissent la Suisse comme lui. Les environs de Lugano, de Sion, de Samaden, d'Einsiedeln, de Schaffhouse, lui sont presque aussi familiers que ceux de sa ville natale. Mais il ne lui a pas suffi de prendre connaissance des lieux et de cueillir des fleurs en chemin. M. Christ ne compte point parmi ces botanistes amateurs qui ne voient dans les fleurs qu'un amusement pour la promenade; c'est un botaniste savant, un bénédictin de la botanique, qui a déjà prouvé par de nombreux mémoires avec quelle exactitude et quelle patiente sagacité il approfondit les questions. Les plus difficiles ne sont pas celles qui exercent sur lui la moindre attraction : preuve en soit son excellente monographie des Roses de la Suisse. (1873.) C'est avec beaucoup de bonheur que M. Christ me paraît avoir débrouillé ce genre épineux entre tous. A l'étendue, à l'exactitude de connaissances laborieusement amassées, à la curiosité d'un esprit qu'attirent les problèmes inexplorés, M. Hermann Christ joint une rare sensibilité d'imagination, et un talent descriptif relevé de poésie. On avait eu déjà l'occasion de s'en apercevoir à plus d'une page signée de son nom, entre autres lorsqu'il publia, en 1869, son charmant tableau de ce charmant canton d'Unterwald.[1] Le sujet, il est vrai, y prêtait. Mais celui qu'il vient d'aborder n'y prête pas moins ; aussi lui a-t-il fourni l'occasion de prouver une fois de plus, et d'une manière plus éclatante que jamais, que ces bénédictins de la botanique, qui analysent les fleurs, les épluchent, en comptent les poils et les mettent sécher dans du papier gris, ne sont pas moins touchés de leur beauté que ceux ou celles qui les laissent se flétrir à leur corsage ou à leur boutonnière.

Il ne fallait rien moins que ces qualités diverses pour tracer de la végétation suisse un tableau fidèle et vivant. Mais M. Christ s'est proposé plus encore. Les plantes voyagent. Celles qui brillent ensemble dans nos prairies ou se cachent ensemble à l'ombre de nos bois n'ont pas toujours vécu côte à côte. Il en est qui étaient inconnues de nos pères il y a cinquante, cent, deux cents ans. L'Isatis des teinturiers, une grande crucifère aux ombelles jaunes, était signalée dans mon enfance comme une des raretés du Valais ; aujourd'hui, c'est par centaines qu'on en compte les stations entre le lac Léman et celui de Constance : les chemins de fer l'ont transportée. La belle Onagraire bisannuelle, qui peuple

---

[1] *Ob dem Kernwald.* Schilderungen aus Obwaldens Natur und Volk. Bâle, 1869.

une si grande quantité de nos terrains vagues et sablonneux, brillante compagne des chardons à tête rose, était inconnue en Suisse lorsqu'elle fit son apparition dans le jardin botanique de Bâle, en 1619, où elle avait été semée sous un autre nom. Il y avait alors cinq ans qu'elle avait pris pied en Europe, venant d'Amérique. On pourrait citer vingt exemples pareils, tous récents et enregistrés par l'histoire. Mais il y en a de bien plus considérables. Les céréales aujourd'hui cultivées et répandues dans le monde entier ne croissent plus nulle part à l'état sauvage ; ce n'est pourtant pas l'homme qui les a faites ; elles sont nées quelque part, comme les autres plantes ; elles ont une patrie, d'où, l'homme aidant, elles se sont répandues sur tous les points du globe. On croit qu'elles viennent, pour la plupart, du Midi ou de l'Orient ; mais le Midi et l'Orient sont vastes, et il paraît bien difficile de préciser davantage. Il en est de même des plantes qui accompagnent les céréales, telles que les pavots, la nielle redoutée du moissonneur et les jolis bluets qui ont paré tant de blondes chevelures. Ce sont aussi des plantes cosmopolites, qui ont déserté une patrie inconnue. Tout ce qu'on peut dire, c'est qu'elles ne viennent pas du nord, elles non plus ; l'éclat de leurs couleurs trahit le baptême de feu ; le soleil qui y a présidé est le même que celui qui a fait éclore les Anémones de la Syrie ou de la Rivière de Gênes. Mais l'homme n'est pas seul à déplacer les plantes. Il a pour complices les insectes, les oiseaux, les vents, qui sèment au loin les graines de chaque espèce. Souvent elles se déplacent d'elles-mêmes. Il suffit parfois qu'une plante ait longtemps crû dans un lieu pour qu'elle ne soit plus propre à l'habiter. Le hêtre, par exemple, moins ami de l'humidité que le sapin rouge, règne presque exclusivement sur certaines pentes, sèches et nues, de nos montagnes calcaires ; il y semble établi pour toujours ; mais après un certain nombre de générations, ses feuilles, accumulées et peu à peu pourries, recouvrent la roche d'une épaisse couche de terreau végétal, toujours frais, toujours humide, ce qui constitue justement les meilleures conditions pour le développement rapide du sapin, qui en profite et bat le hêtre sur son propre terrain. C'est ainsi qu'un bel arbre, roi de la colline, prépare lui-même les voies à l'adversaire qui viendra l'y supplanter un jour. Tous les observateurs sont d'accord pour dire que depuis longtemps, sur les flancs de nos Alpes, le hêtre recule devant le sapin. Que cela continue pendant quelques mille ans encore, et le plus commun de nos arbres de haute futaie deviendra une rareté. Combien de raretés dans le monde végétal n'ont pas d'autre explication ! Une espèce qui n'occupe qu'une ou deux petites places, dans un vaste pays, est une espèce qui s'en retire, à moins qu'elle n'y fasse son entrée. Ce sont les traînards

d'une armée en retraite ou les éclaireurs d'une
armée d'invasion. Peut-être aussi n'est-ce qu'un accident sans portée, une graine tombée par hasard.
Quoi qu'il en soit, rien ne pique plus la curiosité du
botaniste que les *sauts* que semblent avoir faits certaines plantes, dont les stations sont éloignées les
unes des autres. Voici à Roche, dans le canton de
Vaud, en rude et sauvage forêt, un cyclamen à
fleurs blanches, bordées de rose, qu'on ne retrouve
que loin par delà les Alpes, en pleine péninsule italienne ; c'est le Cyclamen à feuilles de lierre, ou le
Cyclamen de Naples, comme l'appelle M. Christ.
Que fait-il là ? d'où vient-il ? comment a-t-il franchi
les Alpes ? — Il y a peu d'années, on a cueilli pour
la première fois dans une île de la Limmat, à une
lieue en aval de Zurich, une charmante graminée, à
la tige élancée, aux épillets fins et brillants, aux souches parfumées, la *Hierochloa borealis*. Comme on
ne l'avait jamais vue en Suisse, on ne savait trop
que penser de cette trouvaille singulière. Plus tard,
on la découvrit dans les marais d'Einsiedeln, et l'on
se dit que la Sihl en avait transporté les graines et
les avait déposées dans l'île de la Limmat. Mais à
Einsiedeln même qui pouvait l'y avoir introduite ?
Le lieu le plus rapproché d'Einsiedeln où elle soit
signalée, est Munich, où elle passe pour fort rare ;
pour la trouver en quelque abondance, il faut
remonter vers le nord jusque près des rivages de

la Baltique. Est-ce de la Baltique qu'elle est venue, en deux étapes, des bouches de l'Oder à Munich, de Munich à Einsiedeln ? — Et cette jolie Alsinée, fille de l'extrême nord (*Alsine biflora*), qu'une main discrète a semée sur quelques points du territoire des Alpes, une pincée aux sources de l'Avençon, une autre à l'Albula, une troisième sur je ne sais quelle arête perdue du Tyrol méridional ! — Et ce curieux Géranium de Bohême, qu'on devrait appeler plutôt, du nom de sa patrie présumée, le Géranium de Russie, qui des steppes moscovites a franchi l'Allemagne en quelques enjambées, pour aller fleurir au midi de la France, non toutefois sans s'arrêter en passant dans les sapinières du Bas-Valais, où il en reste une colonie !... On n'en finirait pas si l'on voulait citer tous les cas analogues : ils se comptent par centaines. Mais il y a plus. On peut envisager la flore de la Suisse tout entière comme une flore adventive et récente, qui est née ou qui a été introduite dans notre pays à partir des grands bouleversements auxquels a donné lieu la naissance des Alpes et l'extension de leurs glaciers. Auparavant, la contrée que nous habitons était couverte d'une végétation infiniment plus riche, plus abondante en espèces, plus brillante et plus méridionale. La température moyenne probable du nord de la Suisse était alors, selon M. Heer, de 18 degrés, au lieu de 8 ou 9, comme aujourd'hui. Nous étions en pleins palmiers. Toutes ces richesses ont été anéanties lorsque la barrière des Alpes s'est élevée, et il n'en reste que des empreintes dans ces précieux herbiers fossiles qui sont les archives de l'histoire du globe. Pendant un temps indéterminé, mais nécessairement très long, la Suisse tout entière a été couverte d'un revêtement de glace, qui s'étendait au sud et au nord, à l'ouest et à l'est, bien au-delà de ses frontières actuelles. Seules, quelques arêtes nues, quelques croupes sauvages, surgissaient de cet uniforme linceul. Étaient-elles absolument sans végétation ? Elles ont dû l'être jusqu'au moment où il s'y est introduit une végétation différente de l'ancienne, capable d'affronter le voisinage des glaciers et les rigueurs d'un climat sibérien. Tout au plus pourrait-on supposer que parmi les milliers d'espèces qui habitaient l'Helvétie vierge de l'époque tertiaire, il s'en trouvait deux ou trois d'un tempérament assez robuste pour supporter un changement de régime aussi radical. On signale aujourd'hui quelques plantes qui paraissent indifférentes aux climats et qu'on retrouve sous presque toutes les latitudes. Peut-être alors déjà y en avait-il de pareilles. Mais en tout cas elles n'ont pas été nombreuses, car dans nos herbiers fossiles d'Œningen, de Rivaz, de l'Hohe-Rhonen, on ne trouve pas une seule espèce qui corresponde exactement à une espèce encore vivante au nord des Alpes. Il faut donc admettre que les croupes de montagnes qui s'élevaient au-dessus des grands glaciers d'autrefois ont été nues pendant un certain temps, et que la crise géologique qui sépare l'époque tertiaire de l'époque actuelle a eu pour conséquence un renouvellement intégral de la végétation. Ainsi la question d'origine ne se pose pas seulement pour quelques plantes singulières dont la dissémination présente des anomalies; elle se pose pour toutes les espèces que nous pouvons rencontrer dans les limites de notre pays.

On voit par là que les questions de géographie sont, en botanique, des questions d'histoire. C'est ce qu'a fort bien compris M. Christ. Et c'est pourquoi, désireux d'aller au fond des choses, il ne s'est point borné à nous donner une description de notre végétation actuelle; son ambition a été plus grande; il a entrepris d'expliquer le présent par le passé, et de nous faire, en quelque sorte, assister à la naissance de cette végétation qui aujourd'hui fait de la Suisse l'un des pays les plus verts et les plus riches en espèces qu'il y ait au monde.

M. Christ n'est pas le premier à s'être posé ce problème. Plusieurs savants l'ont abordé avant lui. Thurmann, dans son *Essai de phytostatique appliquée à la chaîne du Jura* (1849), cherchait déjà à se rendre compte des singulières différences qu'on remarque entre la flore du Jura et celle de quelques montagnes voisines, les Alpes, les Vosges, la Forêt-Noire. Alph. de Candolle, dans sa *Géographie botanique raisonnée* (1855), a réuni et classé d'innombrables matériaux, indispensables à tous ceux qui voudront tenter sur un pays quelconque une étude analogue à celle de M. Christ sur la Suisse. Le même auteur est entré plus directement dans la question en écrivant son mémoire *sur les causes de l'inégale distribution des plantes rares dans la chaine des Alpes*. (1875.) M. Martins, de Montpellier, y était entré plus directement encore en étudiant l'origine glaciaire des tourbières du Jura neuchâtelois, et en comparant la végétation du Spitzberg avec celle des Alpes et des Pyrénées. Enfin, M. Oswald Heer a depuis longtemps déjà discuté et tiré au clair plusieurs des chapitres de la grande histoire que M. Christ a entrepris de raconter. Il l'a fait dans de nombreux mémoires sur divers sujets, sur les plantes retrouvées parmi les débris des anciennes stations lacustres, sur la flore des environs de Zurich ou d'autres parties de la Suisse, et très particulièrement sur la flore des lignites d'Utznach et de Dürnten. Les lecteurs de la *Bibliothèque universelle* ont eu la primeur de son étude sur ce dernier sujet, et ils ne l'ont certainement pas oubliée. Mais il a surtout devancé M. Christ, qui n'est pas toujours d'accord avec lui, dans son bel ouvrage sur la Suisse des temps primitifs, *die Urwelt der Schweiz*, dont une nouvelle édition, considérablement augmentée, a paru l'année dernière. Néanmoins M. Christ est le premier qui, s'attachant d'une façon spéciale à l'étude des origines de la flore suisse actuelle, ait entrepris d'en retracer toute l'histoire, en tenant un compte égal de toutes les régions, si variées, qu'un pays tel que le nôtre offre à l'observation. Par là son livre est nouveau.

Il n'est pas besoin d'insister sur la difficulté de recherches pareilles. Mais il ne sera peut-être pas hors de propos d'en signaler la possibilité comme un fait récent et caractéristique. Il ne suffit pas pour aborder de tels problèmes d'avoir l'esprit ingénieux ; il faut encore avoir en mains le dossier nécessaire ; il faut, en premier lieu, connaître la flore dont on recherche l'origine et celle de tous les pays avec lesquels il peut être utile ou nécessaire d'établir quelque comparaison ; or, pour la Suisse, les comparaisons indispensables sont plus nombreuses que pour toute autre contrée ; elles s'étendent à l'Europe presque tout entière, de la Méditerranée jusqu'aux mers polaires, à une grande partie de l'Asie, de l'Altaï jusqu'au Spitzberg, et même à toute la partie septentrionale de l'Amérique du nord. Cela seul suppose des herbiers immenses et une bibliothèque botanique des plus riches. Sans les dernières explorations en Asie et dans les régions du nord, on manquerait, en plusieurs points essentiels, d'informations suffisantes, et il est permis de penser que s'il reste des obscurités dans le travail de M. Christ,

cela tient, pour une grande part, à ce que telle flore
lointaine ne nous est pas encore exactement connue. En second lieu, il faut pouvoir instituer des
comparaisons précises entre la végétation actuelle
et celle des époques géologiques antérieures. Si les
recherches de nos géologues sur l'ancienne extension des glaciers n'étaient pas chose faite, ainsi que
le grand travail de M. Oswald Heer sur la flore tertiaire, on s'égarerait dès le début, faute d'une donnée essentielle à la solution du problème ; on saurait
bien qu'il a dû s'opérer des changements considérables d'une époque à l'autre ; mais on ne saurait pas
qu'il y a eu solution de continuité radicale, et que
notre végétation est tout entière d'origine moderne.
Or c'est là le fait capital, qui domine toute la question et qui en double l'intérêt. D'autres recherches
peu anciennes sur divers dépôts quaternaires, tufs,
lignites, etc., ont aussi fourni des renseignements
précieux ou indispensables. Enfin, les questions de
géographie botanique se lient de la manière la plus
étroite à celles de climatologie, et sans les stations
météorologiques qui fonctionnent en Suisse depuis
une quinzaine d'années, M. Christ eût manqué de
chiffres précis pour un nombre infini de calculs im-
portants. On est donc fondé à dire que la possibilité
de recherches analogues à celles que M. Christ a
entreprises est un fait nouveau, et qu'il faut y voir
un des résultats — et non l'un des moins intéres-

sants — de l'énorme travail scientifique accumulé
de nos jours et sous nos yeux. Personne, il y a trente
ans, n'eût osé se proposer le plan de l'ouvrage qui
vient d'être exécuté ; et même il y a dix ans c'eût
été une ambition prématurée.

La distribution de ce beau livre ne me laisse
qu'un regret, c'est que l'auteur n'ait pas réussi à se
maintenir dans une région accessible à tous les lecteurs. Tschudi pour le monde animal et Christ pour
le monde végétal, l'un et l'autre populaires, ayant
l'un et l'autre leur place dans chaque bibliothèque
d'école ou de paroisse, c'eût été l'idéal. Malheureusement, cela ne se pouvait guère. Il y a dans l'ouvrage de M. Christ des chapitres entiers, et de
nombreux chapitres, que tout le monde lira sans
effort ; mais il y en a d'autres que les discussions
de moyennes météorologiques, les chiffres, les noms
latins rendent plus ardus. C'est un livre de recherche originale autant que de vulgarisation, et il demande à être rapproché de l'*Urwelt der Schweiz* de
M. Heer plus encore que de l'ouvrage de M. Tschudi.
Il faut prendre son parti de cet inconvénient inévitable, et espérer que tout ce qu'il y a d'instruction accessible dans cette belle étude se répandra
promptement. C'est à quoi nous désirons contribuer
pour notre part, en résumant ici, librement et brière-
ment, les résultats obtenus par l'auteur.

II

Le voyageur qui traverse le centre de la Suisse, de Lausanne à Saint-Gall, par Berne et Zurich, voit passer devant lui un pays très varié. S'il néglige les perspectives étendues qui peuvent se présenter, pour considérer plutôt les bords de la route et leur voisinage immédiat, il sera frappé de la multitude de vallons dans lesquels il entre et de coteaux qu'il contourne successivement. Il aura vu ce qu'on appelle le plateau suisse, et il aura eu lieu de se convaincre que ce plateau n'est pas plat le moins du monde. Si l'on excepte une lisière au pied du Jura, ce n'est qu'un enchevêtrement de collines, coupées de petites vallées. Dans la règle, les collines sont boisées ; les flancs en sont couverts de hêtres, le sommet de sapins. Quant au fond des vallées, il est occupé le plus souvent par des prairies, qui s'élèvent jusqu'à la rencontre de la forêt. Quelques maisons de paysans, semées çà et là, regardent du côté du soleil. D'autres fois, la colline est plantée de vignes jusqu'à une certaine hauteur. Partout où les vallons s'élargissent, ils se prêtent à la culture des céréales, à moins qu'il ne soient envahis par des marais et des tourbières.

Retranchons la part de l'homme, c'est-à-dire la prairie, le champ et la vigne : il reste la flore du marais et celle de la forêt, qui sont les flores indigènes du plateau suisse. Elles offrent la plus grande ressemblance avec celles des forêts et des marais situés de l'autre côté du Rhin, dans le Wurtemberg et la Bavière. Sous le rapport de la botanique, la Suisse allemande est tributaire de l'Allemagne, laquelle, à son tour, a été peuplée par une invasion marchant d'orient en occident. Notre Europe n'est qu'une presqu'île de l'Asie ; l'Asie est notre vrai continent, et c'est d'elle que nous vient notre végétation, comme nous en viennent nos langues, comme nous en sommes venus nous-mêmes.

La botanique, ainsi que l'ethnologie, a ses tribus, ses nations et ses familles de nations. La hiérarchie de la collectivité y est représentée au complet. L'une des plus vastes parmi les familles de nations végétales dont les savants ont reconnu l'existence, est celle dont le berceau est dans l'Asie septentrionale et qui s'est propagée par delà l'Oural, au travers de la Russie, jusqu'en Allemagne. Elle a poussé ses empiétements plus loin encore, elle a franchi le Rhin ; mais arrivée sur le sol gaulois, elle s'est vue arrêtée et tournée par une autre invasion qui venait aussi de l'orient, qui avait longé les rives de la Méditerranée, et qui, enfin, favorisée par un climat plus égal et plus doux, par un climat maritime, dont le *courant du golfe* entretenait la chaleur, s'est répandue victorieuse jusque sur les rives de la Manche et même en Angleterre. La flore du plateau suisse est un produit du premier de ces deux courants, de celui qui, de l'Asie, a gagné la Germanie ; nous sommes la dernière province dont il se soit rendu maître, à l'extrémité sud-ouest de l'empire qu'il a conquis.

Mais la vague qui déferle s'amincit en mourant ; ainsi en a-t-il été de ce flot végétal. La flore allemande du plateau suisse est notablement moins riche que celle du plateau bavarois. Cela peut tenir, en partie, au fait qu'elle est de date plus récente. Les gigantesques glaciers d'autrefois ont mis du temps à reculer, et la Suisse n'était encore qu'un désert, coupé de moraines, traversé de torrents énormes, sujet à des cataclysmes, à des effondrements et à des remuements de tous les jours, lorsque déjà l'Allemagne offrait aux progrès de la végétation grandissante un sol libre et fixé. Peut-être telle plante destinée à pénétrer aussi dans notre pays est-elle en chemin, se faisant lentement jour au milieu des luttes de la concurrence et des embarras de la cohue. Mais plusieurs n'arriveront pas. Comparé au plateau allemand, le plateau suisse a le désavantage d'être plus petit, d'offrir un moins grand choix de stations, et des stations moins étendues. Nous n'avons pas en Suisse de larges zones de ter-

rains secs, légers, sablonneux, comme il en faut au
pin ; de là vient que le pin forme rarement chez
nous des forêts considérables et qu'il est loin d'y
atteindre aux mêmes proportions qu'en Allemagne.
Nos plus beaux pins sont des enfants en comparaison de ceux de Hagenau et de Darmstadt. Or les
grandes forêts de pins germaniques ont toute une
flore appropriée à ce sol mouvant, semé d'aiguilles
résineuses, et à cette ombre toujours légère : flore
très originale, assez riche et presque inconnue à
nos contrées. C'est à peine si quelques-unes des
espèces qui en font partie poussent sur notre territoire une pointe hasardeuse, comme fait cette jolie
Pyrole à ombelles, commune dans les forêts de la
Bavière, qui ne passe le Rhin que pour paraître
accidentellement dans un petit bois des environs
d'Andelfingen. Les champs vagues, arides, les steppes, nous manquent aussi, ce qui est une grande
cause de diminution pour la richesse de la flore ;
car le nombre des espèces ne se mesure pas au
nombre des individus qui couvrent une surface de
pays, et il est assez ordinaire que des terres incultes,
pauvres, nues, offrent dans leur pauvreté beaucoup
plus de plantes différentes les unes des autres qu'on
n'en trouve dans les lieux où prospère la végétation
la plus vigoureuse. La Bavière a plusieurs de ces
belles parties arides qui font la joie de l'herborisa-
teur, et dont les trésors n'ont pas non plus pénétré

jusqu'à nous. Par un effet inverse, le peu d'étendue de la plupart de nos stations botaniques ne favorise guère la naturalisation des espèces qui auraient besoin de pouvoir déployer leurs instincts de société et de faire masse. Pour toutes ces raisons, et pour d'autres encore, nous sommes condamnés vis-à-vis de l'Allemagne à une infériorité qui paraît irrémédiable. Au fond, notre plateau est très vert, mais toujours de la même verdure. Nous avons un pays tempéré, où il y a beaucoup d'eau, où le voisinage des Alpes détermine des chutes de pluie' abondantes, qui ne connaît pas les températures extrêmes de certaines plaines sèches, également exposées à toutes les ardeurs de l'été et à toutes les rigueurs de l'hiver, et c'est pourquoi notre végétation est de ce vert réjouissant dans sa fraîche monotonie. Le hêtre couvre de son feuillage la plus grande partie des pentes inférieures, abritant d'innombrables arbustes et des ronces entrelacées, sous lesquels végète un tapis clairsemé de laîches (*Carex*), de graminées, d'épervières, de gaillets, d'aspérules, et de cette jolie oxalide qu'on appelle le pain de coucou. Le même sol se couvre ainsi de trois vêtements : l'arbre, l'arbuste, l'herbe. D'autres espèces de haute futaie se glissent parmi les hêtres, entre autres le chêne, mais il ne se constitue en forêts que dans quelques localités favorables, moins accidentées, et où le sol est plus profond ; neuf fois

sur dix le hêtre domine ; c'est proprement l'arbre
de ce qu'on appelle notre plateau, celui qui paraît
le mieux convenir aux inégalités de son sol raboteux
et à la fraîcheur modérée de son climat. Cependant,
sur les versants humides, il cède la place au sapin,
toujours prêt à se grouper en colonies au pied de
ces Alpes dont il recouvre les hauteurs ; près des
ruisseaux et sur les lisières exposées aux vents
froids, apparaissent les frênes, puis les aunes et les
bouleaux, qu'on retrouve dans les marais proprement dits, tenant compagnie au pin des tourbières,
à quelques saules buissonnants, et à toutes les
menues espèces qui vivent dans le sphagnum.

Cependant notre pauvreté relative est en partie
compensée par certaines influences méridionales.
La première, toute locale, est due aux Alpes. Il est
infiniment probable que les crêtes de nos montagnes étaient couvertes de végétation, aussi bien que
le fond de nos vallées, entre la première et la seconde période glaciaire. Les moraines de la seconde
période ont créé des voies de communication dont
les espèces des hauteurs ont profité pour descendre
dans la plaine ; cette invasion de la flore des Alpes
a laissé quelques traces sur nos collines. Le Lis Martagon, par exemple, croît en abondance au pied de
l'Utliberg, où il fleurit mal et peu. En revanche, je
ne l'ai jamais vu plus brillant que dans les ravines
au-dessous du château de Kybourg. J'en ai cueilli là

quelques pieds dont la hauteur atteignait ou dépassait le mètre, et qui portaient de larges panicules de quinze à vingt cloches retombantes. C'était splendide. Plusieurs mousses et quelques fougères alpines, parfois même la petite Violette jaune, à deux fleurs, se montrent encore dans les anfractuosités d'anciens blocs erratiques. Il n'y a pas jusqu'au Rhododendron qui n'ait laissé des colonies en souvenir de son passage dans la plaine. On en trouve une, bien caractérisée, à Schneisingen, à une lieue et demie de Baden, en Argovie. Il est là, en pleine forêt, à 500 mètres d'altitude environ, protégé par une haute et forte palissade que les habitants du village ont établie en son honneur, pour le préserver des braconniers. Les torrents qui viennent des montagnes transportent aussi des graines qu'il n'est point rare de voir germer parmi les graviers et les cailloux de la berge. On a cueilli plus d'une fois dans le lit de l'Aar, en amont de Berne, la brillante Linaire des Alpes. Toute herborisation attentive dans les dépôts récents du Rhin, de la Linth, de la Sihl, de la Sarine, amène quelque rencontre semblable.

Une influence moins accidentelle tient à la position frontière de notre pays. Il est de règle que les zones limitrophes, les marches, présentent une population plus ou moins mélangée. Près de leur ligne de démarcation, les flores empiètent les unes sur les autres. Aussi ne faut-il pas s'étonner de trouver quelques plantes du sud jusque dans nos forêts de type essentiellement germanique. Le houx, qui est bien du Midi, en serait un exemple frappant, s'il ne poussait pas la hardiesse jusqu'à envahir une grande partie de l'Allemagne ; mais l'espèce de culte dont il est l'objet dans ces contrées sévères, est comme un hommage rendu à sa noble origine. L'imagination populaire a reconnu en lui un rejeton du pays des lauriers. Il y en a d'autres exemples, moins remarqués, mais plus concluants, entre autres celui du Taminier commun (*Tamus communis*), cette petite et brillante liane, aux grappes de fruits rouges, qui s'enroule autour des branches dans les fourrés de nos clairières.

Ces enrichissements partiels, ces colonies alpines ou méridionales, ne changent point le caractère général de la flore du plateau suisse ; c'est une flore allemande diminuée. Telle qu'elle est, elle n'a pas subi de modification importante depuis qu'elle s'est emparée de notre pays, transformé par le soulèvement des Alpes. C'est ce que prouve la comparaison de nos tourbières avec les lignites d'Utznach, de Dürnten et d'autres localités. Ces lignites sont des tourbières *fossilisées*, jadis à ciel ouvert, emprisonnées aujourd'hui entre deux dépôts glaciaires. Elles datent du long intervalle qui s'est écoulé entre la première et la seconde invasion des glaciers, et elles

se sont formées exactement comme les tourbières
actuelles ; on y retrouve les même pins, les mêmes
aunes, les mêmes saules, serrés dans le même détritus végétal, fait de sphagnum, de joncs, de laîches,
etc. La végétation de nos marais n'a donc pas changé
au cours de la période géologique ; celle des forêts
avoisinantes ne peut pas avoir changé beaucoup
plus, et c'est ce qui résulte, en effet, d'autres indices
dans le détail desquels nous n'entrerons pas ici.

III

Nous avons retranché la part de l'homme : la
prairie, le champ, la vigne. Par ce procédé sommaire, la part de la nature a été diminuée. Les céréales, les espèces agraires, celles de nos prairies
artificielles, celles des bords des chemins manqueraient en grand nombre à notre pays s'il était resté
absolument inculte ; mais les flancs de nos coteaux
assez bien exposés pour que la vigne ait pu y être
introduite, offriraient encore à l'observateur, sinon
la vigne elle-même, du moins nombre de plantes
dont la présence ne saurait s'expliquer ni par l'invasion germanique, ni par l'influence des Alpes, ni
par le simple mélange des races naturel aux pays
de frontière.

Pour nous faire une idée de ces richesses nouvelles et de leur provenance, transportons-nous au
midi de la Suisse, au bord des lacs italiens. Quel
contraste saisissant! Déjà à la descente des Alpes
nous avons rencontré les avant-coureurs d'une
végétation nouvelle : la vigne grimpait en berceaux,
le mûrier étalait près des maisons ses larges feuilles
chères au ver à soie, et le châtaignier couvrait des
dentelures de son feuillage les pelouses bosselées.
Mais au sortir des vallées, les surprises se multiplient. Le figuier et le fustet (*Rhus cotinus*) croissent
sauvages sur les collines; l'olivier y fait miroiter
son feuillage grisâtre aux reflets argentés; la grande
pervenche montre ses corolles bleues dans l'épaisseur des taillis; l'hysope dresse ses tiges rigides sur
les talus des sentiers; l'asphodèle élève en plein
soleil ses hauts panaches blancs; l'aristoloche étale
ses grandes feuilles rondes; le ciste fait admirer
parmi les éboulis les splendeurs de sa floraison printanière, et la belle bruyère arborescente forme des
groupes capricieux au milieu des blocs entassés.
C'est un autre pays, une autre zone, une autre flore,
un autre ciel. Sans sortir de la région des collines et
sans compter de nombreuses et magnifiques fougères, on peut cueillir près des lacs du Tessin une
trentaine d'espèces qui sont exclusivement méridionales, exclusivement transalpines. Une trentaine
d'autres ne réussissent à franchir les Alpes qu'en

partant de la Provence pour remonter la vallée du Rhône et venir briller d'un dernier éclat sur les bords du lac Léman ou sur les collines du Valais. Enfin, on n'en compte guère moins d'une cinquantaine qui ne font au nord qu'une apparition dans quelque territoire favorisé, tel que la vallée du Rhin ou celle du Danube.

Toutes ces espèces réunies sur les collines du Tessin appartiennent à la flore méditerranéenne, dont, comme nous l'avons dit plus haut, le courant s'est porté de l'est à l'ouest, puis s'est déversé sur la France en inclinant vers le nord. Mais les communications ne sont point immédiates entre la flore méditerranéenne et la flore tessinoise. Par delà les collines de la région des lacs s'étend la vaste plaine du Pô, uniquement formée d'alluvions, partout cultivée, et dont la végétation n'a pas de physionomie propre ; après la plaine du Pô vient une chaîne de montagnes, l'Apennin, et ce n'est que par delà, quand on aborde les pentes qui plongent vers la mer, qu'on retrouve une flore analogue à celle des lacs de la Suisse italienne, plus riche et plus luxuriante encore.

Ainsi la flore tessinoise est une colonie détachée, une dépendance continentale de la grande flore des rives méditerranéennes. La formation de cette colonie s'explique par l'analogie des climats, du sol et de l'exposition. La similitude des stations n'entraîne pas toujours la similitude des flores. Deux pays très semblables peuvent devoir leur végétation à des courants d'origine très diverse. Mais la propagation d'une flore aussi caractérisée que celle de la Méditerranée suppose une puissance d'expansion qui n'a pas déployé ses effets sans que le retentissement s'en soit fait sentir à distance. De là ces colonies parallèles qui flanquent le chemin qu'elle a suivi. Celle du Tessin n'est que la plus rapprochée et la plus remarquable; elle n'est point la seule. Les vents qui y ont déposé des graines du sud ont franchi les Alpes comme ils avaient franchi l'Apennin, et quelques-unes des semences qu'ils transportaient ne sont point tombées, de ce côté-ci des montagnes, sur un sol absolument ingrat. Le *retentissement* s'est fait sentir au loin, et l'originalité de notre flore suisse, j'entends de la Suisse cisalpine, des Alpes au Rhin, tient en grande partie à l'existence de zones parallèles qui rompent l'uniformité du plateau et qui ont offert un terrain bien préparé aux influences du Midi. Ces zones favorisées se reconnaissent à des signes infaillibles, tels que la culture de la vigne ou la présence du châtaignier. Partout où le sol se prête à une production de vin quelque peu considérable, partout où mûrit la châtaigne, on peut être assuré de trouver un certain nombre de plantes dont l'origine n'est point germanique. La première de ces zones favorisées va de Genève à Coire par le

Valais et le Rheinthal, avec interruption pour la partie montagneuse, de Brigue à Ilanz. La seconde, qui est en communication directe avec le Tessin par les défilés du Gotthard, s'étend d'Altorf à Lucerne par les deux rives du lac des Quatre-Cantons, et d'Altorf à Zug par Schwyz et le pied du Rossberg. Les bords des lacs de Brienz et de Thoune peuvent être envisagés comme une dépendance de cette seconde zone. Une troisième court de Sargans à Wesen, et se prolonge par la vallée de la Limmat. Une quatrième est indiquée par la ligne du Rhin, et a pour centre principal Schaffhouse et le Ramden. Entre la quatrième et la cinquième, on peut signaler quelques points, soit aux environs de Winterthur, soit dans la Thurgovie, qui ont été touchés par le souffle bienfaisant.

Il faut ajouter à ces zones, qui se succèdent comme des rides à la surface d'un lac, les parties de notre territoire qui ont subi d'une manière plus directe l'influence du Midi par la porte toujours ouverte de Bellegarde et de Genève. Un courant de végétation méridionale s'est avancé par la vallée du Rhône, sans se laisser arrêter par les défilés où s'engouffre le fleuve. C'est à lui que les environs de Genève doivent leur richesse particulière; ils ont, toujours avec le fonds germanique commun, la flore la plus française que nous possédions en Suisse. On y cueille l'Anarrhine à feuilles de pâquerette, l'Isopyre à fleurs d'anémone et à feuillage de pigamon, la Rose de France, la Dent de chien, et plusieurs autres espèces gauloises, qui viennent mourir non loin des vieux fossés de la cité de Calvin. Il y en a une, un chardon, qui a poussé sa dernière pointe jusque sur les bastions même de la ville, et qui s'est arrêtée là. De Genève, le courant s'est propagé dans deux directions. On le suit à la trace tout le long du pied du Jura ; c'est à lui que le Jura doit le buis, ainsi que cet Érable à feuilles d'obier qui égaye la forêt de ses bouquets jaunes, lorsque toutes les feuilles des hêtres sont encore plissées dans leurs bourgeons. A Soleure, au pied du Lægern, il est encore sensible ; mais il va s'affaiblissant de l'ouest à l'est, et c'est en partie pourquoi la flore du plateau suisse est de moins en moins riche à mesure qu'on s'éloigne des bords du lac Léman pour s'approcher de ceux du lac de Constance. L'autre bras du courant avait sa direction marquée par le bassin du lac. Il en suit les rivages, redoublant d'intensité à l'entrée du Valais, dont il remonte la longue vallée et où il ajoute son influence à celle des causes diverses qui, même sans lui, eussent donné à la végétation de cette singulière contrée une physionomie méridionale.

Notons enfin quelques vagues souffles venus du Midi par la vallée du Danube, et qui n'ont guère été ressentis qu'à Schaffhouse ou dans le Rheinthal ; mentionnons Bâle encore, qui a sa porte spéciale ouverte sur la France, et nous aurons indiqué tous les courants divers dont l'action simultanée a contribué à la formation de la flore du plateau suisse. C'est une flore germanique appauvrie, qui, pour compenser les espèces laissées en arrière, a reçu nombre d'espèces françaises et méditerranéennes, mais qui les enveloppe plus qu'elle ne se les est assimilées, car on les voit se suivre à la piste, formant des traînées dans les lieux et chemins favorables.

IV

A première vue, on pourrait se figurer ces stations méridionales, dont l'échelle se prolonge vers le nord, comme des réductions successives d'un seul et même type. Il y a réduction certainement ; les influences diminuent d'intensité à mesure qu'on s'éloigne du foyer d'où elles partent. Mais le type varie. Cette flore méditerranéenne est immensément riche ; elle a des plantes pour toutes les expositions, pour tous les sols et pour des conditions climatologiques fort diverses. Aussi s'opère-t-il une sorte de triage, un choix, selon les affinités. Chaque station attire à elle les espèces qui lui conviennent, et il arrive assez

rarement qu'une espèce convienne à toutes les stations. L'exemple du taminier qui, venu du Midi, s'est
propagé presque également dans toute la Suisse, ou
peu s'en faut, trouvant partout, même dans la forêt,
des conditions à son gré, n'est pas commun. Plusieurs espèces se sont adaptées à deux ou trois stations. L'Erable à feuilles d'obier, dont nous parlions
tout à l'heure, ne s'est point borné à suivre la ligne
du Jura ; il s'est établi, en outre, à l'orient du Léman
et à l'entrée du Valais. Le Cytise des Alpes, espèce
subalpine, qui descend jusque sur les pentes rapprochées de la plaine, s'est répandu en abondance
dans les mêmes stations ; il n'est point rare, non
plus, dans le Tessin, entre le lac Majeur et celui de
Lugano. Son proche parent, le Cytise-Aubours, cul-
tivé dans les parcs et dans les jardins, habite le
Tessin méridional, du lac de Lugano au sud ; on le
retrouve au Fort de l'Ecluse, au Salève, et sur quelques points du pied de la ligne du Jura. Une très
belle espèce de souchet, le *Cyperus longus*, plante
des marais inondés, passe des bords du lac de Lugano et du lac supérieur de Còme à ceux des lacs
de Genève, de Thoune, de Brienz, de Sarnen, de
Lucerne et de Constance, mais partout assez rare
pour devoir être cherchée. D'autres espèces n'ont
conquis l'indigénat que dans une seule station. Le
Ciste à feuille de sauge, la Bruyère arborescente, le
Silène d'Italie, la Mélisse officinale, le Chêne Cerris,

etc., n'apparaissent que dans la zone des lacs italiens. La grande Androsace, la Renoncule graminée,
l'Iris jaunâtre, le Bulbocode printanier, ce gracieux
parent du colchique, ne se montrent qu'en Valais.
Bref, chacune de ces stations privilégiées a sa petite
flore spéciale, ce qui fait qu'aucune n'est la répéti-
tion d'une autre.

M. Christ s'est appliqué à les caractériser, en recherchant avec un soin minutieux, dans toutes les
circonstances climatologiques ou autres qui peuvent
agir sur le développement de la végétation, les causes qui expliquent ces différences parfois légères,
parfois considérables, toujours intéressantes. Cette
partie de son livre est une des mieux étudiées et
des plus nouvelles. Personne n'avait tenu un compte
aussi exact de tous les éléments du problème, n'avait
aussi bien montré le jeu des influences multiples
qui dans un pays tel que le nôtre font varier la flore
de vallée en vallée, de localité en localité. On voit, en
le lisant, se dessiner à l'œil la physionomie botanique des environs de Bâle, de Genève, de Schaffhouse, de Coire, et de toutes les stations suisses qui
offrent quelque intérêt d'originalité. Il serait trop
long de le suivre dans le détail. Je me borne à un
ou deux points essentiels.

Les vallées d'Uri et de Glaris ne figurent pas dans
le nombre des stations les plus riches de la Suisse,
non plus que les montagnes environnantes. M. de

Candolle, dans son mémoire *sur la distribution des plantes rares dans la chaîne des Alpes*, les signale expressément pour leur pauvreté relative, la vallée d'Urseren surtout, qui paraît pauvre entre les plus pauvres. Il en dit trop, peut-être, et la modeste, mais non commune Trientalis, qui se cache entre les mousses sur la pente de la montagne, entre Hospenthal et Réalp, aurait le droit de réclamer. M. Christ, dans une carte qui figure la richesse relative de la flore alpine suisse, passe en vert — couleur de la pauvreté — la plus grande partie du canton de Glaris.[1] Celui d'Uri, mieux partagé, n'est vert qu'à moitié ; le reste est jaune, ce qui indique une richesse moyenne. Il n'en est pas moins vrai que sans ces vallées, pauvres ou peu riches, la flore suisse serait dépouillée de quelques plantes fort intéressantes, entre autres d'un charmant Millepertuis, l'*Hypericum Coris*, qui croît en plein rocher, et dont les tiges, grêles et nombreuses, se couvrent au mois de juillet de bouquets de fleurs dorées, ciliées d'une infinité de petites glandes noires. C'est une des jolies plantes de notre pays, et qui fait très bien

---

[1] Ici encore il y aurait lieu à réclamer, du moins pour la flore alpine. La traversée de la Nüschenalp au Kistenpass, par le Muttensee, offre nombre de plantes rares : *Crepis hyoseridifolia, Adenostyles hybrida, Lomatogonium carinthiacum, Saxifraga Mureti,* etc. — Le Klönthal n'est pas pauvre. non plus ; il s'en faut.

dans les herbiers, où elle conserve longtemps la vivacité de ses couleurs. On la trouve sur les rochers qui plongent dans le lac d'Uri, à l'Axenstein et au Seelisberg, ainsi que sur quelques points de la vallée de la Muotta. Elle est au fond du Klönthal, à Vorauen, dans le canton de Glaris, et contre les pentes rocheuses qui dominent Linththal et Näfels. Cette dernière localité était la seule connue de Gaudin ; toutes les autres ont été trouvées plus tard. Enfin, elle n'est point rare dans le massif des Mythen, et particulièrement contre les parois du grand Mythen, où je l'ai cueillie jusqu'à peu de distance du sommet, à plus de 1800 mètres. Or, l'Hypericum Coris est une plante méridionale, qui habite la Grèce, l'Italie, le sud du Tyrol et la Provence. Qu'est-elle venue faire dans les précipices du Mythen ? Elle s'y est installée parce qu'elle s'y trouve bien, tout à fait comme chez elle, et si l'on prend la peine de regarder, on verra qu'elle n'est pas la seule fille du Midi qui ait élu domicile contre ces sauvages rochers. Le Lis bulbifère y brille d'un éclat incomparable, dressant sur les corniches ses hautes tiges couronnées de grandes corolles couleur de feu. On les voit de loin, rougissant sur l'abîme comme les coquelicots dans les blés. Le Géranium sanguin développe des touffes énormes sur toutes les saillies où il peut prendre racine, et où se cramponne avec lui cette Coronille en buissons (*Coronilla Emerus*) qui dé-

core si bien les bords escarpés du lac des Quatre-
Cantons : végétation brillante, malgré les taches
sombres du genévrier Sabine, et dont le caractère
méridional frappe au premier regard. Aussi fait-il
chaud contre les blancs rochers du grand Mythen,
directement exposés au soleil. A l'heure de midi, ils
brûlent la main qui s'y appuie. Mais ce n'est pas
seulement le soleil qui leur prodigue sa chaleur,
c'est encore le fœhn. Il y a une flore du fœhn. L'idée
qu'un vent si particulier pouvait exercer quelque
influence sur la végétation n'est point particulière à
M. Christ. Le moindre vigneron de Malans ou de
Mayenfeld sait que, sans le fœhn, ses raisins ne
mûriraient pas, et qu'il lui faudrait planter des choux
où il a planté sa vigne. Mais M. Christ est le premier, si je ne me trompe, qui ait parlé d'une *flore* du
fœhn, qui ait essayé d'en circonscrire la zone et qui
ait nommé les espèces que nous lui devons. Cette
flore compte un certain nombre de plantes qu'elle a
en commun avec d'autres stations dont le cachet
méridional ne s'explique point par la fréquence des
vents du sud. En outre, elle possède en propre deux
ou trois espèces caractéristiques, telles que le Millepertuis dont nous venons de parler, l'Orpin d'Espagne (*Sedum hispanicum*), le Fusain à larges
feuilles (*Evonymus latifolius*) et une Aspérule (*As-
perula Taurina*) qui a les fleurs blanches comme
celle dont on fait le *Mailrank*, mais plus longues,

et dont les feuilles, moins étroites, sont disposées quatre à quatre autour d'une tige souvent repliée sur elle-même. Cette Aspérule, absolument étrangère à la Suisse française, est commune dans les taillis des régions qu'il lui plaît d'habiter. On commence à la trouver près de Neuhaus, à l'extrémité du lac de Thoune ; elle pousse une pointe à l'entrée de la vallée de Lauterbrunnen ; puis elle se propage sur les rives du lac de Brienz, d'où elle passe le Brunig pour se répandre sur celles du lac des Quatre-Cantons ; elle monte plus ou moins haut dans les vallées d'Engelberg et d'Uri, apparaît çà et là dans le canton de Schwyz, se fait largement place sur les bords du lac de Wallenstadt et dans les deux vallées du canton de Glaris, débouche enfin dans le Rheinthal, par Sargans, d'où elle remonte d'un côté jusqu'à Coire et descend de l'autre jusque dans la contrée d'Altstædten, à droite et à gauche du Rhin. Voilà bien, en effet, la zone du fœhn, celle où, par sa violence et surtout par sa fréquence, il joue un rôle assez considérable pour influer notablement sur l'état moyen des conditions climatologiques. Il n'y a pas de doute qu'une coïncidence aussi parfaite entre le territoire où ce vent sec et chaud fait sentir ses effets avec le plus de force et l'aire occupée par une plante méridionale, introuvable partout ailleurs de ce côté-ci des Alpes, ne soit un fait surprenant et significatif.

Cependant le fœhn n'appartient pas exclusivement aux vallées de la Suisse centrale et orientale. La *vaudaire* du Bas-Valais et du lac Léman n'est autre chose que le fœhn, et l'on pourrait, à ce propos, noter une lacune dans les savantes analyses de M. Christ. Il s'est appliqué à rechercher l'influence du fœhn dans les vallées où on l'appelle de ce nom, et il a négligé de la rechercher dans celles où il porte le nom de vaudaire. Il est vrai qu'ici elle est plus difficile à démêler, et que le problème se complique d'autres éléments prépondérants. La vaudaire, en effet, vient du Valais, c'est-à-dire du plus original de tous les coins et recoins de la Suisse. Entrons-y et nous y arrêtons.

Entrons : c'est bien le mot, car le Valais est un pays fermé. Il y fait chaud, furieusement chaud, une chaleur qui égale parfois celle dont on souffre à Lugano ; mais ce n'est pas la même chaleur. A Lugano, elle rayonne directement du soleil ; en Valais, elle est réfléchie de tous côtés, et c'est une chaleur d'étuve. Les districts méridionaux du Tessin sont un pays coupé de hautes collines ou de petites montagnes, que la ceinture des Alpes abrite de loin contre l'influence du nord et qui, au sud, s'ouvre largement à la lumière et aux tièdes haleines. Le Valais est ce qu'indique son nom, une vallée ; c'est la vallée par excellence, la vallée chaudière, n'ayant qu'une brèche pour ouverture, largement et profondément encaissée entre les plus hautes parois qu'il y ait en Europe. Le Tessin est un pays de lacs, où il pleut beaucoup, tandis que le Valais n'a qu'un fleuve et des sables, et passe de longs étés sans pluie. L'été est beau dans le Tessin, mais il n'y est jamais sec ; il pleut par ondées, abondantes et rapides ; c'est même un des pays de l'Europe où il tombe annuellement la plus grande quantité d'eau : aussi, de toutes parts, jaillissent ruisseaux et cascatelles. En Valais, au contraire, on voit se dissiper les nuages à mesure qu'ils arrivent, la colonne d'air chaud qui monte de cette étuve absorbant au fur et à mesure les vapeurs envahissantes. C'est un ciel inexorable que ce ciel de Sion. En vain le paysan demande la pluie ; elle ne réussit pas à se former, et tandis que partout ailleurs la terre est couverte d'un dais de lourds nuages gris, toujours au-dessus de Sion s'ouvre le même trou bleu, riant et désespérant. A peine tombe-t-il, sous forme de neige ou de pluie, soixante centimètres d'eau par an dans la plaine du Valais, tandis qu'il en tombe au sud du Tessin de cent cinquante à deux cents.

La différence des climats produit celle des végétations.

Prenez ces murs qui longent les chemins ou soutiennent les terrasses des vignes : le mur valaisan est un amas de pierres sèches, où l'on ne voit que de temps en temps une pauvre plante à demi grillée, un orpin ou quelque graminée. Le mur tessinois est un fouillis de verdure ; des tapis moussus revêtent les pierres, et de tous les interstices sortent des fougères, des oxalides, des renouées, et mille autres plantes charmantes. Quiconque a un pan de muraille dans cet heureux pays peut dire qu'il a un jardin.

Il en est de même des murailles naturelles formées par les versants plus ou moins abrupts des coteaux ou des montagnes. Dans le Tessin, toutes les terrasses et toutes les collines favorables se recouvrent d'une végétation luxuriante, toujours verte, malgré le soleil, à larges feuilles, à fleurs brillantes, riche de formes et de couleurs. Le châtaignier abonde sur les collines sauvages ; dans les parcs des villas de plaisance, les lauriers, les azaléa, les magnolia croissent en pleine terre et forment de superbes massifs, qui se mirent dans les eaux des lacs. Puis, tout à côté, on verra fleurir le rhododendron ou la grande gentiane bleue des Alpes, car ce climat a ceci de remarquable qu'il se prête également, à cause de sa chaleur humide, à la flore du Midi et aux plantes de la montagne.

En Valais, point de plantes alpines, excepté dans telle gorge où l'humidité est entretenue par une ombre éternelle. Point de châtaigniers, ou très peu. A partir de Martigny, on n'en rencontre plus dans la grande vallée, sauf quelques groupes isolés et très rares. En revanche, le pin abonde ; nulle part en Suisse il ne forme des forêts aussi étendues ; il amène avec lui cette végétation des sables qui a coutume de l'accompagner, et qui manque presque totalement au reste de notre pays. Le Valais lui doit quelques-unes de ses spécialités, par exemple l'Euphraise visqueuse du fameux bois de Finges. Plus trace enfin de cette verdure réjouissante sur les terrasses exposées au soleil : tout cet enchantement a disparu pour faire place à des plantes brunes ou grisâtres qui habillent pauvrement un sol dénudé. Le Valais n'a de végétation touffue que celle des fossés inondés.

Au fond, il n'y a de rapport entre la flore valaisanne et celle du Tessin que la possession en commun de certaines espèces méridionales, qui sont plus sensibles aux conditions de chaleur qu'à celles d'humidité, ou qui, en choisissant leur lieu, trouvent à se loger plus ou moins favorablement dans les deux pays. Si humide que soit le Tessin, il a des coins relativement secs ; si sec que puisse être le Valais, il en a où se maintient la fraîcheur. Cela suffit pour que les deux végétations paraissent avoir beaucoup de ressemblance quand on les étudie dans les catalogues. Mais sur les lieux l'aspect général diffère totalement. Les sites des bords du lac Majeur ou du lac de Lugano rappellent ceux de Nice, de Menton ou des côtes de l'Adriatique, et c'est bien de là que

vient leur végétation, de l'Adriatique plus encore
que du golfe de Gênes. Le Valais rappellerait plutôt
certaines parties arides de la Provence, où il faut
chercher, en effet, l'origine de la plupart des plantes
du Midi qui croissent dans le voisinage de Sion ou
de Sierre. L'analogie n'est pas moins frappante avec
l'Espagne, comme le faisait déjà remarquer le grand
Haller, et comme nombre d'auteurs l'ont répété. Le
Valais représente en Suisse la zone des steppes, qui
sans lui ferait défaut. Au premier printemps, lorsque
le sol est encore humide, on voit combien il pourrait
être fécond s'il était toujours arrosé; il se pare alors
d'une végétation éphémère, mais brillante et merveilleusement variée. Il y a un certain mamelon, un
crêt, entre les Folaterres et Branson, en face de
Martigny, où, si l'on en croit la tradition populaire,
se sont donné rendez-vous toutes les plantes du
monde. La même tradition pourrait s'appliquer à
d'autres crêts, qui ne sont guère moins bien parta-
gés. Après les Bulbocodes et les petites Gagea, viennent les grandes Anémones violettes, les Adonis aux
corolles jaunes, la Violette des sables, l'Oxytrope de
Haller, la Renoncule graminée, l'Avoine de Gaudin,
et une multitude d'autres espèces rares, toutes sur
sol inculte, tandis que, dans les moissons, fleurissent
la grande Androsace, les Adonis aux petites corolles
rouge-sang, et la Tulipe œil de soleil. Mais il en est
de cette première floraison comme de celle des co-

teaux de la Syrie, non moins précoce et plus brillante encore. Le vent du désert se lève, et tous ces lis, plus richement vêtus que Salomon lui-même, penchent tristement une tête qu'ils ne relèveront plus. A Sion, il n'est pas besoin d'un vent du désert; il suffit que cessent les pluies du printemps. Dès le commencement de juin, la vallée prend une teinte d'herbe roussie et de terre brûlée, sur laquelle se détache le feuillage cendré et cotonneux de certaines espèces de chardons, et surtout des armoises. Une jolie Immortelle (*Xeranthemum inapertum*) est presque la seule décoration de ces flancs qu'attriste l'été. En automne, il pleut de nouveau quelquefois, et la terre refleurit. Le Valais est au nombre des rares contrées de la Suisse qui ont réellement une flore d'automne : elle n'est pas riche, à peine une demi-douzaine d'espèces ; mais elle est très franchement automnale, et se distingue par une plante des plus curieuses et des plus rares, l'Armoise du Valais (*Artemisia valesiaca*). Quelques botanistes en ont fait, avec Koch, une variété de l'Armoise maritime (*Artemisia maritima*) ; mais on paraît assez d'accord aujourd'hui pour en faire une espèce distincte. C'est la plus aromatique des armoises ; elle l'est beaucoup plus, notamment, que la grande Armoise, généralement cultivée pour la fabrication de l'absinthe. Elle est plus petite, elle a le feuillage plus ramassé, plus frisé, à découpures plus fines ; toute

la plante est recouverte d'un duvet blanc plus épais.
Les fleurons s'en dessinent à peine au mois d'août,
et ce n'est qu'au mois d'octobre qu'ils atteignent
leur plein épanouissement. Cette Armoise est extrêmement commune dans les districts de Sion et de
Sierre ; c'est la plus vivace des *mauvaises herbes*
qui recouvrent les moraines, les boues glaciaires, et
autres terrains déposés sur les pentes. Elle habite
aussi le Val d'Aoste, qui a de grandes analogies avec
le Valais ; mais elle n'a jamais été cueillie hors de
ces deux vallées. Comment y est-elle venue ? C'est
l'éternelle question. — Elle n'y est pas venue, répond
M. Christ ; elle y est née, et c'est une production du
pays, une fille du sol.

V

Approchons-nous des Alpes.

Leur voisinage, nous l'avons vu, se fait sentir
dans la végétation des plaines qui s'étendent à leur
pied. Les torrents transportent des graines alpines
qui germent parfois sur la berge, et les terrains erratiques ont gardé quelque souvenir de la végétation des anciennes moraines. On peut cueillir le
rhododendron dans les forêts de l'Argovie et au

bord des lacs italiens. Ces influences deviennent plus marquées à mesure qu'on s'élève sur les collines du plateau ou qu'on remonte les vallées du Tessin. La transition est plus ou moins ménagée selon les lieux et les circonstances. Elle est brusque partout où de hautes parois, tournées au nord, tombent perpendiculairement sur la plaine. Au pied du Glarnisch, la végétation prend un caractère franchement alpin dès les rivages mêmes du lac du Klönthal, à 800 mètres d'altitude, c'est-à-dire à une hauteur où l'on cultive encore la vigne dans plusieurs parties du Valais. La transition est moins brusque au pied de parois également verticales, mais tournées au midi. Au bord du lac de Wallenstadt apparaissent déjà quelques plantes dont les graines sont tombées des sommités des Kurfürsten; mais il faut deux heures d'ascension continue pour qu'on les trouve plus nombreuses que les espèces qui montent à leur rencontre et qui, favorisées par le soleil, leur disputent le terrain pied à pied. Il en est de même dans les vallées transalpines, avec cette différence toutefois que sur une pente plus douce, une pente de vallée, la victoire est plus longtemps indécise. Peut-on, dans ces différents cas, parler d'une végétation subalpine, intermédiaire entre celle de la plaine et celle des hauteurs ? Oui et non. Oui, parce qu'on rencontre un certain nombre d'espèces qui préfèrent évidemment les

altitudes moyennes ; non, parce que ces espèces
n'ont nulle part assez d'espace pour s'y réunir, pour
soutenir ensemble la lutte de la concurrence et pour
caractériser par leur prépondérance la végétation
d'une zone de quelque étendue.

Il y a cependant une flore subalpine ; mais ce n'est
ni au sud, ni sur des parois abruptes qu'on ira la
chercher, si l'on veut la voir chez elle et aussi pure
que possible d'éléments étrangers. Il lui faut un système de montagnes avancées, dépassant la région du
hêtre, non celle du sapin, et enserrant de leurs
chaînes multipliées des plateaux élargis et des fonds
de vallées atteignant déjà une certaine élévation.
Ces conditions ne se réalisent guère qu'au nord des
Alpes, dans l'Appenzell, dans le Toggenbourg, dans
l'Oberland zurichois, à Einsiedeln, à l'Hohe-Rhonen,
au Zugerberg et au Rossberg, au Napf, au Gurnigel,
à la Berra, et au Pèlerin, c'est-à-dire dans toute
cette région indécise qui s'étend en avant des Alpes
et qui les sépare du plateau proprement dit. La hauteur en varie de 800 à 1400 et même 1500 mètres.
Les sommets en sont souvent couronnés de rochers
de poudingue, comme on le voit à l'Utliberg, qui en
est un avant-poste ; parfois aussi, dans l'Appenzell,
dans l'Oberland zurichois, au Rossberg, et ailleurs,
cette roche, faite de débris agglutinés, se montre en
masses puissantes, étageant de hautes assises. Si l'on
ne tenait compte que de la formation géologique, on

pourrait y rattacher le Rigi et le Speer ; mais, pour le botaniste, la formation géologique a moins d'importance que l'altitude, et des sommets de 1800 à 1900 mètres sont décidément des sommets alpins.

En envisageant cette région comme celle des Sous-Alpes, et en donnant à la flore qui lui est propre le nom de flore subalpine, je m'écarte du plan qu'a suivi M. Christ; pour lui, elle fait encore partie du plateau, c'est ce qu'il appelle le plateau supérieur, et il réserve le nom de Sous-Alpes pour les basses pentes des montagnes dont le sommet est plus élevé. Je ne suis pas très sûr que la division de M. Christ soit la meilleure. Pourquoi ce nom de plateau supérieur appliqué à une contrée qui n'est pas du tout un plateau ? En tout cas, pour un résumé, la division que je substitue à la sienne est une simplification.

C'est dans cette zone intermédiaire que le hêtre est battu par le sapin, qui, non content d'occuper les sommets exposés au vent et les combes humides, devient de plus en plus maître et seigneur dans la forêt. Partout où il se constitue en masses serrées, il expulse toute autre végétation que celle des mousses et des champignons, amis de l'ombre et de l'obscurité. Mais pour peu que la forêt ne soit pas trop épaisse, on y voit apparaître quelques-unes des plantes caractéristiques de la région : le Chèvrefeuille des Alpes, le Tussilage des Alpes, la petite

Pyrole, la Pyrole à une fleur et les belles Dentaires, purpurines ou jaune paille. Dans les anfractuosités du poudingue, se blottissent déjà quelques saxifrages et quelques crucifères alpines, accompagnées de petites campanules et de la belle Valériane aux feuilles trilobées (*Valeriana tripteris*). D'autres plantes, bientôt dominantes, changent l'aspect des prairies; le Géranium dit des bois (sylvaticum), le Trolle d'Europe, la Renouée bistorte, et surtout la Grande Astrance.

De même que celle du plateau, cette flore est composite; elle réunit des espèces dont l'origine n'est pas la même. La Bistorte, qui aime les prés gras, n'a guère de patrie; elle est *ubiquiste*, comme on dit en botanique; cependant, elle a une préférence marquée pour la montagne, où elle suit l'homme et son bétail. Le Chèvrefeuille des Alpes appartient bien en propre à cette ceinture sous-alpine. Une des saxifrages qu'on y rencontre le plus souvent, la belle *Saxifraga mutata*, avec ses énormes rosaces de feuilles charnues et cartilagineuses et ses hautes pyramides de fleurs jaunâtres ou rougeâtres, n'est rien moins, au contraire, qu'une espèce alpine; c'est une espèce des gorges du plateau suisse et allemand, particulièrement des gorges molassiques, qui ne croît jamais que dans des ravines argileuses, humides et dénudées, et qui, en ayant trouvé de pareilles dans les Sous-Alpes de la Suisse centrale et orientale, s'y est établie, y prospère et produit de curieux hybrides avec d'autres saxifrages de race plus alpine. La Dentaire à fleurs jaunes (*D. polyphilla*) vient de partout ailleurs ; c'est une espèce italienne, qui a passé les Alpes, et dont l'aire présente ce phénomène bizarre, qu'elle se développe du sud au nord sur une ligne très étroite, perpendiculaire aux Alpes et les traversant. Elle abonde dans certaines parties de l'Oberland zurichois, de la vallée de Glaris et du Rheinthal ; mais elle ne s'aventure ni plus à l'est, ni plus à l'ouest. N'y aurait-il pas du fœhn dans son fait ?

On voit par ces exemples combien varient, ici encore, les influences en jeu. Cependant l'influence prépondérante continue à être celle de l'Allemagne. La plupart des espèces de nos Sous-Alpes, et dans le nombre les plus caractéristiques (*Valeriana tripteris, Trollius europaeus, Saxifraga Aizoon, Astrantia major*) se trouvent dans les principales stations montagneuses d'outre-Rhin : la Forêt noire, le Harz, l'Erzgebirge, les Sudètes, etc. Il en est donc de cette flore comme de la flore du plateau proprement dit, sauf qu'elle se relie moins immédiatement à celle dont elle est issue, et qu'un souffle du nord, venant de plus loin, commence à s'y faire sentir.

Si l'on veut le sentir tout à fait, il faut sortir des bois et des prairies et s'égarer dans les tourbières. Cette zone des basses montagnes en compte de re-

marquables, surtout celles d'Einsiedeln et du Zugerberg. Pour l'aspect sibérien, elles le cèdent à peine
à celles des hautes vallées du Jura; pour le nombre
des espèces rares ou curieuses dont l'origine bo-
réale ne peut être contestée, elles sont sans rivales.
Malheureusement, les parties vierges disparaissent ;
on exploite, on saigne, on assainit ; les champs de
pommes de terre, les prairies maigres, et quasi
sèches, remplacent les terrains spongieux, et les
plantes chères au botaniste s'en vont avec les refuges où elles prospéraient autrefois. Depuis trente
ans, la diminution est notable. Cependant, aujour-
d'hui encore, on peut, aux bonnes places, s'y croire
en pleine Laponie. Aux laîches (*Carex*) et aux joncs
des marais de la plaine, s'ajoutent plusieurs espèces,
telles que le Jonc du Styx, la Laîche des fanges,
celle de Gaudin, la pauciflore, la rameuse (*C. chor-
dorrhiza*), l'Héléonaste, etc., toutes espèces plus ou
moins abondantes dans les stations analogues de
l'Allemagne septentrionale ou de la Scandinavie.
C'est aussi du Nord que vient cette graminée odo-
rante, la *Hierochloa borealis*, qui ne se montre
guère que sur les places où les paysans ont fait
leurs *meules* de foin, et où, par conséquent, a péri
l'ancienne végétation. Il en est de même de cette
mignonne Trientalis qui ouvre ses fleurs de fraise
sur les boursouflures du sphagnum; de ce Bouleau
nain, avec ses petites feuilles d'un vert foncé, fermes

et gracieusement découpées ; de cette jolie linaigrette
(*Eriophorum gracile*), la plus grêle du genre,
comme l'indique son nom, qui balance ses plumets
blancs sur les trous inondés, et de vingt autres encore qui, toutes, portent avec elles leur certificat
d'origine. Si l'on veut voir la flore du Nord dans les
Alpes suisses, c'est là qu'il faut aller : nulle part ailleurs elle ne se présente plus authentique, plus dégagée d'éléments étrangers ; nulle part, elle n'occupe
d'aussi vastes étendues et ne réussit au même point
à marquer de son empreinte les perspectives du
paysage.

Il n'y a que cinq cents mètres à monter, à partir
des bords du lac de Zurich, pour gagner les tourbières d'Einsiedeln ; un bon marcheur peut s'en tirer
en une heure ; mais ces cinq cents mètres correspondent à trois ou quatre cents lieues sur la ligne
du méridien. La différence des climats est extraordinaire. Toujours humides et balayés par le vent,
ces plateaux d'Einsiedeln sont la station la plus
froide du nord des Alpes à pareille altitude. La
moyenne annuelle de la température, qui est de 9º à
Zurich, y tombe au-dessous de 6º. Pendant cinq
mois sur douze, le thermomètre y est plus souvent
au-dessous de zéro qu'au-dessus, et jusque dans
les mois les plus chauds, les nuits y sont âpres.
C'est à peine si l'on y est à l'abri des gelées blan-

ches dans les deux mois du plein été, juillet et
août.

VI

Nous abordons enfin la flore des Alpes proprement dite.

Quiconque a jamais fait une course de montagne,
une seule, sait qu'au-dessus de la limite où cessent
les forêts de sapins, dans la région des pâturages
supérieurs, règne une végétation qui n'a qu'un petit
nombre d'espèces communes avec celle de la plaine,
et dont la physionomie est tellement originale qu'à
première vue on en est frappé.

Où commence cette flore ? Nous ne pouvons répondre à cette question qu'en renvoyant le lecteur
à ce que nous disions tout à l'heure, qu'elle étend
son influence jusque dans la plaine, et que lorsqu'on monte à sa rencontre, on la voit, dans la
grande majorité des cas, s'annoncer peu à peu par
l'apparition successive des espèces dont elle se
compose. Les indications de limites que donnent
les auteurs ne sont qu'approximatives, très vaguement approximatives, et l'on ne réussira jamais à

représenter par une formule, par une échelle de chiffres, la superposition des zones végétales sur les versants des Alpes. Il y a trop d'exceptions, trop d'accidents, trop de variations dans les circonstances déterminantes. Une seule chose est hors de doute, c'est qu'il vient un moment où l'on a devant soi la végétation alpine. On peut en être entouré à 1000 mètres ; elle peut se faire attendre à 1600 mètres, même à 1700. Les flancs nord du Glarnisch, où, nous l'avons vu, elle tombe à 800 mètres, sont probablement la station suisse où elle se présente le plus tôt ; les pentes brûlées qui s'élèvent au-dessus de Fully dans le Bas-Valais, et d'autres rampes également chaudes dans la Basse-Engadine, sont, à ma connaissance, les stations où l'on y arrive le plus tard. Entre ces deux extrêmes, distants de plus de 600 mètres, tous les intermédiaires sont possibles.

Où finit la flore alpine ? Elle ne finit pas, dit M. Christ. Aussi haut qu'on s'élève, on peut encore cueillir des herbes et des fleurettes. Elle a l'air de finir, parce que les glaces envahissent tout, et que les places favorables manquent à la végétation. Mais si, par hasard, un rocher s'élève du sein des neiges éternelles, si haut que ce soit, rien n'empêche d'une manière absolue qu'il ne s'y développe encore quelque végétation, même phanérogame. Et à ce propos, M. Christ rappelle qu'on a cueilli sur l'arête du Finsteraarhorn, à plus de 4000 mètres d'altitude, deux espèces de saxifrages (*S. muscoides* et *S. bryoides*), et une espèce d'achillée (*A. atrata*). C'est à M. Lindt qu'on doit ces trouvailles. Un autre grimpeur, M. Calberla, a vu sur le même Finsteraarhorn, à quelques pas du sommet, soit à 4270 mètres, une Renoncule des glaciers portant deux fleurs.

Ces exemples, qui ne sont pas les seuls, paraissent concluants. Et cependant, la manière dont M. Christ présente et soutient la thèse de la persistance de la végétation phanérogame jusqu'aux plus hauts sommets, me semble de nature à induire en erreur. Il est de fait qu'à partir d'une certaine altitude les arêtes rocheuses des Alpes sont ou paraissent absolument nues, même aux regards de l'observateur attentif, et qu'on n'y trouve plus que quelques pauvres lichens, collés à la pierre, à moins qu'on ne se donne la peine de chercher, et de bien chercher, sous les blocs entassés, de fouiller les fissures et les trous. Dans certains massifs, cette stérilité apparente commence à 3000 mètres, et parfois plus tôt; dans d'autres, on voit des plantes fleuries affronter l'air libre cinq ou six cents mètres plus haut. La distance entre les points extrêmes de cette limite supérieure est à peu près égale à celle des extrémités de la limite inférieure. J'ai vu des Renoncules décorer un îlot de rochers à quelques pas du sommet de la Tschierva, dans la haute Engadine, à 3550 mètres. Elles s'y blottissaient sous les feuillets de la roche ; mais leurs corolles s'élevaient au-dessus, aussi brillantes que nulle part ailleurs. On aurait dit, à distance, un petit jardin, une plate-bande rose et blanche. Mais une floraison pareille, à cette hauteur, est déjà un accident extrêmement rare, et l'on peut faire vingt ascensions sans en rencontrer aucun exemple. Inutile d'en chercher sur les versants nord. Les *revers*, comme on dit, sont beaucoup plus tôt dépouillés de toute végétation. Je n'ai pas souvenance d'avoir jamais vu une plante phanérogame à plus de 3000 mètres contre une paroi de rocher franchement exposée au nord. Quant à celles qu'on trouve encore à 3800 ou 4000 mètres, sur les versants sud, elles sont toujours, autant du moins que j'en suis informé, au fond de cachettes disposées de manière à ce que les rayons du soleil y soient réfléchis et concentrés. Ce sont de véritables serres chaudes créées par les accidents de la roche et de ses entassements. Et ce qui prouve combien elles sont rares, c'est qu'un observateur et un grimpeur tel que de Saussure n'en avait jamais vu d'exemple. Les plus hautes altitudes qu'il ait enregistrées ne dépassent pas, n'atteignent pas même 3500 mètres. Grâce à la multitude d'ascensions qu'on a faites depuis vingt ou trente ans, on a rencontré quelques-uns de ces nids exceptionnels ; mais il ne faudrait pas conclure de ces accidents, à la rigueur possibles, que l'ancienne théorie des

limites supérieures de la végétation phanérogame
dans les Alpes ne repose que sur la négligence des
premiers observateurs et qu'elle ait été renversée
par ceux qui les ont suivis. Elle exprime toujours le
fait réel, dans sa généralité. Ajoutons que le Finsteraarhorn est, peut-être, de toutes les sommités de la
Suisse, celle qui se prête le mieux à recéler quelques
plantes perdues entre les blocs de sa formidable
arête.

Je n'ai point à rappeler ici les caractères de cette
flore alpine. Je puis supposer qu'elle n'est pas complétement inconnue de ceux qui auront pris la peine
de me suivre. Comme pour la flore des Sous-Alpes,
comme pour celle du plateau, je me borne à la
question d'origine. D'où vient-elle ?

M. Christ répond : « Parmi les 294 espèces qui,
en Suisse, habitent principalement la région supérieure des Alpes, 64 sont des espèces généralement
répandues autour du pôle, dans les vastes territoires, américains ou asiatiques, de la zone arctique ;
36 autres sont également polaires, mais non *circumpolaires ;* elles sont spéciales à tel territoire particulier de la zone. Il y a donc environ un tiers de
nos plantes alpines qui, à vingt degrés plus au nord,
éclosent à une vie passagère sous les rayons obliques du soleil du pôle. »

Parmi ces cent espèces à la fois polaires et alpines,
je mentionnerai, en commençant par les plus con-

nues, l'Edelweiss, cher aux Tyroliens ; le charmant
silène (*S. acaulis*) connu sous le nom de *gazon rose*,
qui fait événement pour quiconque en est à sa première course de montagne ; la Dryade à huit pétales
(*D. octopetala*) qui ferme chaque soir ses grandes
fleurs de rosacée blanche pour les rouvrir chaque
matin ; la petite Azalée inclinée (*A. procumbens*), un
bijou, qui, vu à la loupe, égale en magnificence les
grandes azalées de nos serres ; le Myosotis des
Alpes, dont l'azur efface celui de tous les myosotis
de la plaine ; deux jolies vergerettes (*E. uniflorus* et
E. alpinus), modestes pâquerettes de montagne ;
la plus répandue des androsaces (*A. chamaejasme*),
aux petites corolles découpées d'un ciseau très fin
et coloriées d'un pinceau encore plus délicat ; la
plus originale des renoncules, la Renoncule des
glaciers, aux tiges charnues et au calice velu ; les
jolis saules (*S. reticula* et *S. myrsinites*) qui enla-
cent les pierres de leur feuillage luisant ou cha-
griné ; le Pavot blanc (*P. alpinum*) dont les corolles
sortent capricieusement d'entre les cailloux entassés, et enfin l'humble Gentiane des glaciers (*G.
tenella*), si habile à se cacher, si timide, et qui a si
longtemps mis en défaut les yeux d'argus des botanistes.

Les deux dernières sont déjà presque des plantes
rares ; d'autres, tout à fait rares, viennent également
du Nord : ainsi le Pigamon des Alpes, du col Joatta,

en Engadine ; la Potentille des neiges, trésor des hautes Alpes du Valais, l'Alsine à deux fleurs du glacier de Paneyrossaz, la Saxifrage penchée des grottes du Rawyl, etc.

Mais M. Christ ne s'en tient pas à cette première réponse ; il reprend la question et l'élargit en l'appliquant non seulement aux espèces alpines suisses, mais à toutes les espèces, alpines et subalpines, qui habitent la chaîne des Alpes, du Ventoux, dans le Dauphiné, au Schneeberg, près de Vienne, en Autriche. Il en compte 693, dont 271 se retrouvent dans la zone polaire.

On le voit, M. Christ a procédé méthodiquement, espèce par espèce ; il a fait un dénombrement et des additions. Mon seul regret est qu'il ne nous ait pas initiés à tout le détail de ses opérations. On trouvera qu'il y a contradiction entre ce regret et ce que nous avons dit précédemment des listes de noms latins et des discussions de chiffres qui rendent la lecture de l'ouvrage de M. Christ difficile aux profanes. Mais il y aurait moyen de tout concilier. Un livre pareil est de ceux qui doivent avoir un appendice à l'usage exclusif des spécialistes ; et peut-être, si M. Christ y eût songé, eût-il pu profiter d'un tel appendice pour décharger parfois la partie destinée au grand public et la rendre d'un accès plus facile. Quoi qu'il en soit, une pièce indispensable fait défaut dans le volume actuel, savoir une liste de ces

693 espèces que M. Christ envisage comme alpines ou subalpines, et qu'il cueille du Ventoux au Schnee-berg. Tout le monde n'entend pas les espèces de la même manière. M. Christ en admet que d'autres rejettent et en rejette que d'autres admettent. D'ailleurs, ce n'est pas une chose si simple que de dire si telle espèce est alpine ou ne l'est pas. Jusqu'à ce que M. Christ nous ait donné sa liste, la clarté de ses calculs ne sera pas aussi complète que pourrait le faire croire la netteté apparente de conclusions présentées en chiffres.

Il compte donc 271 espèces qui sont communes aux Alpes et aux régions polaires. Mais dans le nombre il y en a 41 qui sont abondantes dans les Alpes et rares ou très clair-semées au Nord, de sorte qu'on peut les envisager comme ayant été données au Nord par les Alpes et non pas aux Alpes par le Nord.

Ce raisonnement est-il bien rigoureux, et la question de provenance peut-elle être ainsi tranchée par une simple constatation de rareté ou de vulgarité relatives ? J'avoue que j'ai peine à le croire. Il a fort bien pu arriver, pour plus d'une espèce, que le nombre des habitants de la colonie ait fini par l'emporter sur ceux de la mère patrie. Que dirait-on d'un statisticien qui, voyant que la langue anglaise est parlée aujourd'hui par quarante millions d'hommes en Amérique et seulement par vingt millions en

Angleterre, en conclurait que l'Amérique est la patrie de l'anglais ?

Passons sur ce point délicat, et attachons-nous à ces 230 espèces que M. Christ tient décidément pour originaires du Nord. Elles ne sont pas toutes circumpolaires, et l'on n'apprendra pas sans étonnement qu'il y en a plusieurs, — M. Christ en compte 30, — qui n'existent que dans le Nord de l'Amérique, par exemple la belle Anémone des Alpes. Il semble donc que le continent américain lui-même ait apporté sa contribution à la flore alpine. La communication s'est-elle établie par l'ancienne Atlantide, a laquelle plusieurs savants, H. Heer, par exemple, croient très fermement, ou bien a-t-il suffi du pont rompu que forment le Grœnland et l'Islande entre l'Amérique et l'Europe ? Il n'est pas facile de le décider. Toutefois, le phénomène paraîtra moins extraordinaire si l'on tient compte des analogies qui existent entre toutes les espèces de la flore polaire, à quelque territoire qu'elles appartiennent. La profonde différence signalée par Buffon, et par d'autres naturalistes, entre les animaux et les végétaux du double continent américain et ceux de l'ancien monde, ne se prononce qu'à mesure qu'on descend vers le sud. Au nord, les formes identiques ou analogues dominent, et l'on peut croire à l'unité primitive de toute la flore de la zone arctique.

Les 200 espèces restantes existent au nord de

l'Europe, ou bien au nord de l'Asie, ou bien encore dans les chaînes des montagnes sibériennes, à partir de l'Altaï. Chacune de ces trois stations peut avoir fourni son contingent ; mais il y a lieu de penser que le plus faible est venu de la plus rapprochée, la haute Scandinavie. M. Christ ne compte pas moins de 54 espèces, alpines et asiatiques, qui manquent totalement aux régions nord de l'Europe, particulièrement à la presqu'île scandinave, et dans le nombre, il en signale de très importantes : l'Edelweiss, l'Aster des Alpes, la Campanule de Scheuchzer, la Clématite atragène, l'Allium Victoriale, l'Anémone à fleurs de narcisse, la Saxifrage mousse, et enfin le mélèze et l'arolle. D'autres espèces sont beaucoup plus abondantes dans les stations asiatiques que dans les européennes. Il est donc infiniment probable que le principal courant est venu d'Asie, et les calculs auxquels se livre M. Christ le portent à envisager les montagnes sibériennes, plus encore que les rivages des mers du Nord, comme le foyer primitif de la flore des Alpes, pour autant du moins qu'elle a été formée par des apports étrangers. M. Christ ne dit pas positivement, mais quand on l'a lu on est porté à penser que la flore des zones arctiques elle-même dérive de celle des montagnes asiatiques, et cette opinion a pour elle les vraisemblances générales. On a peine à envisager l'extrême Nord comme ayant été la patrie féconde d'une végétation originale destinée à se répandre sur la terre. Le rôle qu'on lui attribue est plutôt celui d'une frontière où végètent encore quelques pauvres espèces, âpres à la lutte. C'est la limite où cesse la vie et non le foyer d'où elle se répand. Un rôle actif dans la formation et la propagation des organismes semble plus naturellement assigné à des chaînes de montagnes situées sous un ciel plus clément, à celles surtout des centres primitifs autour desquels se sont exhaussés les continents. Peut-être les hauts plateaux de l'Asie recélaient-ils, dès avant la fin de la chaude période tertiaire, la végétation destinée à peupler, bientôt après, soit le nord de l'ancien et du nouveau monde, soit les principales chaînes de montagnes de l'Europe. M. Christ ne se prononce pas positivement sur ces grandes questions ; il observe une réserve prudente ; mais il semble que ce soit bien à cette conclusion que son livre conduit, et qu'il n'y ait qu'à prolonger la ligne pour y arriver presque nécessairement.

Retranchons de la flore alpine les 230 espèces sibériennes, il nous restera 463 espèces qui viennent d'ailleurs. D'où ?

Quelques-unes ont une apparence méridionale, entre autres nos deux Rhododendrons. Leur feuillage toujours vert, comme celui du myrte, la richesse de leurs grappes roses et toute leur physionomie d'arbrisseaux magnifiquement fleuris, les signale, au milieu de la végétation qui les entoure, comme une apparition des plus singulières. Aussi les habitants des Alpes les ont-ils toujours distingués entre toutes les plantes de la montagne. On peut en dire ce que nous avons dit du houx, avec ses baies rouges et ses feuilles qui demeurent vertes au milieu des forêts dépouillées et parmi les neiges du nord : ils sont, eux aussi, l'objet d'une sorte de culte, comme si l'imagination populaire avait pressenti le secret de leur origine. Les rhododendrons sont une famille nombreuse, très caractérisée, qui a son foyer principal non pas sur les gradins des chaînes sibériennes, mais sur les flancs de l'Himalaya, où l'on en compte un très grand nombre d'espèces, toutes plus brillantes les unes que les autres. De ce glorieux berceau, elle s'est répandue à l'est et à l'ouest, jusqu'en Chine et aux îles de la Sonde, jusqu'en Europe et en Amérique. Certaines espèces affrontent des chaleurs torrides ; d'autres, aux formes réduites, ne craignent pas un climat rigoureux ; mais ni les unes ni les autres n'aiment la plaine; elles recherchent, de préférence, les pentes boisées. En Asie, par exemple, elles forment le sous-bois de vastes forêts ; quelques-unes croissent sur de vieux troncs. Celles qui se sont aventurées en Europe sont particulièrement montagnardes. Les deux nôtres représentent le suprême effort de la race pour s'approprier aux conditions d'un climat qui n'est pas du tout tropical. A en juger par l'étendue de leur territoire, elles y ont fort bien réussi ; néanmoins, leur origine méridionale se trahit encore à une certaine délicatesse de tempérament. Le rhododendron est une. des plantes alpines à qui il arrive le plus souvent de souffrir de la gelée.

Il ne faut pas se représenter la flore méditerranéenne comme si elle était uniquement composée de plantes faites pour vivre sur les rivages de la mer et sur les terrasses qui la dominent. Elle a aussi ses types alpins, venus avec elle de l'Orient, qui se sont propagés de l'est à l'ouest en suivant l'axe des grandes chaînes européennes. Le rhododendron en est le plus frappant ; mais ce n'est pas le seul. La Bruyère rose, la Polygale faux-buis, la Linaire et l'Erine des Alpes, le grand Chardon bleu, l'un des titres de gloire des chaînes du Léman, et, dans un tout autre genre, le Safran printanier (*Crocus vernus*) et le Colchique des Alpes, sont autant de types méridionaux appropriés au climat de la montagne.

Ainsi deux courants, venus tous deux de l'orient, l'un par le chemin du nord, l'autre par celui du sud, ont contribué à l'enrichissement du tapis végétal qui s'étale comme une broderie sur les pentes et les croupes alpines. Le second a été moins puissant que le premier. M. Christ évalue à 41 le nombre des espèces que lui doivent les Alpes suisses. Soit oubli, soit incertitude, il ne donne pas le chiffre de ces importations méridionales pour l'ensemble de la chaîne ; on peut, par analogie, le fixer approximativement à une centaine. Ajoutons-y quelques espèces valaisannes, en petit nombre, et rares pour la plupart, des *Astragalus*, des *Oxytropis*, qui ne sont ni du Nord ni du Midi, et dont les congénères habitent les steppes du haut plateau de l'Asie, — toujours la steppe en Valais, même sur les hauteurs, — et nous aurons épuisé la liste des plantes alpines dont l'origine étrangère peut être démontrée ou présumée.

Tous ces apports réunis constituent les deux cinquièmes de la flore des Alpes, soit, pour la Suisse, 113 espèces. D'où viennent les trois autres cinquièmes, et très particulièrement les 182 plantes alpines suisses dont il reste à trouver l'origine ?

La réponse de M. Christ est la même que celle qu'il nous a faite déjà à propos de l'Armoise du Valais : Elles ne viennent de nulle part, elles sont filles du sol ; c'est la population autochthone des Alpes.

Ceci demande à être considéré de plus près.

Les travaux des botanistes géographes ont jusqu'à présent abouti à ce résultat que certaines contrées ou localités sont signalées comme ayant une flore propre, ou comme possédant un certain nombre d'espèces dont on ne peut pas expliquer l'origine par un simple fait de migration.

Il y a, en géographie botanique, des groupes ré-
fractaires, irréductibles. La flore française tout entière est une flore d'importation, sauf deux groupes
irréductibles, dont l'un sur les grèves de l'océan,
l'autre sur les Alpes. La flore allemande vient également du dehors, sauf le groupe alpin. La Suisse a,
de même, son ou ses groupes irréductibles, et
M. Christ paraît disposé à en revendiquer pour elle
plusieurs.

Par exemple, il existe dans la vallée de Saas, en
Valais, une charmante campanule, qui ressemblerait
à celle dont nos murs sont quelquefois tapissés si
elle n'était pas plus petite, plus bassette, et si le
contour des fleurs n'en était pas autrement ciselé.
A chaque sinus de la corolle correspond un trou à
l'emporte-pièce, qui la découpe à jour. Cette campanule (*C. excisa*) n'est point une rareté dans les localités où elle existe; mais ces localités sont toutes
réunies dans un rayon de quelques lieues entre le
Mont-Rose et le Simplon. Autant on est sûr de la
trouver dans ce district resserré, autant on est sûr
de ne plus rien rencontrer qui lui ressemble aussitôt
qu'on en est sorti. Aucune flore connue d'aucun
pays parcouru par un botaniste quelconque n'a
jamais rien offert de semblable. Comment expliquer
cette apparition singulière? De deux manières. On
peut supposer que cette campanule était une espèce
autrefois plus répandue et dont il ne reste que ce

seul débris, ou bien que c'est une plante qui est née sur les lieux et qui n'a encore conquis que l'étroit domaine où nous la voyons confinée. Si extraordinaire que paraisse cette dernière supposition, elle est cependant la plus vraisemblable, parce que les espèces qui meurent ne sont plus représentées que par des échantillons clair-semés; elles sont partout languissantes, adventives; elles paraissent accidentelles, et n'ont pas de ces domaines arrondis où elles croissent en abondance et en pleine prospérité. Une plante qui a son canton, où elle est chez elle, par milliers et milliers d'exemplaires, n'est pas une plante qui meurt. Il suffirait de cette campanule pour attribuer aux Alpes du Valais l'honneur d'une flore indigène. Or, elle n'est pas seule à y réclamer un droit exclusif de bourgeoisie. Il y a plusieurs espèces qui appartiennent au massif du Mont-Rose aussi exclusivement que la petite armoise frisée appartient aux coteaux de la vallée.

Le Tessin nous offrira un second exemple, tout semblable. A quelques lieues à l'est du lac de Lugano s'élève la montagne isolée du Camoghe, haute de 2226 mètres, ce qui est à peu près l'altitude des cols des Alpes bernoises, Grimsel ou Gemmi. Sur une ou deux des arêtes qui en forment ou en soutiennent le sommet, fleurit en quantité la plus brillante de toutes les androsaces, l'Androsace de Charpentier. Impossible de la confondre avec aucune

autre. C'est une espèce parfaitement distincte, et si
gracieuse, si fine, si belle, avec ses innombrables
fleurettes roses, des primevères en miniature, que
celui qui l'a vue une fois ne saurait l'oublier de sa
vie. Deux ou trois lieues plus loin, à l'est, elle décore
également les crêtes d'une autre sommité, le Monte-
Legnone, et puis, c'est tout. On ne l'a jamais trouvée
en aucun autre lieu. N'existe-t-elle donc plus que sur
ces deux sommets? Est-ce son dernier refuge? Non.
Car dans le même district des Alpes italiennes, du
lac de Lugano au lac de Côme et par delà, à la
Grigna, au Resegone, aux Corni di Canzo, on compte
près d'une trentaine d'espèces également introuvables partout ailleurs. Comment supposer que tant
de raretés soient venues mourir au même lieu? Evidemment, il y a ici un nouveau foyer de formation,
une nouvelle flore indigène.

Eh bien, ce qui est vrai des environs du Mont-
Rose et des sommets voisins du lac de Côme est
également vrai des Alpes suisses dans leur ensemble et plus généralement de toute la chaîne des
Alpes. Les deux tiers de la flore des Alpes appartiennent aux Alpes, comme la Campanule de la vallée
de Saas appartient à un seul de leurs districts, et
comme l'Androsace de Charpentier appartient au
Camoghe et au Legnone : c'est le même phénomène,
en grand. Il y a un groupe *alpin* irréductible, qui
compte plus de 180 espèces, si l'on se borne à celles

qui croissent dans les limites de notre pays, et qui doit en compter près de 400 si l'on prend l'ensemble de la chaîne.

Telle est la théorie des groupes irréductibles. Je ne la prends pas sous ma responsabilité. Je me réserve, au contraire, de présenter quelques objections; pour le moment, je l'expose.

Parmi ces filles de nos montagnes figurent la plupart des plantes qui contribuent le plus à rehausser l'éclat de la flore alpine, celles qui ont les plus belles couleurs, celles qui semblent avoir absorbé dans leurs corolles la plus grande quantité de pure lumière. Si l'on regarde de près certaines fleurs des Alpes, on leur trouve un aspect cristallin singulier, comme si le tissu en était formé d'une multitude de pierreries microscopiques. Elles n'ont pas seulement une couleur, elles ont un rayonnement, elles scintillent. Je me rappelle avoir vu un de nos plus habiles peintres de fleurs qui en était au désespoir. Cela ne peut pas se rendre, s'écriait-il, on dirait des diamants! Ce qu'il y a de remarquable, c'est que presque toutes les espèces qui ont cette apparence font partie du groupe irréductible. Il faut mettre au premier rang la ravissante famille des *Primulacées*: ses auricules, ses androsaces et ses soldanelles. Sur nos dix-sept primevères alpines, une seule, la Primevère farineuse, nous est venue avec le contingent sibérien; toutes nos androsaces sont indigènes, sauf

la Chamæjasme; il en est de même de nos soldanelles, les plus fines de toutes ces perles. Sur vingt
et une gentianes, quinze sont indigènes. Parmi les
six autres, figurent la Gentiane printanière et la
Gentiane des neiges, qui, pour le scintillement de la
corolle, ne sont guère inférieures à leurs congénères
purement alpines; ce sont, peut-être, les deux seules
espèces qui fassent mentir le pronostic qu'on peut
tirer de cette couleur qui est une lumière. Ce sera
de l'Altaï qu'elles auront rapporté ce bleu : il ne
vient pas des brumes du pôle. La grande Paradisie
blanche, le vrai lis de la montagne, réclame aussi les
honneurs de l'indigénat, ainsi que ce charmant
Orchis noir qui parfume de vanille tous les bouquets
cueillis sur les hauteurs. Les Joubarbes, au pourpre
ardent, ne viennent pas non plus du dehors, à l'exception de la plus pâle, celle des toits (*Sempervivum
tectorum*). Les plus pittoresques des Saxifrages
(*S. oppositifolia, cæsia, diapensioides, Vandellii,*
etc.) sont aussi originaires de l'alpe. Notons enfin,
pour couronner cette liste qu'il serait facile de prolonger, les belles violettes-pensées, la jaune, celle à
éperon, celle du Mont-Cenis, et, par dessus tout, la
grande Ancolie des Alpes et ce merveilleux myosotis
(*Eritrichium nanum*), qui tapisse comme une
mousse étoilée les hauts rochers granitiques du
Mont-Rose et de la Bernina.

On le voit : ce groupe irréductible est un groupe

d'élite. M. Christ ne s'en cache pas : ce sont ses favorites. Son goût est digne d'être partagé. C'est une flore de luxe, fille d'une nature plus riche que celle de l'extrême Nord. On y sent les effets d'une insolation intense. Le soleil de la montagne ne rampe pas à l'horizon ; il darde des rayons directs, auxquels s'ajoutent, pour envelopper de clarté les plantes qui se confient en lui, tous les rayons que réfléchissent mille parois. La transparence de l'air augmente cet effet lumineux, tandis que l'abondante rosée de chaque nuit, et les brouillards promeneurs et les orages passagers entretiennent la fraîcheur du sol jusque dans les temps de plus grande sécheresse. Les plantes des Alpes ont à discrétion l'eau et la lumière.

On remarque aussi que les espèces du groupe irréductible dominent dans les stations sèches, dans les graviers, dans les éboulis et contre le rocher, tandis que les espèces importées sont plus nombreuses dans les stations marécageuses ou humides. On a vu, par les exemples cités plus haut, que la seule primevère alpine qui ne soit pas indigène est la farineuse, c'est-à-dire justement une espèce des lieux inondés ou très imprégnés d'eau. Toutes ou presque toutes les autres sont filles du rocher. Les laîches de marais viennent généralement du Nord ; celles qui croissent dans les fissures du roc sont indigènes. Sur douze saules, un seul est indigène, et

c'est justement celui qui recherche le moins le voisinage des ruisseaux, le Saule bleu, ami des cailloux.
Sur huit trèfles, le seul Trèfle brun (*T. spadiceum*),
habitant des marais, fait partie du contingent sibérien. M. A. de Candolle a établi, dans sa *Géographie
botanique*, que les plantes de terre subissent beaucoup plus les influences locales que les plantes
d'eau, et que les espèces ubiquistes sont presque
toutes aquatiques. Cette règle générale, qui s'explique aisément, puisque l'eau varie moins que le
sol et que sa présence tend à uniformiser les climats, reçoit une très intéressante confirmation des
recherches de M. Christ.

Les deux groupes, celui d'importation et celui des
autochthones, ne sont point également répandus à
toutes les altitudes et dans toutes les régions. Les
espèces sibériennes ont une force de résistance qui
leur permet d'affronter plus aisément les grandes
hauteurs. La plante alpine qui, jusqu'à présent, a été
cueillie le plus haut, la Renoncule des glaciers, du
sommet du Finsteraarhorn, est sibérienne. Ce tempérament robuste est une des raisons par lesquelles
on explique le fait, assez curieux, qu'elles se sont
jetées sur la chaîne centrale plus encore que sur les
chaînes parallèles qu'elles ont dû rencontrer tout
d'abord. Elles y ont trouvé une zone supérieure
beaucoup plus développée, et, grâce à leur nature
moins exigeante, elles y ont soutenu avec plus de

succès la lutte de la concurrence contre les indigènes. Quelques-unes, cependant, semblent avoir été
arrêtées par les premières barrières qui leur ont
coupé le chemin, et c'est ce qui fait que les chaînes
extérieures du Stockhorn et du Pilate ont, parmi
leurs plantes du Nord, des spécialités remarquables.
La chaîne intermédiaire, bernoise et glaronnaise, est
celle qui leur a été le moins hospitalière. Mais les
espèces du groupe irréductible se sont encore plus
inégalement partagées, et toujours en faveur de
cette chaîne centrale, déjà préférée des espèces
étrangères. Il faut dire qu'elle doit à sa hauteur, à la
puissance de ses développements et à la variété de
ses expositions, d'avoir largement place pour un
surcroît de richesse des deux groupes réunis.

M. Christ compte dans les Alpes suisses trois centres principaux de vitalité créatrice, embarrassés
d'un excès de production. Sur les trois, la chaîne
centrale peut en revendiquer deux : le premier, sur
le flanc nord des Alpes pennines, au Saint-Bernard,
au fond de la vallée de Bagnes, et particulièrement
aux environs du Mont-Rose, à Zermatt et à Saas ; le
second, dans l'Engadine, tout autour du massif de
la Bernina. Le troisième, déjeté au sud, est plus italien que suisse ; c'est celui du Camoghe, du Legnone,
de la Grigna, dans le voisinage des lacs de Lugano et
de Côme. Ce troisième, qui n'est pas le moins riche
en spécialités exclusives, n'a pas étendu au loin son

influence, et c'est aux deux premiers que revient l'honneur d'avoir, en grande partie, peuplé de leur végétation le vaste système de nos montagnes. Ils ont été, si l'on en croit M. Christ, les principaux centres de rayonnement d'où les espèces se sont propagées, gagnant peu à peu les massifs environnants, à mesure que les arêtes s'en découvraient.

On trouvera la confirmation de cette théorie, qui surprend au premier abord, en considérant la carte par laquelle M. Christ a figuré la richesse botanique relative des différentes chaînes des Alpes. On verra que la pauvreté augmente à mesure qu'on s'éloigne de ces territoires privilégiés, ou en raison des obstacles interposés entre eux et la station que l'on considère. La plus grande partie de l'Oberland est marquée de la fatale couleur verte, couleur de l'indigence ; il y a entre lui et Zermatt la haute muraille bernoise. Glaris, Schwyz et l'Appenzell, isolés par la chaîne glaronnaise, ne sont guère moins pauvres. Le versant sud de ces deux chaînes, qui ont donc servi de barrière, n'a mérité la couleur jaune, et même quelques traits rouges, que parce qu'il a vue directe sur les grands foyers producteurs. Les cols du Grimsel et de la Furka ont favorisé les vallées d'Uri et du Hasli, où le jaune l'emporte sur le vert. Les Alpes saint-galloises sont plus riches que les glaronnaises, à cause de la porte ouverte du Kunkelpass, un col très bas, qui a facilité les apports des vallées grisonnes. Le flanc oriental de la chaîne du Kamor est la seule partie riche des Alpes appenzelloises; aussi est-ce la seule qui puisse être atteinte par les vents qui descendent le Rheinthal.

Il ne faut pas cependant pousser la théorie de M. Christ à la rigueur, et se figurer qu'aucune plante n'a pu s'établir dans nos Alpes qu'en faisant le détour du Mont-Rose ou de la Bernina, pour y constituer une première colonie. Il doit y avoir eu aussi, dans nombre de cas, propagation directe, de proche en proche, et c'est ce que prouvent les espèces du Nord qui se sont arrêtées à la chaîne la plus extérieure, celle du Stockhorn et du Pilate, et qui lui ont valu plusieurs marques rouges. D'autres circonstances, tenant à la direction des vallées ou à la rencontre de terrains différents, demàndent également à entrer en ligne de compte. Les Alpes vaudoises, par exemple, ont aussi leurs points rouges, qu'elles doivent à leurs vallées ouvertes à l'ouest et à la richesse de leurs stations géologiques. On pourrait noter d'autres accidents analogues; mais l'influence exercée par la facilité des communications avec la chaîne centrale n'en reste pas moins un fait considérable, un des facteurs essentiels du problème.

Rien ne le démontre mieux qu'un singulier cas de pauvreté, qui a souvent fait l'étonnement des botanistes et que la carte de M. Christ met en pleine lumière. Il s'agit du seul cas de pauvreté qu'on remar-

que en Valais, de ce bizarre placard vert qui s'étend
sur l'unique vallée de Tourtemagne. Elle est à deux
pas des riches pépinières de Zermatt et de Saas.
Comment donc a-t-elle pu se trouver si mal parta-
gée? Il y en a deux raisons. D'abord, c'est une
vallée de moitié plus courte que les autres, et qui
n'atteint pas l'axe de la chaîne, où est le centre du
foyer producteur. Ainsi déjetée en avant, elle s'est
trouvée en dehors de la zone privilégiée. En second
lieu, elle se cache tout entière sous l'énorme pyramide du Weisshorn, qui l'enserre de ses puissantes
arêtes. Point de dépression ni à l'est, ni à l'ouest;
point de porte ouverte sur les vallées voisines; c'est
une prison, un trou perdu; rares sont les espèces
qui en ont trouvé le chemin.

M. Alph. de Candolle avait proposé une autre
explication de la richesse inégale des districts alpins;
il partait de l'idée que les territoires les plus ancien-
nement dépouillés des glaces préhistoriques, et par
conséquent peuplés les premiers, devaient, toutes
choses égales d'ailleurs, être les plus riches; les
flores plus récentes seraient les plus pauvres. Cette
idée est, peut-être, plus accessible que celle de
M. Christ, et je remarque avec plaisir qu'il n'y a pas
entre elles de contradiction. Les premiers lieux où
la chaîne des Alpes suisses a dû offrir de hautes
arêtes et de larges versants mis à nu, sont ceux qui
présentent les conditions de climat les plus favora-

bles; c'est-à-dire justement l'Engadine, qui doit à l'étendue du soulèvement dont elle forme le centre, une température moyenne très supérieure à celle des chaînes étroites ou des sommités isolées, et les hauts bassins pris entre les ramifications des Alpes pennines, qui, à un avantage analogue, joignent celui des feux croisés d'une puissante réverbération. Ce sont aujourd'hui encore les districts où la culture atteint les altitudes les plus étonnantes et où la végétation a le plus de vigueur. Le fond de leurs vallées a dû se dégager tardivement, à cause de l'épaisseur du glacier. Mais les premières terrasses et les premières pentes dépouillées y auront promptement ressenti l'influence favorable d'un climat qui s'adoucissait. Elles se seront peuplées de haut en bas, à mesure que baissait le niveau des glaces, et elles se seront trouvées prêtes, avant d'autres stations moins élevées, à devenir des centres de production et de propagation. Ainsi se rencontrent les deux théories; ainsi s'explique le rôle prépondérant que paraît avoir joué la chaîne centrale dans la répartition des deux flores rivales, celle des bourgeois et celle des habitants.

VII

Il nous reste à parler du Jura.

Le Jura est monotone. Tandis que les Alpes semblent avoir été formées par un soulèvement énergique, irrégulier et accompagné de violentes cassures, il suffit d'un plissement pour rendre compte de la structure du Jura. Il n'offre guère, en effet, que des plis parallèles. Les vallées introduisent quelque diversité au sein de cette monotonie. Les unes sont profondes et arrosées par une rivière ; les autres ne sont que des *combes* sans issue ; parfois une *cluse* coupe un pli, ouvrant aux eaux un chemin vers la plaine ou vers une autre vallée. On remarque aussi, à l'extrémité nord de la chaîne, quelques essais de structure étoilée, ou ramifiée, comme dans les Alpes ; mais ces accidents disparaissent dans la régularité de la masse.

A cette uniformité première, qui tient au relief même de la montagne, s'ajoute celle du tapis végétal sur ces ondulations parallèles. Il semble que ce soit partout la même forêt qu'on traverse quand on s'élève sur la pente du Jura qui regarde la Suisse. Les hêtres y sont tortueux, noueux, de petite taille, mais durs comme le roc où ils se cramponnent ; peu à peu, ils cèdent la place au sapin blanc ; plus haut, domine le sapin rouge. Une fois la forêt traversée, on débouche dans le pâturage, où l'on remarque une bonne vingtaine d'espèces qui donnent le ton et ne manquent nulle part. Les plantes alpines également répandues dans toute la chaîne des Alpes sont peu nombreuses ; on trouve beaucoup plus d'espèces jurassiques également répandues dans toute la chaîne du Jura, autant du moins que le permet l'altitude. Il suffit d'y tirer des lignes de niveau à 1000, 1200 ou 1500 mètres, pour tracer des limites dont la signification botanique ne change presque pas d'un lieu à l'autre. Cette règle souffre des exceptions, et nous en indiquerons de singulières. Vue de près, la nature en apparence la plus ingrate découvre une variété qu'on ne lui soupçonnait pas. L'uniformité toutefois, soit dans les aspects, soit dans la production végétale, est bien le trait caractéristique du Jura, surtout si on le compare à ces Alpes coquettes et brillantes, devant lesquelles il se dresse comme un belvédère.

Mais si la flore du Jura est relativement uniforme, cela ne veut pas dire qu'elle soit pauvre ou dépourvue d'intérêt. Il s'en faut de beaucoup. Elle est assez originale pour contribuer notablement à la richesse de la flore suisse. Aussi mérite-t-elle d'être considérée à part.

La ligne de base du Jura offre une série de stations favorisées sous le rapport du climat et de la végétation. Les terrasses situées au pied de la Dôle ou du Mont-Tendre sont déjà bien plus chaudes que les terrasses de même altitude sur les pentes du Jorat ou dans la région du plateau sous-alpin. Elles profitent de la réverbération du soleil contre la muraille qui les domine. Le même effet se produit plus au nord, avec redoublement d'intensité, lorsque cette muraille vient à s'élever au-dessus des vallées profondes de la Thièle et de l'Aar. Elle y abrite quelques-uns des plus beaux et des meilleurs vignobles de la Suisse. Le vin de Neuchâtel n'est pas un vin de pays froid. Sur toute la ligne, du Fort de l'Ecluse au pied des Lægern et jusqu'aux bords mêmes du Rhin, on peut constater, dans la végétation, une influence méridionale bien caractérisée. Le courant venu de la Méditerranée, par la vallée du Rhône, a trouvé là un chemin tout préparé. Nous avons déjà noté quelques-unes des espèces qui permettent de le suivre à la trace : le buis, l'érable à feuilles d'obier, les deux cytises, etc. Mais si nous quittons les pentes inférieures pour gravir contre la montagne, nous ne tarderons pas à nous apercevoir que le Jura, malgré les vignobles qui se chauffent à

son soleil, est aussi froid et même sensiblement plus
froid que les Alpes. Il est surtout moins couvert. On
y trouve rarement un refuge contre les vents du
nord, qui en balayent à l'envi toutes les croupes,
tous les flancs, tous les vallons. C'est proprement le
pays de la bise. Aussi n'est-on pas étonné d'y voir
bientôt disparaître les espèces qui montent de la
plaine, pour faire place à celles qui descendent des
hauteurs. La végétation arborescente y cesse à
1400 mètres environ, tandis qu'elle persiste jusqu'à
1600 et 1700 sur la chaîne extérieure des Alpes,
celle qui fait face au Jura, et jusqu'à plus de 2000
en Valais et en Engadine. A la même altitude,
1400 mètres, au sortir de la forêt, les pâturages
jurassiques prennent une physionomie franchement
alpine ; la Gentiane jaune et la Gentiane sans tige, à
grandes cloches bleues, y croissent en compagnie
du Myosotis des Alpes, de l'Orchis noir, de la Glo-
bulaire à feuilles en cœur, de l'Anémone à fleurs de
Narcisse, de la Primevère Auricule, et d'une foule
d'autres jolies espèces qui n'y sont pas moins chez
elles qu'elles ne pourraient l'être au Moléson ou au
Pilate. Certains pâturages du Jura semblent n'avoir
rien à envier à ceux des Alpes, et l'on comprend
l'enthousiasme de J.-J. Rousseau herborisant sur les
hautes esplanades du Chasseron — et non du Chasseral, comme il dit par erreur. — A peine eût-il
trouvé mieux à Naye et à Chamossaire, où sont, à

300 mètres plus haut, quelques-unes de nos plus belles pelouses alpines.

Cependant, pour peu qu'on ait l'œil observateur, on remarquera aussitôt de notables différences entre la végétation du pâturage jurassique et celle du pâturage alpin. Sur le Jura, l'herbe est moins verte, moins nourrie, moins appétissante au bétail, et il y a moins d'espèces diverses dans un espace donné. Un nombre considérable des plus jolies plantes des Alpes sont très rares dans le Jura ou y font entièrement défaut. La Violette à éperon, la Gentiane des neiges et l'Edelweiss n'y sont signalés que sur quelques points, et l'on n'y a jamais cueilli, à ma connaissance, ni le Rosage velu (*Rhododendron hirsutum*), ni l'Anemone printanière, ni l'Ancolie des Alpes, ni le Silène sans tige (gazon rose), ni le Trèfle des Alpes (*alpinum,* non *alpestre*), ni la Petite Astrance, ni les Joubarbes couleur de feu, ni les Auricules pourpres, ni la Saxifrage étoilée, ni l'Achillée noire, ni la Bruyère rose, ni l'Azalée couchée, ni la Gentiane de Bavière, ni l'Androsace helvétique, ni le Saule myrte, ni même l'Aune vert. Il serait facile de prolonger cette liste. En revanche, on y trouve de nombreuses spécialités, entièrement ou presque entièrement inconnues à nos Alpes suisses. L'une de nos plus charmantes androsaces, l'Androsace velue, ne serait pas suisse si elle n'avait pas élu domicile sur les plus hauts rochers de la Dôle ;

l'Androsace lactée, non moins charmante, ne nous appartiendrait qu'à titre tout à fait exceptionnel si elle ne se cachait pas dans plusieurs des vallons du Jura, d'où, parfois, elle escalade les sommets. L'Anthyllide des montagnes, avec ses feuilles soyeuses et ses belles têtes roses bien fournies, l'Aconit Anthora, un bel aconit automnal, aux fleurs jaune d'ocre, la Crapaudine à feuilles d'hysope, le Centranthe à feuilles étroites, l'Alsine à fleurs de lin, la Sabline à grandes fleurs (*Arenaria grandiflora*), le Vélar jaune, le Daphné Camélée, le Genêt poilu, le Genêt de Haller, et bien d'autres encore, forment le précieux contingent dont le Jura enrichit la flore suisse.

Pourquoi ces différences entre deux chaînes de montagnes qui courent parallèlement l'une à l'autre à dix lieues de distance ?

On en peut donner plusieurs raisons, dont voici les principales.

Le Jura n'est pas assez élevé pour offrir des conditions favorables aux espèces des très hautes régions. Dépourvu de neiges éternelles, il n'a pas, non plus, les espèces qui ont besoin, pour prospérer, de la moraine et de l'air du glacier. Il y a, de ce fait, toute une partie de la flore alpine qui lui échappe. Par la même raison s'explique la rareté de l'Edelweiss et de la Gentiane des neiges, qui représentent le maximum possible sur des sommets de si modeste

altitude. Par là aussi s'explique le rôle que jouent
dans la flore jurassique les points culminants. Il est
assez fréquent que les larges dos d'âne du Jura soient
couronnés d'une butte ou d'une calotte terminale :
ce sont les bonnes places. Le Chasseron en offre un
exemple frappant. On y arrive, de l'est, en remontant un long pâturage, dont la pente est presque
partout égale à elle-même, et dont la végétation est
très brillante plutôt que très variée. Au dernier moment, on se trouve en présence d'une pente plus
raide. Un piton peu élevé se détache en belvédère
et forme le *Culm*, comme on dit au Rigi. Cinq minutes, moins que cela, suffisent à y gravir. Eh bien,
ce piton est, à lui seul, plus riche que tout le reste
de la montagne. Non seulement on y cueille encore
la plupart des espèces qui émaillent les pâturages
environnants ; mais à peine en a-t-on abordé les escarpements qu'on voit apparaître les raretés du Chasseron, telles que la Sabline à grandes fleurs, l'Androsace lactée et ce joli œillet rose qu'on a appelé
l'Œillet bleu (*Dianthus cæsius*) à cause de la teinte
plus ou moins bleuâtre de son feuillage. C'est donc
par un effort suprême, sur le renflement des sommets, que la flore jurassique revêt sa physionomie
alpestre la plus caractérisée ; mais le Jura a beau
se redresser ainsi, comme les petits hommes qui
veulent se grandir, il n'atteint pas à la stature des
Alpes. L'étage supérieur lui fait défaut.

En second lieu, la nature de la roche jurassique exclut un grand nombre d'espèces alpines. Les chaînes les plus importantes des Alpes sont, en majeure partie, formées d'une pierre granuleuse et composite, qui absorbe et retient l'humidité. Les roches primitives, avec leur mélange de quartz et de feldspath, s'y prêtent admirablement. Les schistes micacés ou autres, les terrains ardoisés sont aussi très propres à emmagasiner l'eau qui les arrose. Il en est de même des terrains argileux. Les calcaires sont ordinairement plus ingrats ; mais le plus ingrat de tous les calcaires est ce calcaire blanc, compacte, dur, aux surfaces polies, qui joue un rôle prépondérant dans toute la chaîne du Jura, surtout dans la région supérieure. L'eau glisse à sa surface et ne pénètre pas. Si au moins elle formait des ruisseaux ; mais elle trouve partout des trous, où elle s'engouffre, pour reparaître en sources abondantes au pied de la montagne. Là est, peut-être, la différence principale entre les Alpes suisses et le Jura. Les plantes des Alpes ont à discrétion l'eau et la lumière ; les plantes jurassiques ont leur part de lumière, mais non leur part d'humidité. C'est pourquoi les pelouses du Jura n'ont pas la même richesse de verdure. L'herbe y est plus grêle, plus sèche, plus coriace ; elle fait comme les arbres, comme le hêtre, qui se ratatine et se durcit sur ce sol impénétrable. Dans quelques vallons plus heureux, ombragés d'épaisses

forêts, le Jura abrite, sans doute, des plantes qui aiment la fraîcheur et l'humidité : le Laitron des Alpes,
par exemple, aux riches panicules bleues, ou bien
l'Epipogium de Gmelin, la plus curieuse des orchidées
qui se cachent à l'ombre des hêtres et des sapins.
Mais sur la vaste étendue des plateaux supérieurs
règne une sécheresse impitoyable ; aussi ne faut-il pas
s'étonner si la plupart des plantes alpines qui ont
besoin de trouver quelque humidité dans la pierre
où elles enfoncent leurs racines, la grande Ancolie, les
Auricules roses, l'Achillée noire, et tant d'autres, sont
rares ou introuvables dans les chaînes jurassiques.

Si la flore jurassique ne se distinguait de celle des
Alpes suisses que par une diminution de richesse,
nous n'aurions pas besoin de recourir à d'autres
explications, et nous pourrions conclure en disant
qu'elle en est une simple colonie, et en attribuant
au fœhn, si fréquent en automne, l'honneur d'avoir
transporté les graines qui ont fait éclore, sur les
hauteurs du Reculet, de la Dôle et du Chasseron,
les jolies espèces montagnardes qui en ont pris possession. Il n'y aurait rien là que de très vraisemblable. Un voyage aérien de dix lieues n'est pas
une difficulté pour une graine légère, et la géographie botanique serait une science singulièrement
privilégiée si elle ne reposait jamais sur des conjec-
tures plus hardies. Mais le problème est double. Il
faut non seulement expliquer la pauvreté relative

de la flore jurassique, il faut expliquer encore la présence des espèces qui lui appartiennent en propre et qui ne peuvent pas avoir été empruntées à nos Alpes, où elles font défaut. Si nous examinons cette seconde partie du problème, nous verrons la première se présenter sous un jour tout nouveau, et la solution à laquelle il semblait que nous fussions naturellement conduits va faire place à une autre, plus inattendue, peut-être, mais, en réalité, beaucoup plus probable.

Les espèces particulières au Jura ont diverses origines.

Les unes — celles-ci ne sont pas nécessairement montagnardes — sont des plantes françaises, qui ont pénétré dans le Jura, mais ne l'ont pas franchi ou ne l'ont pas dépassé. On peut citer, entre autres, le Sisymbre incliné, qui croît au bord du lac de Joux, parmi les graviers humides, et le Genêt de Haller, qui a poussé une pointe jusque dans les environs de Montcherand. Le Jura est une frontière botanique, aussi bien que politique. Ces deux espèces y ont trouvé, du moins jusqu'à aujourd'hui, la limite de leur extension d'occident en orient. C'est aussi de France que la Fritillaire, aux grandes cloches panachées, a pénétré dans quelques prairies marécageuses du Jura neuchâtelois et du Jura bernois ; mais le Jura ne joue le rôle de frontière que pour l'un des territoires qu'elle occupe, car on la trouve ailleurs, irrégulièrement répandue sur une grande partie de l'Europe, tant à l'est et à l'ouest qu'au nord et au sud. Elle participe de l'ubiquité de beaucoup de plantes aquatiques.

Mais la principale de ces influences, dues au voisinage, vient du sud, c'est-à-dire des Alpes du Dauphiné, auxquelles le Jura se relie directement, malgré la fissure de Bellegarde, qui n'est qu'une *cluse*, ni plus ni moins que celles de la Reuse ou de la Birse. C'est aux environs de la Grande-Chartreuse, entre Grenoble et Chambéry, que le Jura se soude aux Alpes — à des Alpes comme lui essentiellement calcaires, — ou plutôt qu'il s'en détache, pour suivre sa direction propre, du sud au nord, avec inclinaison croissante vers l'est. Là aussi est la patrie de la plupart des jolies plantes alpines, étrangères aux chaînes suisses, qui font la richesse d'abord du Salève et du Reculet, puis de la Dôle et de toutes les sommités qui se suivent en longue enfilade jusqu'au Weissenstein et aux Lægern. Les deux androsaces du Jura, la lactée et la velue, croissent en abondance, la première dans les Alpes du Dauphiné, entre Grenoble et Embrun, la seconde déjà dans les montagnes de la Maurienne. Le Vélar jaune et le Centranthe à feuilles étroites, qui fleurissent au milieu des éboulis du Creux du Van, viennent des montagnes situées au nord de Grenoble. La Crapaudine et l'Aconit jaune de la Dôle, la belle Anthyllide, si brillante au Salève, ainsi que la Sabline à grandes fleurs du sommet du Chasseron, n'ont pas d'autre origine. Sur les 200 espèces, environ, dont se compose la flore alpine du Jura, j'en compte plus de vingt qui sont certainement dauphinoises.

Il est donc évident que le Jura a fait des emprunts considérables à la flore des Alpes françaises. Ces emprunts ont été facilités soit par la similitude des terrains, soit par la direction des vents. Le fœhn, auquel il faudrait recourir pour expliquer comment des graines du Stockhorn auraient pu tomber sur le Chasseron, est sans doute un vent puissant ; mais il atteint rarement le Jura, surtout le Jura méridional, et il joue dans l'ensemble des conditions météorologiques un rôle beaucoup moins considérable que le vent du sud-ouest, notre messager de pluie, qui alterne avec la bise, et dont les larges bouffées, partant du Dauphiné, balayent toute la ligne du Jura.

Mais il y a plus, et l'on est en droit de supposer que le Jura a reçu des Alpes du Dauphiné, outre les espèces qui ne peuvent pas lui être venues d'ailleurs, la plupart de celles qui auraient pu tout aussi bien lui venir des Alpes suisses. Il est à peu près inutile, en effet, de chercher sur le Jura les plantes alpines qui ont un caractère oriental plus ou moins prononcé, telles que le Daphné strié, qui pénètre du Tyrol et des Grisons jusqu'au centre de nos Alpes, ou la Petite Soldanelle, dont l'extrême limite est dans l'Oberland bernois. En revanche, on y trouve plus ou moins abondamment leurs congénères des chaînes occidentales, la Soldanelle des Alpes et le Daphné Camélée. Mais un exemple bien plus frappant est celui de nos deux rhododendrons. Le *Rhododendron hirsutum*, dont les petites feuilles rondes sont ciliées de longs poils, est commun dans les Alpes vaudoises ; il habite encore celles de la Savoie ; mais il devient de plus en plus rare à mesure qu'on s'approche du Dauphiné, où il fait totalement défaut. Il manque de même au Jura, et son absence y est d'autant plus remarquable que c'est, des deux espèces, celle qui s'accommode le mieux des altitudes inférieures. En revanche, le *ferrugineum*, avec ses longues feuilles rouillées en dessous, croît en quantité dans les Alpes dauphinoises, d'où il s'est propagé sur le Jura, d'abord en quelque abondance, puis de moins en moins, jusqu'au Creux du Van et au Chasseral. Le *Rhododendron intermedium*, envisagé par divers auteurs comme un hybride des deux précédents, est, de même que le premier, exclusivement alpin.

Ces comparaisons, et d'autres analogues, amènent presque forcément à conclure que l'ensemble de la végétation alpine de la chaîne jurassique est d'origine méridionale. La flore des hauts plateaux du Jura serait donc une colonie de celle des Alpes françaises, et une colonie dont la population va diminuant à mesure qu'on s'éloigne de la mère patrie. Les croupes du Jura s'appauvrissent, en effet, avec une régularité singulière, du sud au nord. Ce fait remarquable s'explique aussi, mais en partie seulement, par l'altitude décroissante. Ce n'est pas l'altitude qui empêche l'Anthyllide des montagnes de dépasser vers le nord le sommet de la Dôle, puisqu'elle ne craint pas de descendre, au Salève, jusqu'aux confins de la plaine. Ce même Salève, ainsi que le mont Vuache, l'un et l'autre si peu élevés et pourtant si riches, prouvent combien est grand l'avantage d'être rapproché de la source. Les gorges transversales dont la chaîne est coupée ne sont pas étrangères à cet appauvrissement graduel. A chaque cluse on voit disparaître quelques espèces ; elles viennent jusqu'au bord et s'y arrêtent, incapables de faire le saut.

Faut-il donc faire complétement abstraction d'une influence exercée directement par nos Alpes suisses, et devons-nous conclure de tout ce qui précède que le Jura ne leur doive rien ? M. Christ ne le pense pas. Il cite, à ce sujet, un cas bizarre. La petite Erine des Alpes, aux fleurs de verveine, s'est propagée sur toute la ligne du Jura méridional, jusqu'à la dent de Vaulion ; là, elle cesse tout à coup, comme s'il lui avait été impossible de franchir la cluse de l'Orbe. Elle manque dans le nord du Jura vaudois et dans le Jura neuchâtelois ; puis elle reparaît, par delà

Bienne et les gorges de la Suze, pour décorer de ses fleurs roses les rochers du Weissenstein. Cette dislocation suggère à notre auteur une hypothèse ingénieuse. Il suppose deux colonisations, dont l'une, venant du Dauphiné, aurait poussé ses avant-postes jusqu'à la dent de Vaulion — ce serait la colonisation normale, — tandis que l'autre, accidentelle, aurait été produite par quelque semence venue de la chaîne du Stockhorn, située en face, chaîne essentiellement calcaire, celle de toutes les Alpes suisses qui a, botaniquement, le plus d'analogie avec le Jura.

Il est naturel de se demander si le cas inverse ne s'est jamais présenté. Si le fœhn peut avoir transporté des graines des Alpes au Jura, pourquoi le vent d'ouest ou du nord-ouest, le *joran*, comme on l'appelle dans le canton de Vaud, n'en aurait-il pas transporté du Jura aux Alpes? M. Christ paraît avoir oublié ce côté de la question, qui a bien son intérêt. Si je le lui rappelle, c'est surtout en vue de cette mignonne Androsace lactée, déjà mentionnée plusieurs fois, qui abonde dans certaines parties du Jura, et qu'on signale à titre de rareté dans la chaîne du Stockhorn. Je la tiens pour fortement suspecte d'être venue du Chasseral. Elle aurait fait le même voyage que l'Erine, mais en sens contraire. Quoi qu'il en soit, ces emprunts directs du Jura aux Alpes suisses, ou des Alpes suisses au Jura, paraissent relativement peu nombreux, et le grand courant demeure celui que nous avons indiqué, le courant du sud au nord, dont l'origine est dans les Alpes du Dauphiné.

Nous n'avons guère considéré jusqu'ici que la flore des croupes du Jura, c'est-à-dire la flore alpine jurassique. Il resterait à parler de celle des vallées et des combes. Pour les vallées qui ont ouverture sur la plaine, il n'y aurait guère à mentionner que des influences immédiates, qui se devinent d'elles-mêmes et n'offrent pas d'intérêt particulier. Certaines espèces remontent de la plaine ; d'autres descendent des sommets, et les courants varient selon l'orientation. Les vallons jurassiques constituent, en outre, une zone moyenne, caractérisée par des espèces plutôt montagneuses qu'alpines, comme on en trouve aussi dans les Alpes : la Grande Astrance, la Renouée bistorte, le Trolle d'Europe, etc. Mais ce que le Jura a de très particulier, c'est la flore des combes et de leurs innombrables tourbières. C'est aux anciens glaciers, qui ont franchi, par les cols et par les cluses, le rempart de la première chaîne, qu'on doit la végétation spéciale de ces fonds de cuvettes. Car ce sont de vrais fonds de cuvettes, rendus imperméables par la boue glaciaire compacte qui s'y est déposée. Les lacs qui ont dû s'y former dans l'origine, ont été envahis peu à peu par des alluvions et par des formations tourbeuses

de plus en plus puissantes. Une demi-douzaine d'espèces de mousses, du genre *sphagnum*, ont fini, en
s'entassant couche par couche, par les remplir jusqu'au niveau actuel. Ces tourbières, petites et grandes, entretiennent aujourd'hui une végétation qui
n'a rien de commun avec celle des flancs des vallées
ouvertes ou des hautes terrasses de la montagne.
C'est la flore même des grands marais d'Einsiedeln,
dont il a été question précédemment, plus froide
encore, si possible, plus triste, plus sombre, avec de
jolies curiosités, mais en moins grand nombre, pour
en rompre la monotonie. Ce sol spongieux nourrit
des saules rampants, des pins bassets, des bouleaux
nains, des myrtilles, des andromèdes, des linaigrettes, des laîches, des rossolis ; en un mot, toute une
végétation dont le seul aspect nous transporte à
l'époque des frimas antéhistoriques. Refoulé jusqu'aux frontières de notre pays, le Nord est demeuré
ici en permanence. Du contraste qui se produit
entre ces oasis sibériennes, dans les fonds, et ces
pelouses des hauteurs, un peu maigres et très sèches, mais brillantes, à la fois alpines et méridionales
— contraste qu'on a presque partout sous les yeux,
— résulte le caractère original, et l'on peut dire unique, de la flore du Jura.

Une dernière question se pose : la flore du Jura
est-elle tout entière composée d'espèces venues du
dehors ? N'a-t-elle pas aussi ses indigènes ? M. Christ

a bonne envie d'attribuer au Jura quelque chose de cette vigueur créatrice dont il a fait hommage aux Alpes. Il croit la reconnaître dans une ou deux ombellifères, principalement dans l'*Heracleum alpinum*, qui est particulier au Jura, ainsi que dans une linaire qui croît sur les bords du lac de Joux, et qui n'est pas tout à fait identique à celle des Alpes. Mais ce ne sont, s'il est permis de le dire, que des velléités, et sous ce rapport, comme sous d'autres, le Jura garde son rang modeste en présence de ces Alpes éblouissantes qui l'écrasent de leur hauteur.

VIII

L'analyse que nous venons de faire de l'ouvrage de M. Christ est fort loin d'être complète; mais elle doit suffire à donner une idée approximative des solutions combinées auxquelles l'a conduit une minutieuse étude des origines de la flore de notre pays. Le moment serait venu de passer de l'exposition à l'appréciation. L'éloge serait facile. Ce livre marque le point où en est aujourd'hui la science; il va jusqu'à la limite atteinte, et non seulement on lui doit de l'avoir nettement tracée, mais encore de l'avoir reculée. Tous les résultats antérieurement obtenus ont été réunis pour être présentés ensemble ; on les voit s'appuyer et se corriger mutuellement, et d'autres faits, négligés, mal compris ou à peine entrevus, se sont ajoutés en grand nombre à ceux qu'on pouvait dire acquis et dûment constatés. Le tableau des influences diverses qui ont contribué à la formation de la flore du plateau suisse laisse peu de chose à désirer. D'autres parties, celle du Tessin et celle du Valais, sont tracées de main de maître. Le chapitre de la flore du fœhn, moins complet, peut-être, est aussi original qu'intéressant. La lutte des deux influences, celle du Nord et celle du Midi, ressort de cette vue générale avec un relief tout nouveau. L'histoire de la conquête des déserts alpins par le règne végétal se présente riche d'incidents variés, et nous ouvre des perspectives qu'avaient pu faire pressentir les publications antérieures de M. Christ, mais dont, pour la première fois, nous mesurons l'étendue. Il reste, sans doute, et il restera longtemps, des points obscurs dans le récit de la migration de ces plantes sibériennes qui ont conquis un droit illimité de séjour, équivalant à un droit de cité, dans les solitudes de nos montagnes ; néanmoins, dès à présent on peut saisir les grands traits de cette épopée séculaire. L'histoire des apports venus du midi est plus obscure ; mais l'importance en a été comprise, et l'on ne saurait que louer la sagacité qu'a déployée M. Christ en abordant ce côté spécial de la question, celui où les indications précises offrent le plus de difficultés. M. Christ est un physionomiste de premier ordre en matière de botanique. En voyant une espèce, il lui dit ce qu'elle est. Quelque erreur peut se glisser dans ces pronostics, qui doivent tenir lieu d'actes en règle ; mais M. Christ a le coup d'œil, et nombre de ses aperçus, dépourvus de preuve, ont du moins la probabilité que crée la vraisemblance. Comment, enfin, n'être pas extrêmement frappé de cette distinction, rigoureusement établie, entre les colons et les indigènes, et de la lutte qui paraît s'être engagée entre eux pour la possession du territoire ? Ici l'intérêt devient dramatique. L'histoire de l'homme est pleine de conflits semblables, et leur rencontre inopinée dans ce pacifique domaine étonne la curiosité et porte le trouble dans la conscience.

Si l'éloge est facile, la critique est embarrassante. Nous n'avons ni le temps ni l'autorité nécessaires pour examiner point par point ces séduisantes théories. D'ailleurs, ce ne serait guère le lieu. Un article tel que celui-ci ne saurait comporter une discussion minutieuse des faits sur lesquels le système repose. Il y faudrait trop de détails, trop d'érudition botanique. Au cours de cette étude, nous avons glissé une ou deux objections. Bornons-nous, pour finir, à une observation générale.

Le point délicat est celui des espèces autochthones. Que faut-il entendre par là ? M. Christ n'a pas manqué de se poser la question ; voici sa réponse (pag. 45) en quatre aphorismes :

« Si nous parlons d'espèces propres à un pays (*von endemischen Arten*) et de centres de végétation, nous entendons simplement parler du fait que dans telle circonscription géographique, plus ou moins nettement délimitée, il se trouve une espèce qu'on ne rencontre que là et qui ne s'est pas propagée dans les districts voisins. Il est clair qu'une telle apparition donne au territoire où elle se produit une importance particulière, qu'elle le désigne comme un foyer créateur indépendant (*ein selbstændiger Schœpfungsherd*), capable de produire des plantes qui se conservent malgré la concurrence des autres plantes, plus largement répandues et de tous côtés conjurées pour les refouler.

» Cela suppose nécessairement des influences et des conditions particulières, propres à favoriser, dans le territoire en question, la naissance et la conservation des espèces qui lui appartiennent et à diminuer l'intensité de la concurrence des autres espèces.

» La naissance d'une espèce pareille est un fait qui se dérobe à toute recherche des causes productrices.

» En pareille matière l'hypothèse a le champ libre ; mais une présomption grossière peut seule prendre ses rêves pour des faits assurés. »

La première partie de cette déclaration est scientifiquement irréprochable ; mais les doutes commencent à naître au mot de *foyer créateur*, et l'on se surprend à secouer la tête, en signe de dénégation, quand l'auteur nous avertit que toute recherche des causes serait ici déplacée et de pure présomption. Nous savons très bien que le travail scientifique n'a pas encore abouti à trouver la cause première d'aucun effet, et nous sommes très persuadé, avec M. Christ, qu'il n'y aboutira jamais, du moins par la voie de l'observation ; mais de là à nous refuser le droit de rechercher pourquoi, dans un lieu donné, on trouve une plante qui n'est nulle part ailleurs, la distance est grande, et notre premier et très légitime mouvement n'est point d'avouer l'impuissance à laquelle on veut nous réduire, mais, au contraire, d'aborder aussitôt l'examen de ces influences et conditions particulières qui, de l'aveu de l'auteur, doivent favoriser et par là même expliquer la naissance et la conservation, en ce lieu donné, de cette espèce unique en son genre. Et pour peu que le critique ainsi mis en demeure soit de tempérament sceptique, il est probable que sa première recherche, dans chaque cas particulier, portera sur la question de savoir si le problème est bien tel qu'on le lui présente, et si du fait que les botanistes ne connaissent l'espèce en question que dans ce prétendu foyer créateur, on peut légitimement tirer la conclusion qu'elle n'existe et qu'elle n'a jamais existé nulle part ailleurs.

Ces doutes, qui viennent à l'esprit dès la première page que M. Christ consacre à sa théorie des plantes endémiques, s'accusent et s'aggravent à mesure qu'on fait route avec lui et qu'on apprend à le mieux connaître.

M. Christ, en effet, n'est pas seulement un savant; c'est un poëte. Le spectacle de cette lutte entre deux races rivales, l'une étrangère et l'autre indigène, exerce sur sa pensée une sorte de fascination, et il lui arrive parfois, semble-t-il, d'accorder aux vives et pittoresques images par lesquelles il essaye de la peindre une valeur scientifique à laquelle on ne leur supposait pas de prétention.

M. Christ est encore un patriote, un Suisse au cœur chaud, un enfant de la montagne. Il porte le patriotisme jusque dans la botanique. Ces fleurettes qui n'ont pas eu à devenir suisses, qui l'ont été de tout temps, qui n'ont jamais été autre chose, que les Alpes ont produites et nourries de la sève de leur granit, sont pour lui des âmes vivantes, des sœurs; il voit en elles l'image et la glorification de la patrie. Dieu nous garde de mal parler de ces effusions touchantes, de ce culte de patriotique piété voué à d'humbles fleurettes dont le nom seul éveille en nous un monde de souvenirs et d'émotions! Ce qu'il en dit, combien de fois ne l'avons-nous pas pensé et senti! Aimer les fleurs, c'est aimer l'innocence; aimer les fleurs de son pays, c'est aimer ce que Dieu lui a donné de plus gracieux et de plus pur. Mais encore faut-il prendre garde que cet amour et

cette piété, venant au travers de déductions purement scientifiques, ne déplacent peu à peu les termes d'un problème qui n'a rien de commun avec
les élans et les enthousiasmes du patriotisme. De
grâce, ne nous y trompons point : c'est par méta-
phore que nous parlons de ces plantes qui sont les
vraies filles de la montagne, les propres enfants de
l'Alpe toujours fleurie.

A cette piété patriotique s'en ajoute une autre.
Nourri dans de sévères traditions religieuses,
M. Christ est familier avec ce mot de création, et
l'on se demande parfois si la signification absolue
que semble lui attribuer l'Ancien Testament ne se
glisse pas, malgré lui, sous ces expressions répétées
de centre et de foyer créateurs. Il est tel passage,
dans ce livre de pure science, où l'on croit voir apparaître, comme à travers un nuage, la main qui a
évoqué l'être au sein du néant.

Et c'est pourquoi, lorsqu'on pose le volume, la
curiosité est plus excitée encore que satisfaite.

Y a-t-il donc réellement lieu de croire à cette flore
alpine née du sol ?

A peine est-il besoin de dire qu'il ne peut être un
seul instant question d'une création au sens rigoureux du terme. A supposer que la science soit
capable de s'approprier cette idée, qui est d'ordre religieux ou métaphysique, et qui n'a rien à
voir dans les recherches de pure observation, elle

ne saurait l'appliquer qu'au sens le plus général, en la reléguant à l'infini, à l'origine des origines, sauf à envisager la conservation de la nature et de ses lois comme le fait même de la création se déployant dans le temps, c'est-à-dire éternellement renouvelé. Mais, encore une fois, ces hautes considérations ne sont point à leur place dans cette question de primevères et de soldanelles. Voici des plantes qui habitent la montagne en compagnie d'un grand nombre d'autres, leurs sœurs, leurs cousines, leurs parentes plus ou moins éloignées : nous savons d'où viennent celles-ci ; nous ne savons pas d'où viennent celles-là, et nous demandons à le savoir. La science aborde tous les jours des problèmes analogues, et pour oser recourir à l'idée de création, il faudrait être cent fois assuré d'avoir épuisé la série des explications possibles. Il ne serait guère plus à propos d'invoquer la grande hypothèse lamarckienne, ou darwinienne, d'un *process* indéfini, et du développement graduel de la cellule vivante en mille et mille espèces distinctes. Cette idée, de même que celle de la création, est une de ces ressources *in extremis*, auxquelles, quand tous les moyens sont épuisés, on n'ose pas encore recourir. Elle demande également à être conçue dans sa plus grande généralité et reculée aussi loin qu'il est possible. Or dans le cas particulier, il s'agit d'espèces nombreuses, dont plusieurs se rattachent aux familles ou aux genres qu'on envisage comme marquant le plus haut degré de développement organique atteint dans le monde végétal, et l'on voudrait que ces espèces se fussent formées de quelques cellules égarées, dans le cours de l'époque géologique actuelle, pendant que leurs compagnes, filles du nord, ont à peine changé ou sont restées identiques à elles-mêmes : cela n'est pas facile à admettre.

Il faut bien se le rappeler : nous sommes enfermés dans une période géologique relativement très courte, et la quantité probable dont les types ont pu se modifier, dans ce peu de temps, se mesure à la fixité presque absolue de ceux qui, s'étant conservés ailleurs, peuvent donner lieu à d'instructives comparaisons. Cette considération, qui est capitale, restreint le champ des hypothèses.

On pourrait supposer aussi que des espèces venues de la plaine, n'ayant rien d'altaïque ni de sibérien, se sont aventurées à la montagne, s'y sont acclimatées et ont subi des modifications suffisantes pour figurer aujourd'hui parmi les plantes alpines indigènes. La différence des conditions aurait permis une rapide déviation du type primitif. Cette hypothèse n'est pas sans quelque fondement. Nombre de plantes paraissent s'être déplacées de bas en haut, comme quelques-unes de haut en bas, et si nous avions voulu faire une description complète de la végétation des Alpes, nous aurions dû, précédemment, accorder une mention spéciale aux espèces des régions inférieures qui se sont glissées sur les hauteurs. Il est vrai, en outre, que ces déplacements ont été, dans plusieurs cas, accompagnés de changements organiques. Ils ont surtout produit des formes naines. Souvent les organes floraux se sont développés aux dépens de la tige ; les corolles, moins nombreuses, sont devenues plus grandes et plus brillantes ; quelquefois aussi l'air de la montagne, agissant comme moyen de sélection, a déterminé un accroissement de villosité. Mais on peut suivre, par des transitions insensibles, l'histoire de ces altérations, qui s'accentuent à mesure qu'on s'élève.

Ces changements sont très curieux à observer, et je ne doute pas qu'ils ne jouent un rôle dans la multiplication des espèces, ou de ce qu'on appelle de ce nom. S'il survenait quelque nouvelle crise géologique, si les Alpes se dépeuplaient encore une fois, et si l'une de ces plantes qui se modifient en passant de la plaine à la montagne n'était conservée que par des individus représentant les formes extrêmes, les botanistes de l'avenir ne manqueraient pas d'en faire deux espèces. Il est probable que nous en usons de même avec des types que nous séparons aujourd'hui, malgré une parenté évidente. On peut, sans témérité, supposer un ancêtre commun à ce Rosier tomenteux qui habite les collines et au Rosier mollet

(*Rosa mollissima*) qui en tient lieu dans plusieurs parties des Alpes. Il y a ainsi des plantes voisines, qui font la paire et qui se remplacent d'une zone ou d'une région à l'autre. Elles sont suspectes de dédoublement. Mais ceci déjà suppose des disjonctions anciennes, et le temps fait défaut, depuis la période glaciaire, pour expliquer par des déviations analogues l'originalité de la flore alpine réputée indigène.

Le problème est réfractaire non-seulement aux grands moyens, mais encore aux petits moyens appliqués à l'infini. Serait-ce peut-être qu'il n'a pas l'étendue tragique que semble lui donner M. Christ ? J'ai bonne envie de le croire, et je me demande ce qu'il en restera quand on aura fait la part des deux facteurs principaux qui en compliquent l'apparence et le grossissent inutilement.

Le premier de ces deux facteurs est l'insuffisance de nos catalogues botaniques actuels. On parcourt ceux qui se rapportent aux montagnes du centre de l'Asie, et l'on dit : « Cette espèce est altaïque, cette autre ne l'est pas ». Hâtons-nous de corriger cette façon de parler, en réservant les illusions dans lesquelles peut nous faire tomber notre ignorance. Il s'agit de contrées immenses, malaisées à parcourir, qui n'ont été visitées encore que par de rares botanistes; l'herborisation qui en a été faite a eu pour résultat une première récolte : il en viendra d'autres plus tard.

Voyez la Suisse : c'est peut-être le pays du monde le plus complétement herborisé, après les environs de Paris, toutefois, et la forêt de Fontainebleau. On a tenu tous les bois, tous les rochers. Eh bien, on y trouve chaque année telle espèce qu'on n'y avait pas encore remarquée, et M. Christ le sait bien, lui qui n'a eu qu'à mettre le pied en Tessin pour y dénicher deux ou trois raretés à côté desquelles on passait sans y prendre garde. Il a bon œil. Serait-il même impossible de trouver en Suisse des plantes absolument nouvelles, sans parler des distinctions critiques, si fort à la mode? Des botanistes vivants ont eu cet honneur, entre autres M. Leresche, qui a donné son nom à une espèce auparavant inconnue. La découverte de l'*Alsine herniarioides*, dans la vallée de Saas, est encore moins ancienne. Et si nous nous transportons à quatre-vingts ans ou à un siècle en arrière, que de trouvailles dès lors! Zermatt lui-même est une des conquêtes récentes de la botanique suisse. Combien peut-il y en avoir, de Zermatts qui n'ont pas livré leurs trésors, dans le vaste dédale des chaînes sibériennes? Je vais plus loin, et je demande combien on y pourrait découper de districts plus grands que la Suisse dans lesquels jamais botaniste n'a pénétré ?[1]

---

[1] Dans la liste des sources où il a puisé, M. Christ ne mentionne pour l'Altaï que le rapport de Léonhardt sur le voyage scientifique de Tchihatscheff (1846). La liste ne doit

Un exemple devrait nous rendre attentifs et pru-
dents. C'est celui de cette petite plante des Pierrettes, sur les bords du lac Léman, entre Ouchy et
Saint-Sulpice, qui a reçu le nom de M. Leresche,
parce qu'elle a été trouvée par lui pour la première
fois. C'est un *Scirpus*, ou une *Heleocharis*, c'est-à-
dire une plante de la même famille que les *Carex*,
une *Cypéracée*. Elle croît sur les plages du lac, dans
les parties qui ont été inondées en été, au temps des
hautes eaux, et d'où l'eau s'est retirée en automne.
Si le lac ne monte pas à un niveau suffisant pour
baigner ses places de choix, elle ne sort pas de
terre; s'il atteint ce niveau indispensable et qu'il y
reste trop longtemps, elle n'apparaît pas davantage,
ou ne se montre qu'à un petit nombre d'exemplaires
grêles et à demi avortés. On peut la manquer deux
ou trois ans de suite. Les années favorables sont
celles où le lac atteint un niveau élevé et se retire
de bonne heure. Alors, le long de la grève caillou-
teuse, à la lisière où une vase plus ou moins durcie
commence à remplacer le sable mouvant et forme
une espèce de ciment autour des galets, on voit une
teinte brune ou roussâtre se répandre de proche en

pas être complète. Il a certainement consulté des publications
postérieures, telles que les rapports sur les divers voyages
qu'a fait exécuter la Société impériale de géographie et les
Actes du jardin botanique de Saint-Pétersbourg. — Les nouvelles explorations n'empêchent pas qu'il n'y ait encore énor-
mément à explorer.

proche, et si l'on se baisse, on reconnaît qu'elle est
due à une plante qu'on prendrait d'abord pour une
mousse. Ce sont de petites touffes, formées d'une
quantité de tiges très menues, qui ne dépassent
guère trois décimètres de hauteur, et dont chacune
est terminée par un épillet ovale, un peu plus gros
qu'une forte tête d'épingle. C'est le Scirpe ou l'Hé-
léochare de Leresche. Longtemps on a cru qu'il
n'existait que là, et il n'eût pas fallu beaucoup d'imagination à un botaniste patriote pour revendiquer,
en faveur du lieu dit les Pierrettes, ces *influences*
qui ressemblent à une *vertu* et qui font les foyers
créateurs. Il n'y aurait eu pour cela qu'à renforcer
et colorer les expressions dont se sert M. Christ lui-
même, qui ne peut s'empêcher, et il a raison, de
rappeler à ce sujet la flore toute spéciale, et souvent
amphibie, des bords de l'Océan. On voit le Léman
devenir un petit océan, et ses plages célébrées par
les botanistes poëtes. Mais depuis cinquante ans,
chiffre exact, que l'*Heleocharis Lereschii* a été trouvée pour la première fois, les botanistes, vaudois ou
autres, ont poursuivi leurs investigations patientes,
et du rang de plante unique, elle est descendue à
celui de plante probablement très rare, mais surtout
très rarement observée. Le même M. Leresche a eu
la chance de la retrouver dans les environs d'Alla-
man, et voilà déjà les Pierrettes destituées de leur
privilège exclusif. Un autre jour, il la découvre dans

un envoi que lui fait un botaniste italien, M. Rota, qui l'a cueillie sur les bords du Tessin, près de Pavie, et qui l'appelle, en attendant mieux, *Scirpus erraticus*. Enfin, voici une autre *Heleocharis*, la *monandra*, qui vient d'Espagne, sauf erreur, et qui, à la comparaison, se trouve identique avec celle du Léman. Ainsi s'en va en fumée l'espoir qu'on aurait pu nourrir de faire de notre lac le père d'une petite flore indigène. Combien parmi les 182 espèces que M. Christ attribue aux seules Alpes sont destinées à voir leur gloire passer comme celle de l'*Heleocharis Lereschii ?*

Un second facteur dont il est également important de tenir un très grand compte, est celui des accidents possibles dans des migrations aussi considérables que celles qu'ont dû exécuter les espèces sibériennes ou altaïques, au temps de l'invasion des grands glaciers. Qu'y aurait-il d'étonnant à ce que ces mouvements eussent fait disparaître certaines espèces de stations où elles ont vécu jadis, qui étaient leur patrie, peut-être, et où leur présence aujourd'hui nous aiderait à pénétrer des mystères dont la clef nous échappe par le fait des changements survenus? Il faudrait s'étonner, s'il ne s'était rien passé de semblable. A-t-on suffisamment considéré les difficultés du voyage?

Représentons-nous les faits. D'énormes glaciers tombant des Alpes passent le Rhin et se répandent jusque fort au nord du lac de Constance. D'autres glaciers, venant de Suède, franchissent la Baltique et s'étalent en formidable éventail dans les plaines septentrionales de l'Allemagne. Dans l'intervalle, s'élèvent quelques groupes de montagnes qui ont aussi leurs glaciers. Cet envahissement suppose un climat plus froid, surtout plus humide, que celui dont nous jouissons actuellement. Sur les moraines, le long des fleuves énormes qui jaillissent de ces réservoirs, dans les plaines ou sur les collines du voisinage, et peut-être sur toute l'étendue du territoire qui s'étend des glaciers des Alpes à ceux du Nord, règne une végétation qui a beaucoup d'analogie avec la végétation actuelle de la zone arctique et avec celle de nos montagnes. Qu'elle vienne de la Scandinavie ou des plages sibériennes, ou des sommets de l'Altaï, ou de telle autre chaîne asiatique, peu importe : ce qui est sûr, c'est qu'elle a été déplacée par les empiètements des glaciers et par la rigueur croissante du climat. Ce déplacement a dû s'opérer d'une manière lente et graduelle, qui a sans doute été le salut d'un grand nombre d'espèces délicates, peu préparées à affronter les périls d'un voyage plus rapide et plus accidenté. Les glaciers avançaient régulièrement et progressivement, et la végétation reculait devant eux avec la même régularité. Mais le retour ! Là est la difficulté et l'épine du problème. Il est vraisemblable que les anciens glaciers ont disparu lentement, comme ils s'étaient formés. Ils y auront employé des siècles; mais, si lent qu'on suppose leur mouvement de retraite, il n'a pas pu s'opérer avec la même régularité que celui de l'avancement. Les fleuves, démesurément grossis, se seront frayé des chemins, non sans répandre leurs eaux et leurs galets sur d'immenses territoires. Le sol mis à nu, recouvert d'une couche de boue, sera demeuré longtemps sans offrir la variété de stations nécessaire pour suffire aux besoins de toute une flore, comprenant des espèces qui habitent les forêts, d'autres le roc en place, d'autres les lits de cailloux, d'autres les pâturages, d'autres les lieux inondés. De vastes îles de glace, découpées par les inégalités du sol sur lequel reposaient les glaciers, seront restées en arrière, et auront fait barrage. Bref, autant il est facile de se figurer la formation régulière de ces glaciers géants, autant il est difficile de concevoir leur retraite sans que l'imagination soit frappée des perturbations dont elle a été nécessairement accompagnée. Si l'on veut se faire l'idée du chaos, il faut tâcher de se représenter les abords de ces masses en pleine dislocation, attaquées par des vents chauds. Aussi le retour doit-il avoir offert à une multitude d'espèces des difficultés très grandes, d'autant plus grandes que les glaciers étaient plus gigantesques, qu'ils débitaient plus d'eau et que les refuges étaient plus éloignés. On comprend que le voyage de l'Allemagne centrale aux régions arctiques a dû être bien plus laborieux que celui de l'Allemagne méridionale aux stations alpines. Du côté du nord, les glaciers abandonnaient un sol plat, presque partout inondé, et l'énormité de leur masse aura prolongé de beaucoup la période des grandes perturbations. En outre, et c'est le point essentiel, les distances à franchir, sans étapes possibles, étaient, dans cette direction, infiniment plus considérables. Du côté des Alpes, les glaciers, plus petits, reposaient sur des fonds de vallées, qui ont resserré les eaux. Des arêtes plus ou moins rocheuses, des sommets de collines, n'ont pas tardé à former des îlots au-dessus de la glace, et à offrir aux espèces déplacées des stations intermédiaires. Il restait encore des stations pareilles au temps de la plus grande extension des frimas. Le Ramden n'a jamais été complétement couvert. Et même sans ces oasis, la distance n'était point assez forte pour constituer un obstacle majeur. Chaque bon coup de bise devait apporter aux Alpes quelque graine enlevée à la flore alpine de l'Allemagne. Les Alpes étaient donc, de toute manière, la principale chance de salut pour les espèces délicates alors réduites à périr ou à changer de patrie.

Un savant allemand, le docteur Ad. Engler, professeur à l'université de Kiel, insistait dernièrement sur la nécessité de tenir compte de toutes les circonstances historiques et géographiques dans ces questions de migrations végétales.[1] Il recommandait, entre autres, de considérer si la nature des terrains mis à nu par le retrait d'une mer ou d'un glacier permettait aux espèces des régions voisines d'y coloniser. C'est à quoi, en effet, il faut songer en premier lieu, et je pense que si l'on examinait avec soin quelles ont dû être, dans chaque direction, y compris celle de l'orient, les difficultés des voyages de retraite exécutés par les plantes alpines à la fin de la première et de la seconde période glaciaire, on découvrirait sans trop de peine pourquoi toutes les espèces ne sont pas arrivées par toutes les routes. Il a dû s'opérer un triage qui pourrait bien être la cause première et principale des différences qu'on signale aujourd'hui entre la flore de la zone arctique et celle de nos Alpes, sans parler de celle des chaînes sibériennes.

Bien loin d'être contraires à cette manière de voir, les résultats du travail de M. Christ sont des arguments à l'appui. Il insiste, par exemple, sur ce fait général que la flore des zones arctiques est plus robuste, plus âpre à la résistance, que la flore indigène des Alpes. Cela peut tenir, en partie, sans

[1] *Versuch einer Entwicklungsgeschichte der Pflanzenwelt, insbesondere der Florengebiete seit der Tertiärperiode.* Leipzig, 1879.

doute, à un phénomène d'accommodation; les espèces s'approprient, quand elles ne périssent pas, aux circonstances qu'elles subissent; elles reçoivent d'un climat nouveau une éducation nouvelle. Mais cette explication se présente bien autrement plausible, si l'on y ajoute qu'il s'était fait un triage primitif, que grâce aux difficultés du voyage, ce ne sont que les espèces robustes qui ont gagné l'extrême nord, et que d'autres, plus délicates, auraient disparu totalement si la fuite du côté des Alpes ne leur eût offert des facilités plus grandes.

Et cet autre fait, bien caractéristique, que la flore indigène des Alpes est essentiellement une flore de rocher, tandis que celle qu'elles ont en commun avec le Nord est une flore de marais ou de terrains mouillés. Est-ce que l'explication n'en saute pas aux yeux ? En reculant vers le nord, au travers des plaines de l'Allemagne, les plantes qui aiment l'eau en ont trouvé partout. Les abords du glacier leur ont fourni des plages inondées en abondance; mais les espèces de rocher, que voulez-vous qu'elles fissent ? Où pouvaient-elles trouver un refuge dans ces plaines détrempées ? Il leur eût fallu, d'un saut, aller fleurir sur les Alpes scandinaves. Heureusement qu'elles ont eu, en quelque sorte sous la main, les Alpes continentales, nos Alpes suisses, qui, par le simple fait des stations favorables qu'elles offraient à proximité, ont sauvé la plus grande partie de cette flore de rocher.

Telles sont les deux objections principales que je fais à M. Christ. Il n'a pas tenu assez de compte de l'insuffisance de nos catalogues botaniques actuels, et il a négligé de calculer l'effet de circonstances géographiques et historiques capables d'expliquer la formation composite de la flore alpine sans qu'on ait besoin de recourir à des hypothèses extrêmes. Je ne puis m'empêcher de croire que si l'on appliquait à la rigueur le sage principe posé par le docteur Ad. Engler, on arriverait à envisager la flore alpine tout entière comme étant essentiellement une flore de colonisation, et les foyers créateurs de M. Christ, comme ayant été surtout et avant tout des centres de refuge.

Ce point acquis, il resterait à expliquer pourquoi tel de ces centres de refuge, celui des Alpes pennines, par exemple, a réussi à jouer le rôle de foyer de propagation, tandis que d'autres, et principalement celui qu'on signale dans la région des lacs italiens, paraissent jusqu'à présent n'y avoir pas du tout réussi? Aussitôt occupées par un commencement de végétation, les Alpes sont devenues le théâtre d'un combat pour la vie, dont la distribution actuelle de la flore alpine est le résultat. Si cette distribution présente des anomalies singulières, c'est que les chances de la bataille, dans un pays tel que le nôtre, ont dû être, plus que partout ailleurs, diverses et compliquées. Il faudrait tenir compte de toutes. Cela n'est point aisé ; mais il en est qu'on devine. Ne voit-on pas que cette Grigna, ces Corni di Canzo, ce Camoghe, sont des stations exceptionnelles, géographiquement et géologiquement ? Elles étaient en quelque sorte désignées pour la conservation d'espèces qui se sont éteintes ailleurs et qui y végètent encore, qui y brillent même d'un dernier éclat. Ajoutons que, pour elles, la question se complique de ces influences du midi, moins étudiées, moins définies que celles du nord. Tout autres sont les conditions de la chaîne pennine. Avec ses sommets innombrables et le développement de ses arêtes, de ses flancs, de ses hautes vallées, elle forme un ensemble beaucoup plus étendu. Ce n'est pas un point isolé, un coin à l'écart ; c'est un vaste territoire, un monde, où la colonisation a pu se pratiquer en grand et donner lieu à des établissements durables. Sa position dominante, au centre d'un système de chaines qui ont avec elle de grandes analogies de formation, a facilité l'expansion des espèces. C'est par le Nord, enfin, plus que par le Midi, que le flot lui est arrivé ; c'est vers le Nord aussi qu'elle l'a surtout répercuté. Tous ces faits, et bien d'autres, demanderaient un examen minutieux. Je ne puis que les indiquer, poser des jalons en courant. Mais peut-être n'en faut-il pas davantage pour

faire entrevoir dans quel sens il conviendrait de diriger les recherches, si l'on voulait se rendre compte de la distribution des plantes alpines en partant du simple fait de la colonisation et en renonçant à un endémisme évidemment exagéré.

En faisant ces réserves, je n'ai pas l'intention d'opposer théorie à théorie. Ce sont plutôt des doutes que j'exprime. Quoique le sujet traité par M. Christ m'ait toujours intéressé et souvent occupé, je n'en ai pas fait l'objet d'une étude suffisante pour risquer des solutions. Si l'on trouvait quelque indication utile et quelque motif d'espérance dans les deux objections sur lesquelles j'ai particulièrement insisté, mon but serait atteint. Il est vraiment trop tôt pour jeter le manche après la cognée en invoquant l'insondabilité des causes premières. La science est faite de patience. Attendons et travaillons.

1880.

LA QUESTION DU FŒHN

LA QUESTION DU FŒHN

La paix décidément n'est pas de ce monde. Qui
ne la croirait éternelle entre ces heureux savants
qui passent leur vie à considérer des grandeurs ?
Les mathématiques ne sont-elles pas un refuge contre les batailles des systèmes ? Qu'on ne s'y fie pas
trop. En approchant l'oreille des sanctuaires de l'al-
gèbre, on y entend aussi le cliquetis des amours-
propres froissés et des théories en guerre. Rivalités,
jalousies, tendance contre tendance, école contre
école, celle-ci reprochant à celle-là de souiller ses
calculs par de basses applications à la physique,
celle-là se gaussant de ce puritanisme stérile : voilà,
en plus d'un lieu, le train des mathématiques. Mais
du moins la paix sera-t-elle assurée entre ces autres
savants, plus heureux encore, si possible, qui notent
avec une tranquille assiduité les variations du baromètre, du thermomètre, de l'hygromètre, et qui alignent des chiffres pour calculer d'inoffensives

moyennes. Inoffensives, elles le sont moins qu'il ne semble. Ces chiffres ont retenu de leur origine de belliqueuses vertus. Ils représentent des coups de vent, des chutes de grêle, des bourrasques, des orages. Les uns sifflent comme la bise du nord, les autres grondent comme la tempête. Demandez plutôt à M. Dove et à M. Wild. Quand ces deux messieurs agitent des questions de météorologie, on croirait entendre le fœhn discuter avec le vent d'ouest dans les gorges des Alpes.

La science des vents est à peine ébauchée ; elle en est encore aux tâtonnements des débuts. Néanmoins elle promet déjà un ample butin aux esprits curieux, qui aiment à se donner à propos de tout le spectacle des choses humaines. Elle aura son histoire un jour, instructive et amusante. Pour le moment, elle travaille à l'enrichir d'un épisode piquant, et qui nous touche de près, nous autres Suisses. Il y a une question du fœhn, question brûlante, qui a semé la discorde dans le monde savant, et à propos de laquelle de doctes professeurs, armés de toutes pièces, se sont lancé et renvoyé, du haut de leurs observatoires, des projectiles de guerre légers ou pesants.

Cette question du fœhn nous appartient. Elle a sa place dans ces volumes, et nous ferons de notre mieux pour en suivre les progrès. Les pages sui-

vantes diront au lecteur où elle en était il y a deux
ans, au mois de mai 1868. Je n'ai pas cru devoir y
rien changer, sauf telle correction insignifiante. Elles
ont leur date qui correspond à un des moments les
plus intéressants de la discussion. Un post-scriptum
dira où la question en est aujourd'hui, en juillet
1870. Nous y reviendrons plus tard, s'il y a lieu,
afin d'en marquer les progrès successifs. [1]

Si l'on demande aux montagnards de Glaris et
d'Uri ce que c'est que le fœhn, ils répondront invariablement que le fœhn est un vent du sud, sec,
chaud, qui au printemps dévore les neiges des Alpes, qui en automne fait mûrir les raisins, parfois
doux, parfois violent et sauvage, capable d'enlever
les toits des chalets, de casser par le milieu les plus
fiers sapins, et de propager en quelques instants sur
un village ou sur toute une ville les flammes de l'in-
cendie.

Tel est le signalement populaire du fœhn. Pour
peu qu'il souffle d'une manière prononcée, on ne le
confondra dans la plupart de nos vallées avec aucun autre vent; on n'a jamais vu que la police
d'Uri ou de Glaris ait dû recourir à une consulta-

[1] Voir à la fin de ce morceau une notice que les éditeurs
doivent à l'obligeance de Monsieur Henri Dufour, professeur
à l'Académie de Lausanne, et dans laquelle on trouvera la
solution donnée aujourd'hui, en 1888, à la question du fœhn.

tion d'experts en météorologie pour appliquer la loi qui veut qu'on éteigne tous les feux quand règne le fœhn.

Nos montagnards estiment encore que le fœhn tient le plus souvent en échec quelque rafale de vent d'ouest, et préserve la montagne de pluie aussi longtemps qu'il réussit à se maintenir. Les uns l'envisagent comme un vent spécial à leurs vallées ; d'autres soupçonnent qu'il vient d'Italie, et en parlent comme d'un sirocco qui aurait franchi les cols des Alpes.

Ce vent singulier a fait naître plusieurs proverbes et dictons populaires. Il y en a un qui promet le beau tant que souffle le fœhn, et qui prédit que s'il vient à cesser, c'est dans la boue qu'il tombera :

> Die Pföhn
> Macht schön
> Wann sie vergaht
> Fællt sie ins Kaht.

Un autre affirme que si le fœhn ne s'en mêlait, le bon Dieu et son soleil ne viendraient jamais à bout des neiges de l'hiver. Dans la Valteline, lorsque le fœhn se lève le soir, le peuple a coutume de dire : « Cette nuit le loup va dévorer la neige ».

La météorologie ne devait pas se contenter de ces premières et naïves observations. Mais peut-être son attention aurait-elle tardé à se porter sur le fœhn,

phénomène en apparence local, si la géologie ne le
lui avait signalé comme un vent qui a joué dans
l'histoire un rôle considérable, et, si on l'ose dire,
éminemment civilisateur. C'est à M. Arnold Escher
de la Linth, le fils du célèbre Conrad Escher de la
Linth (*Lindomagicus*, comme on lit sur son monument à Ziegelbrücke) qu'on doit l'existence d'une
question du fœhn capable de passionner les savants,
et d'intéresser tout le monde. Esprit ingénieux, sa-
gace, toujours ouvert, auquel la géologie suisse est
redevable de grands progrès, il fut conduit, en étudiant les traces des anciens glaciers, à l'idée que la
naissance du Sahara, l'apparition du fœhn et l'adou-
cissement du climat des Alpes, pourraient bien être
des faits simultanés et étroitement liés les uns aux
autres. La constitution géographique du Sahara indique qu'il doit avoir été autrefois recouvert par les
eaux ; avant d'être un désert, c'était une mer, et les
vents qui la sillonnaient se chargeaient d'humidité.
Une fois émergé et desséché, le centre de l'Afrique
est devenu une fournaise. A chaque instant l'air qui
s'y torréfie au contact des sables brûlants s'élève
dans l'espace, toujours prêt, si les circonstances
sont propices, à souffler par chaudes bouffées sur
les rivages de l'Europe. Celui des couches inférieures se charge de vapeurs en traversant la Méditerranée, et produit le sirocco d'Italie, vent généralement doux et humide, contenu par la muraille

semi-circulaire des Alpes ; celui des régions supérieures, que rien n'arrête, peut au moindre appel se jeter violemment vers le nord. Devant passer audessus de la région habituelle des nuages, il arrive, sec encore, sur les neiges des Alpes, d'où il se précipite dans les vallées. Ce vent des couches supérieures produit notre fœhn, frère du sirocco, mais qui ne lui ressemble guère. Le jour où il a fait son apparition dans l'histoire, le climat des Alpes a été changé ; les frimas de chaque hiver ont pu disparaître chaque été jusqu'à deux et trois mille mètres ; les réserves de neige accumulées pendant des siècles dans les hautes vallées ont diminué rapidement, et les glaciers d'autrefois, ces glaciers qui du Grimsel et de la Furca s'étendaient jusqu'au Jura, de l'Oberalp jusqu'au lac de Constance, ont battu en retraite vers les refuges de la montagne.

Tel est le rôle que M. Escher de la Linth eut l'idée d'attribuer au fœhn. Cette hypothèse eut tout de suite un véritable succès. Poétique autant qu'ingénieuse, elle avait le double avantage de résoudre d'une manière plausible une question difficile et de plaire à l'imagination. Le Sahara délivrant les Alpes, le Sahara préparant une patrie à Guillaume-Tell et du fond de l'Afrique faisant verdoyer le Grütli : quel est le romancier qui eût si bien rencontré ? Il n'y a que la science pour nous ménager de ces surprises de poésie. Reproduite par un grand nombre d'écrivains, dont quelques-uns justement populaires, par Tschudi entre autres, la théorie de M. Escher est promptement tombée dans le domaine public; aujourd'hui elle fait partie de notre vie poétique, et il y aurait privation pour l'imagination populaire, s'il fallait renoncer à voir dans le fœhn un fougueux enfant du Sahara et le libérateur des Alpes.

Toutefois, depuis quelques années, des théories ont surgi, menaçantes pour l'hypothèse de M. Escher. Il est, dit-on, démontré qu'il y a eu au moins deux époques glaciaires, séparées par un long intervalle de siècles, et déjà l'on peut ouïr parler d'une oscillation régulière dans l'histoire du climat terrestre et de retours périodiques des glaciers d'autrefois. Une périodicité correspondante n'est guère admissible pour le Sahara; hier un lac, aujourd'hui un désert, il n'est pas à présumer qu'il ait passé plusieurs fois par de semblables péripéties. De plus, les phénomènes des époques glaciaires paraissent s'être produits sur toute l'étendue du globe, dans le Nouveau Monde comme dans l'Ancien, à distance aussi bien qu'à portée du Sahara. Etudiées les premières et de plus près, les Alpes ont pendant quelque temps tenu le haut bout dans l'histoire des anciens glaciers; maintenant elles ne figurent plus dans la science que comme un des districts dont ils se sont emparés, et les causes locales qui peuvent avoir contribué à l'accroissement ou à la retraite de tel glacier tendent à s'effacer devant la cause générale de si vastes révolutions. Les naturalistes de notre pays n'ont pas été les derniers à le comprendre. M. Oswald Heer, par exemple, le célèbre botaniste, grand ami de M. Escher, cherchait naguère dans le voyage du système solaire au travers de l'espace l'explication des changements de climat qu'a subis notre planète.

On ne peut pas dire cependant que ces hautes théories aient enlevé toute espèce de valeur à l'hypothèse de M. Escher. Au milieu de révolutions à si long terme il y a place pour des accidents. Elles n'empêchent point, par exemple, que si le fœhn a fait à un moment donné son apparition dans l'histoire, le climat des Alpes n'ait pu en être modifié jusqu'à rendre habitables de vastes espaces autrefois couverts de glace. Ce ne sera plus, si l'on veut, qu'un épisode dans la grande épopée météorologique, mais un épisode toujours dramatique, et qui, pour nous du moins, mérite encore de s'appeler un événement.

Réduite à ces proportions, l'hypothèse de M. Escher continuait à intéresser vivement les naturalistes de notre pays. Ils l'adoptaient pour la plupart; quelques-uns même paraissaient se serrer autour d'elle comme autour d'un drapeau ou d'un guidon. Elle était loin pourtant d'être au bout des épreuves qu'elle devait traverser. Dans les pays où l'on ne connaît pas par expérience le fœhn et ses effets,

elle avait quelque peine à se faire bien accueillir.
Quand on en parlait à M. Dove, il hochait la tête. Or,
M. Dove est un maître en pareille matière. Il a écrit
un livre profond, qu'il n'a pas craint d'intituler : *La
loi des orages* (Das Gesetz der Stürme), et l'on dit
que les orages s'y soumettent. Il joue à Berlin le
rôle que joue M. Leverrier à Paris. Tout le monde le
tient pour le premier météorologiste de l'Allemagne,
ce qui fait que les Allemands — peut-être n'ont-ils
pas tort — le tiennent pour le premier météorologiste du monde. C'était un gros point noir pour
l'hypothèse de M. Escher que ces hochements de
tête du savant berlinois. Il ne faisait pas encore
d'opposition bien ouverte ; mais, à voir son attitude
calculée, on eût dit qu'il avait un secret, et qu'il
s'accordait le plaisir de regarder les naturalistes
suisses jouer innocemment avec leur hochet favori,
pendant qu'il se préparait en silence à le briser
dans leurs mains et à s'amuser de leur déconve-
nue.

Sur ces entrefaites, MM. Martins, Desor et Escher
de la Linth avaient entrepris une excursion dans le
Sahara. Ils en revinrent avec une belle moisson
d'observations précieuses et de faits bien constatés.
Il n'y avait plus de doute à leurs yeux sur un point
essentiel : le Sahara a été autrefois une mer ; on y
trouve des coquilles fossiles, et il suffit de les comparer avec les espèces qui vivent encore dans les

mers voisines, pour s'assurer que l'émersion du désert date d'une époque géologiquement récente, contemporaine de la dernière extension des anciens glaciers. Ainsi l'hypothèse de M. Escher se trouvait au bénéfice d'un commencement de vérification. La nouvelle fit sensation, et la joie fut grande chez les nombreux amis du naturaliste zurichois. Cette découverte eut à Zurich, en 1864, les honneurs de la réunion générale de la Société helvétique des sciences naturelles. M. Desor la popularisa dans ses quatre lettres à Liebig : *Aus Sahara und Atlas*, et M. Martins en entretint assez longuement le public de la *Revue des deux Mondes*.

Il devenait difficile à M. Dove de garder plus longtemps son secret ; déjà quelques parties lui en étaient échappées soit à Zurich, où il avait assisté à la réunion de 1864, soit dans un de ces petits congrès scientifiques qui ont lieu chaque année à Combe-Varin, sous le toit hospitalier de M. Desor, soit dans une lettre adressée au même M. Desor. Il n'en avait pas fallu davantage pour lui attirer des réfutations, en partie prématurées. Force lui fut de se découvrir enfin complétement. Il le fit dans une longue et intéressante brochure *(Ueber Eiszeit, Fœhn und Scirocco)* qui parut l'année dernière, brochure où il y a autant d'esprit que de science, et où la polémique accompagne l'exposition calme des faits.

C'était effectivement un terrible secret que celui du savant berlinois. Il avait découvert trois choses essentielles. La première est que nous discutons sur le fœhn sans savoir ce que c'est, attendu qu'en Suisse on désigne sous ce nom une bonne demi-douzaine de vents. La seconde est que le fœhn véritable, celui de M. Dove, ou pour parler plus exactement, la plupart des fœhns, sont des vents essentiellement humides, qui accompagnent le vent du sud-ouest, et, comme lui, viennent de l'Océan ; on pourrait les définir des déviations locales du vent de l'Atlantique. La troisième est que, grâce au mouvement de la terre, plus rapide dans les régions équatoriales que dans nos latitudes moyennes, les vents qui partent du Sahara dans la direction du nord doivent être déviés en route, et manquer la Suisse pour aller se jeter sur les rivages de l'Asie Mineure ou plus à l'est encore. La Suisse n'a rien à attendre comme rien à craindre des souffles afri-cains. Au lieu de faire verdoyer le Grütli, ils ont changé en déserts de vastes contrées orientales, dans les régions de la mer Noire et du Taurus. Ainsi le veut l'inexorable mécanique.

Le mémoire de M. Dove fit sur plusieurs de nos naturalistes l'effet d'un réveille-matin sonnant aigre-ment au milieu d'un songe heureux. Ils en ressenti-rent une impression d'autant plus désagréable qu'il se mêlait quelque persifflage aux savantes disserta-

tions de l'éminent professeur. Il faut entendre
M. Dove se moquer de ce que les Suisses appellent
sec et humide. Ils ont évidemment la peau dure, et
l'humidité ne commence pour eux que lorsqu'ils
sont trempés jusqu'aux os. Il paraît qu'en Allemagne
le mémoire de M. Dove a été envisagé comme un
modèle d'excellente polémique, piquante avec dou-
ceur ; il nous apprend lui-même, dans une brochure
postérieure, que les plus graves journaux ont vanté
son esprit et sa mesure. Pour de la mesure, c'est
affaire d'appréciation : chacun a la sienne, et M. Dove
permettra sans doute à ceux dont il s'est moqué de
trouver qu'il a fait la mesure bonne. Pour de l'esprit,
il en a, et beaucoup ; il a un esprit d'un genre particulier, qui n'est ni très gai, ni très amusant, mais qui
pique ; c'est de l'ironie froide, supérieure, sans haine
ni méchanceté, accompagnée de quelque dédain, et
qui, non sans complaisance, se regarde elle-même
distiller de petits *witz* moqueurs. Berlin est une très
grande ville, où l'on trouve tous les genres d'esprit ;
il y en a un cependant qu'on appelle plus particulièrement l'esprit berlinois : ce pourrait bien être celui
de M. Dove.

Mon impression est que M. Dove nous tient pour
des paysans. Il n'a pas tout à fait tort. Le Suisse,
même des villes, l'est presque toujours plus ou
moins. Je ne sais quelle expression de bonhomie,
et aussi de malice rustique, perce dans la physiono-

mie de quelques-uns de nos savants les plus renom-
més ; l'âge aidant, la pointe malicieuse s'efface, et
nous avons des vieillards qui ont blanchi dans
l'étude et qu'on prendrait pour des patriarches.
D'autres, plus jeunes, ont une bonne figure de
campagnards très instruits. A mon avis, il en faut
de pareils. M. Dove sait-il bien ce que c'est qu'un
paysan ? Sans doute le paysan ne s'élève pas sans
quelque effort aux hautes considérations qui embras-
sent toutes les zones et tous les climats. Volontiers,
il ferait de son village le résumé de l'univers.
L'homme des villes voit plus loin, mais il voit à travers les livres, tandis que le paysan prend la nature
sur le fait, l'observe, l'épie tous les jours et vit avec
elle. Le paysan a souvent besoin qu'on élargisse le
cercle de ses idées, rarement qu'on corrige ses
impressions ; elles sont sûres, nettes et parfois d'une
rare finesse. Son épiderme n'est pas un hygromètre
aussi grossier qu'on veut bien le dire, et il y a peut-
être quelque présomption à venir de Berlin pour lui
apprendre à distinguer entre ce qui est sec et ce
qui est humide. M. Dove s'est laissé abuser, je le
crains, par un excès de défiance ; pour n'être pas
dupe d'observations qu'il a jugées trop naïves, il est
tombé lui-même dans quelques naïvetés. Si jamais
le bruit se répandait dans les vallées d'Uri et de
Glaris qu'un professeur allemand a découvert que
le fœhn est un vent essentiellement humide, il s'en

ferait des chansons dans tous les chalets de la montagne.

Le mémoire de M. Dove ne devait pas rester longtemps sans réponse. M. Wild, de Berne, a profité, pour y répondre, de l'occasion que lui offrait une solennité académique.[1] M. Wild est en plusieurs points d'accord avec M. Dove. Il a constaté que, pendant trois ans, tous les orages de fœhn que nous avons eus en Suisse ont coïncidé avec une tempête de l'Atlantique. Mais il ne pouvait admettre cette manière de tourner la science en ironie. Il a protesté. Peut-être a-t-il trop bien protesté, et lui est-il arrivé de tomber lui-même dans la faute qu'il reproche à M. Dove. Celui-ci vient de riposter par une nouvelle brochure, « Der *Schweizer Fœn* », où nous apprenons, entre autres, que nous ignorons jusqu'au nom des vents de notre pays. On écrit *fœn*. L'*h* n'est qu'un vain « ballast ». selon l'expression d'un des correspondants de M. Dove ;[2] c'est une importation tardive, un grossier usage, que Schiller a « malheureusement » naturalisé en Allemagne. On donne à l'appui diverses gloses empruntées au dictionnaire de Grimm, ou à tel auteur de la Suisse française, dont l'opinion a peu de poids en pareille

---

[1] Wild, *Ueber Föhn und Eiszeit. Rektoratsrede, etc.* Bern 1868. M. Wild est actuellement directeur de l'observatoire physique central à St-Pétersbourg.

[2] M. Titus Tobler.

matière. Peut-être ferons-nous bien de ne pas trop nous hâter de jeter par-dessus le bord cet inutile ballast. L'Allemagne est en veine de réformes, et son radicalisme ne connaît plus de bornes. Quand une orthographe a pour elle un long usage, l'usage du pays où l'on a non seulement le mot, mais la chose, quand de plus elle a été consacrée par des monuments littéraires universellement admirés, il faut de bonnes raisons pour la changer. La prononciation du mot fœhn, longue et légèrement aspirée, justifie l'orthographe actuelle, et cette aspiration produit un certain effet d'harmonie imitative qui ne messied point. L'étymologie d'ailleurs n'y semble pas absolument contraire, si du moins, comme le veut Grimm, le mot *fœhn* est une contraction de *favonius*, en romansch, *favugn* ou *favuogn*. D'autres, il est vrai, le dérivent immédiatement d'un vieux mot gothique, *fôn*, qui signifie feu. Laissons d'abord la philologie décider la question, et nous verrons après. Peut-être d'ici là aurons-nous fait quelques réflexions sur les inconvénients qu'il y aurait à effacer des mots toutes les traces de leur histoire.

C'est avec une répugnance visible que M. Dove a répondu à M. Wild; il a mis quelque affectation à conclure en déclarant solennellement qu'il ne relèverait plus désormais de semblables attaques. M. Wild répliquera-t-il? Peut-être. Mais il semble difficile d'attendre de cette controverse de très heureux résultats. Les amours-propres sont engagés, et la discussion court le risque de dégénérer en querelle. S'il en était ainsi, il faudrait le regretter, car, malgré les plaisanteries que M. Dove s'est permises, nous lui devons des remerciements. Que, l'occasion se présentant, nous nous accordions le plaisir de quelque innocente revanche, ce ne sera que justice ; mais nous mettrions les torts de notre côté si nous méconnaissions le service qu'il nous a rendu. Il nous a fait sentir que nous avions travaillé mollement à cette question du fœhn, qui nous appartient à tant de titres. Il ne suffit pas de dire que le fœhn est un vent chaud et sec, provenant probablement du Sahara, et de ne donner à l'appui que des inductions plausibles et des observations fragmentaires ; il faut mesurer cette sécheresse et cette chaleur, suivre le fœhn dans sa marche, l'observer à toutes les hauteurs et dans toutes les saisons, en ayant soin de comparer toujours l'état atmosphérique de notre pays avec celui des contrées voisines. Faute d'observations suffisamment détaillées et précises, plusieurs de nos écrivains ont donné du fœhn des descriptions dont l'exactitude peut être l'objet de plus d'un doute. Je crains fort que ce ne soit le cas de M. Tschudi lui-même.[1] En outre, M. Dove ne se

[1] Voir le premier chapitre de son bel ouvrage sur les Alpes. Plusieurs traits de cette description, devenue classique avec le livre tout entier, me paraissent bien aventurés : « Ce vent singulier, dit M. Tschudi, souffle à l'ordinaire en

trompe qu'à moitié lorsqu'il nous reproche de réunir sous le nom commun de fœhn des vents différents. Il y a telle vallée où l'on ne connaît guère que deux courants, l'un qui remonte, l'autre qui descend la vallée ; l'un des deux est souvent appelé fœhn, sans autre distinction, quoiqu'il puisse être produit par des circonstances atmosphériques très variées. La disposition de certaines chaînes, surtout dans les Grisons, se prête à de fréquents quiproquos. De très habiles naturalistes, et c'est, si je ne me trompe, l'opinion de M. Escher lui-même, croient à l'existence de deux espèces de fœhn, qui n'ont jamais été bien démêlées : l'un violent, le fœhn orage, qui n'est pas de longue durée ; l'autre doux, un fœhn zéphyr, qui se ferait sentir fréquemment en automne, et se soutiendrait parfois pendant des semaines. Enfin, les fœhns les mieux caractérisés présentent, à ce qu'il paraît, des différences notables, suivant les saisons.

M. Dove nous a rendus attentifs à tous ces éléments de confusion, et peut-être n'y a-t-il pas trop

même temps que le vent du nord ou la bise, qu'il combat et finit par vaincre ». Le fœhn, au contraire, souffle le plus souvent en même temps que le vent pluvieux du sud-ouest, lequel finit ordinairement par l'emporter. — J'ai aussi bien de la peine à croire à ces coups de fœhn qui, dans la vallée de Grindelwald, dévorent en deux heures plus de deux pieds de neige, ou dont l'action pendant 24 heures est plus considérable que l'action du soleil en 15 jours. — Il y aurait d'autres traits encore à relever.

de mal qu'il l'ait fait de manière à piquer notre
amour-propre. La nécessité de reprendre la question
par le commencement n'en sera que mieux sentie.
Déjà M. Coaz, de Coire, vient de publier sur le fœhn
un excellent discours, pur de toute polémique, dont
la conclusion est une exhortation à l'étude. Le sentiment de l'insuffisance des observations antérieures
devient tous les jours plus vif, et c'est à M. Dove,
notre contradicteur, que nous le devons surtout.

Il y avait cependant parmi nous, je suis heureux
de le constater, un homme qui n'a eu besoin ni des
derniers opuscules de M. Dove, ni des exhortations
de M. Coaz, non seulement pour comprendre que la
discussion manquait d'une base sûre, mais pour
mettre la main à l'œuvre, et travailler à racheter le
temps perdu. Pendant que M. Dove nous reprochait
de parler du fœhn sans savoir ce que c'est, M. Louis
Dufour, professeur à l'Académie de Lausanne, re-
cueillait en silence les matériaux nécessaires pour
une monographie complète du coup de fœhn du
23 septembre 1866. Les résultats de ses recherches
viennent d'être consignés dans un mémoire étendu,
qui fera date dans l'histoire de la question.

L'originalité du travail de M. Dufour est dans la
méthode. L'idée d'étudier un coup de fœhn, de manière à le connaître dans l'ensemble et dans les détails, avait bien pu venir à l'esprit de quelques
naturalistes ; mais il ne s'était trouvé personne pour

la réaliser. C'est donc un exemple original qu'a donné M. Dufour, et un exemple de grande conséquence, car il a trouvé le vrai moyen de faire faire à la question de rapides progrès. Si l'on veut s'en convaincre, il suffit de comparer le mémoire de M. Dufour avec les dernières pages de la brochure de M. Dove, intitulée « Der Schweizer Fœn », laquelle doit avoir croisé le mémoire de M. Dufour sur la route de Berlin à Lausanne. M. Dove s'occupe aussi du coup de fœhn du 23 septembre 1866 ; mais tandis que la science, réduite aux indications qu'il donne, n'aurait gagné que quelques renseignements nouveaux, intéressants et partiels, elle gagne aux recherches de M. Dufour un certain nombre de résultats authentiques et une voie toute tracée pour l'avenir.

Le mémoire de M. Dufour est d'un style sévèrement scientifique ; c'est dire qu'on y trouvera des chiffres en grand nombre, et qu'il ne faut pas l'aborder dans l'espoir d'une lecture amusante et facile.

L'intérêt n'en est pas moins considérable, surtout pour les personnes à qui la question n'est pas nouvelle, et qui peuvent sentir le prix de tant d'observations nettes et précises. Dès aujourd'hui, il y a au moins un orage de fœhn qui nous est bien connu. Ce n'est pas ici le lieu de suivre M. Dufour dans les détails où il entre ; mais nos lecteurs nous reprocheraient à bon droit de ne pas leur dire, au moins en gros, en quoi le phénomène a consisté.

Dès le 20 septembre, le baromètre baissait partout à l'ouest et au nord-ouest de l'Europe, et un vaste courant d'air venant de l'Atlantique se précipita bientôt vers les régions où se faisait sentir cette baisse du baromètre. Le vent a été très fort le 22 et le 23. Il a soulevé sur la Manche de véritables tempêtes, et la pluie a été abondante sur tout son parcours, en France, en Angleterre et en Belgique. L'Italie, pendant ce temps, était calme, sans pluie ; les vents y étaient nuls ou variables, et le baromètre presque stationnaire. Si, partant de Rome, on se fût dirigé vers le nord, en notant de station en station la hauteur du baromètre, on l'aurait vu se maintenir à un niveau presque constant jusqu'à la chaîne des Alpes ; puis tomber d'une façon brusque aussitôt cette chaîne franchie, et continuer à baisser, mais lentement, jusque sur les rivages de la Manche et de la mer du Nord, où était le point de plus forte dépression. Les Alpes formaient une barrière séparant avec une rare précision deux régimes atmosphériques entièrement différents. Le plateau suisse semblait appelé à avoir aussi sa part de la tempête de l'Atlantique, et il l'aurait eue sûrement si le fœhn ne s'était levé pour l'en garantir. Dès le 21, quelques bouffées d'air tiède l'annoncent sur les flancs et les sommets du Jura ; le lendemain, il se généralise au

pied des Alpes ; le surlendemain, il souffle avec une
violence inouïe dans toutes les vallées, et se fait
sentir jusqu'au lac Léman et au lac de Constance.
Sa direction générale est notée du sud au nord ;
mais on se demande s'il ne faudrait pas dire plutôt
de haut en bas. Quand le faucon se précipite sur sa
proie, il se laisse tomber, ailes fermées, puis il rase
le sol pour la saisir au passage : c'est à peu près
ainsi que paraît souffler le fœhn. Les villages dominés au sud par des murailles de deux ou trois mille
mètres n'en sont point garantis ; c'est au contraire
sur eux qu'il semble tomber de préférence. On dirait
un torrent d'air plongeant sur le flanc nord des
Alpes, puis balayant le plateau suisse. Après le passage du fœhn, mainte prairie offrit l'aspect d'un
champ de ruines ; d'autres, à peu de distance, sem-
blaient avoir été miraculeusement protégées. Le
fœhn épargnait la rive suisse du lac de Constance
pour se jeter violemment sur quelques points de la
rive allemande ; il faisait rage à Montreux, à Bex, à
Martigny, tandis que pas une feuille ne bougeait à
Fully. Le 24, il soulevait encore les flots du lac de
Lucerne, et le Pilate était tranquille au milieu de la
tourmente. Cependant, même dans les oasis respec-
tées, on se sentait environné d'un air brûlant. La
chaleur du fœhn a ceci de particulier qu'elle est in-
dépendante des rayons du soleil. Ils n'y ajoutent
rien ou presque rien. Elle est aussi suffocante à mi-

nuit qu'au gros du jour. Elle a je ne sais quoi de fiévreux : animaux, hommes, plantes, tout en souffre. Le fœhn n'est pas nécessairement très chaud sur les hauteurs — celui du 23 septembre n'a pas fortement élevé la température normale des hautes régions — mais il dégage en tombant, par le seul fait de la compression de l'air, une immense quantité de chaleur. Impossible de se mettre à l'abri de cette production de chaleur. Le côté de l'ombre n'est pas moins torride que celui du soleil. C'est de 6 à 9 degrés que le fœhn du 23 septembre a réchauffé l'air des vallées alpines. Le 24 a été le jour le plus chaud de l'année pour plusieurs stations suisses ; sur quelques points de la chaîne du Jura, il faisait plus chaud qu'à Lisbonne, et nulle part, dans toute l'Italie, pendant la seconde moitié de septembre, on n'a noté une température plus élevée que celle de Zug, le 24, vers le milieu du jour. A cette extrême chaleur se joignait une extrême sécheresse ; point de pluie sur le plateau, point de rosée. Cependant, dès le 24, le Rhône commença à grossir. Etait-ce la fonte des glaciers ? Non. Le fœhn, nous l'avons dit, n'était pas très chaud sur les hauteurs glaciaires. C'était de la pluie, et des torrents de pluie, mais strictement limités à la plus haute crête des Alpes, du Mont-Blanc à la Bernina. Dans le fond du Valais, dans le Rheinthal, sur les Alpes bernoises et glaronnaises, sauf dans les environs du Grimsel et du Gotthard, sécheresse continue. Les torrents qui tombent du nord dans le Rhône étaient ce qu'ils sont toujours ; ceux du sud débordaient furieux. Cette chute de pluie, ainsi localisée, comme sur un faîte de toit, annonçait la fin du phénomène. Dans la nuit du 23 au 24, le fœhn cesse pour la plupart des stations voisines du Jura qui en avaient ressenti les premières atteintes ; le lendemain, l'air se calme sur toute l'étendue du plateau suisse, et il n'y a plus que quelques stations alpines où la tourmente persiste avec opiniâtreté jusque dans la journée du 25.

On le voit, le fœhn a créé pour la Suisse pendant ces trois journées un régime tout spécial. Elle a eu son climat, qui a pu s'étendre à quelques parties du Tyrol et de l'Allemagne méridionale, mais qui, nulle part, n'a été mieux caractérisé que dans nos principales vallées, à Engelberg, à Zug, à Altorf, à Glaris, à Martigny, etc. Faut-il y voir un phénomène purement local, une cascade d'air sur le flanc des Alpes ? En lisant le mémoire de M. Dufour, on craint un moment d'en être réduit à cette extrémité. De quelque côté que l'on regarde, on ne devine pas d'où cet air pourrait venir. Il ne vient ni du nord, ni de l'est, ni de l'ouest ; il ne peut venir que du sud, et pourtant il ne vient pas d'Italie, où l'atmosphère est tranquille, et où le baromètre est d'une immobilité désespérante. Peu s'en faut que M. Dufour ne nous laisse avec l'idée d'un vent qui ne vient de nulle part. Heureusement qu'au dernier instant, lorsque déjà le volume se ferme entre les mains, on découvre un post-scriptum. Ce sont les observations d'Alger parvenues à l'auteur au moment où s'achevait l'impression de son travail. Que se passe-t-il en Algérie ? Tout justement ce qui se passe en Suisse. L'oscillation du baromètre y est la même, celle du thermomètre aussi ; le vent souffle du sud, avec quelques déviations passagères ; il vient en ligne directe du Sahara ; on le note partout comme un sirocco, sec, dévorant, violent. La concordance est parfaite, sauf qu'Alger est à peu près de 24 heures en avance, ce qui laisse le temps à la tempête du désert de franchir la Méditerranée et de venir mourir chez nous.

M. Dufour est un naturaliste trop prudent pour oser affirmer positivement que l'orage du 23 septembre donne raison à la théorie de M. Escher. Ce n'est qu'à titre d'hypothèse qu'il admet la possibilité d'un courant *supérieur* de ce vent du désert, courant qui aurait produit notre fœhn ; mais il ne sera pas trop étonné, sans doute, si des esprits plus impatients, moins rompus aux lenteurs circonspectes de la science, profitent de cette hypothèse, comme d'une issue pour échapper dès à présent à la prison où il semblait sur le point de nous renfermer, avec son fœhn qui ne venait de nulle part. M. Escher, en tous cas, aura eu plaisir à lire ce post-scriptum. —

Mais cette issue nous est-elle bien ouverte ? Ne
reste-t-il pas pour la fermer la dernière objection de
M. Dove, raide comme une loi de mécanique ? Le
mouvement de la terre ne va-t-il pas faire dévier
vers l'orient ce sirocco d'Algérie ? L'homme de la
loi des orages ne va-t-il pas lui viser un passe-port,
non pour le Grütli, mais pour les ruines de Troie,
qu'il ne relèvera pas ? M. Dufour y a pourvu d'une
manière aussi ingénieuse que simple, et sans faire
la moindre entorse aux lois de la mécanique, pour
lesquelles il éprouve un respect aussi profond que
M. Dove lui-même. Il est vrai qu'en temps ordinaire
ce sirocco d'Alger risquerait fort de manquer nos
frontières ; mais nous ne sommes point en temps
ordinaire, et il faut tenir compte de tout. Les vents,
on le sait, naissent des dérangements de l'équilibre
de l'atmosphère ; ils se jettent des contrées où la
colonne d'air pèse trop vers celles où elle est tombée au-dessous de son poids normal. Une forte dé
pression barométrique constitue un « appel » (la
météorologie a de ces termes heureux), auquel répond bientôt un vent parti des régions trop chargées.
Or, si d'un côté la rotation de la terre menace de
rejeter notre fœhn sur l'orient, de l'autre nous avons
au nord-ouest un de ces centres de dépression barométrique qui l'attire irrésistiblement. Il y a un
appel, et il y répondra.

J'ai parlé de la prudence de M. Dufour ; elle est

très grande. Or toute prudence est méfiance, et l'on peut en dire sérieusement ce que dit de la charité un proverbe satirique : La méfiance bien ordonnée commence par soi-même. Ainsi en juge M. Dufour. Il est sagement craintif. Il a peur de se laisser aller à des jugements prématurés, qui altéreraient son impartialité naturelle, et répandraient leur teinte trompeuse sur les phénomènes qu'il observe. Il veut voir ce qui est, rien que ce qui est, et plutôt que d'imposer à la nature les formes de son esprit, il préférera paraître circonspect et prudent jusqu'à la timidité. Cette prudence, qui enfante des doutes, cette continuelle surveillance de soi-même, peuvent fatiguer à la longue les imaginations impatientes ; il n'en est pas moins vrai que c'est là ce qui fait le prix du travail de M. Dufour. On éprouve à le lire un plaisir qui est très grand et qui n'est peut-être pas très commun : « Voilà du moins, se dit-on, un savant avec qui l'on est en sécurité ! » Quand il dit blanc, c'est blanc, et l'on peut être sûr que ce n'est pas gris ; quand il dit humide, on ne se demande pas s'il faut l'entendre à la mode berlinoise ou à la mode suisse ; c'est humide. Cette sagesse aura sa récompense. Ce qu'elle n'a pas craint d'affirmer, tout le monde l'affirmera en sûreté de conscience, et dès à présent on peut envisager comme acquis : 1° que le fœhn n'est point nécessairement un sirocco italien, 2° que certains orages de fœhn sont provoqués par une forte dépression barométrique au nord-ouest de l'Europe, accompagnée d'une tempête venant de l'Atlantique, 3° que les origines du fœhn doivent probablement être cherchées dans les régions supérieures de l'atmosphère, 4° que le fœhn est capable d'élever la température d'un jour d'automne au niveau des jours les plus caniculaires du plein été, et de faire momentanément de quelques vallées des Alpes le coin de terre le plus chaud de l'Europe, 5° que pendant les orages de fœhn la muraille des Alpes peut jouer le rôle d'une barrière séparant deux régimes atmosphériques entièrement différents, et sujette elle-même à des accidents bizarres, de telle sorte que les voyageurs qui ont franchi le Gotthard le 23 ou le 24 septembre 1866, ont en réalité traversé trois climats, celui de Bellinzone, calme et doux, celui du col où tombaient des torrents de pluie, celui d'Altorf où un vent brûlant soufflait par violentes saccades.

Avoir mis en pleine lumière dans une simple monographie un si grand nombre de faits intéressants, est un résultat considérable. Toutefois il ne faut pas se le dissimuler, le travail de M. Dufour soulève encore plus de questions qu'il n'en résout. Ce vent qui plonge, à qui il peut arriver d'être froid sur les hauteurs et brûlant dans la plaine, qui emporte les toits d'un village et ne fait pas même dévier la fumée du village voisin, qui est sec partout, sauf sur la crête de la plus haute chaîne des Alpes où il détermine des chutes de pluie abondantes : en voilà plus qu'il n'en faut pour discuter long-temps. Et, à tout prendre, il se pourrait que le principal mérite du travail de M. Dufour fût d'avoir clairement montré combien c'est une chose compliquée qu'un orage de fœhn, et d'avoir en même temps donné l'exemple d'une méthode d'investigation sûre et rationnelle. Les observateurs sont maintenant orientés ; ils savent ce qu'il y a à faire pour atteindre le but.

La brochure de M. Dove (*Ueber Eiszeit, Fœhn und Scirocco*) a terminé une première période de l'histoire de la question du fœhn, celle des discussions manquant de base suffisante, offrant trop de prise à la spéculation gratuite et trop d'occasions aux malentendus. Le mémoire de M. Dufour inaugure une période nouvelle, celle de l'observation patiente, des enquêtes minutieuses ; il fera naître une série d'études analogues, et il coupera court aux pamphlets météorologiques.

Le 20 mai 1868.

P.S. — Depuis que les pages précédentes ont été écrites, il a paru sur le fœhn divers mémoires, dont le plus important est, sans comparaison, celui de M. Hann sur ce qu'il appelle le *Scirocco du sud des*

Alpes (Zeitschrift der œsterreichischen Gesellschaft für Meteorologie, n⁰ 23, décembre 1868).

M. Dufour avait déjà fait remarquer que si la température du fœhn résulte uniquement de la chute de l'air et de sa compression toujours plus grande à mesure qu'il tombe des hauteurs, des phénomènes analogues devaient, dans certaines circonstances, se manifester sur le versant italien des Alpes, et d'une manière générale, au pied de toutes les hautes chaînes de montagnes. Dans le même temps, M. Wild signalait au sud des Alpes des vents très semblables au fœhn, et les appelait des *fœhns du nord.*[1] Ces remarques frappèrent M. Hann, de Vienne, qui entreprit de les vérifier par l'étude des faits. Il parcourut d'abord les observations recueillies à Lugano pendant les quatre hivers de 1863 à 1866, notant avec soin les jours de plus haute température et de moindre humidité ; puis, suivant la méthode de M. Dufour, il fit des recherches étendues sur l'état général de l'atmosphère pendant ces jours-là. Ces recherches le conduisirent à constater d'une manière bien positive l'existence d'un fœhn en sens inverse, auquel il a donné le nom de *Scirocco des Alpes.* Le nom n'est peut-être pas bien choisi ; celui de *fœhn du nord,* adopté par M. Wild, nous semble

---

[1] Dr H. Wild, *Ueber Föhn und Eiszeit, Recktoratsrede,* etc. Berne, 1868.

de beaucoup préférable ; mais le nom n'importe guère, l'essentiel est la constatation du phénomène.

La similitude est frappante entre ce fœhn du nord et celui qui souffle dans les vallées d'Uri, de Glaris, etc. ; c'est le même phénomène, mais renversé. Le 13 décembre 1863, par exemple, le baromètre et le thermomètre étaient plus élevés au nord-ouest qu'au sud de l'Europe. Le vent soufflait généralement de l'occident ; mais dans le voisinage des Alpes, cédant sans doute à l'*appel* constitué par la dépression barométrique du sud, il s'inclinait vers l'Italie, où il plongeait du haut des monts, comme un véritable fœhn, sec et chaud, élevant la température des vallées du Tessin jusqu'à 18 ou 19 degrés. Plus au midi, la chaleur était sensiblement moins forte, et plus au nord, sur le versant septentrional des Alpes, il pleuvait assez abondamment.

Plusieurs exemples analogues mettent hors de doute la similitude des deux phénomènes. La question du fœhn a fait par là un pas nouveau, et M. Dufour s'est empressé de le reconnaître en rendant compte du travail du savant viennois dans les *Archives des sciences physiques et naturelles* (15 mars 1869). Il y a aujourd'hui un argument de plus, et un argument considérable, en faveur de l'idée que le fœhn est un phénomène à la fois local et général ; local, en tant que vent montagnard, général, parce qu'il se produit partout où les circonstances le permettent.

« On est en droit de penser, dit M. Dufour, que des vents pareils doivent se rencontrer, du plus au moins, au pied de tous les grands massifs de montagne à la surface de notre terre, lorsque la distribution de la pression atmosphérique vient déterminer un courant descendant, et je crois, avec M. Hann, que les faits justifieront cette prévision à mesure que nos connaissances météorologiques seront plus complètes. »

Notre fœhn suisse, d'Uri, Glaris, etc., ne serait donc que le plus remarquable et le plus remarqué des fœhns connus jusqu'à présent, le premier qui ait attiré l'attention des savants.

Peut-on conclure de là que ce fœhn suisse, celui de Guillaume Tell et de Schiller, soit sans aucune relation avec le Sahara ? Non. Il reste encore une porte ouverte à l'hypothèse de M. Escher de la Linth. A ce courant descendant qui peut se faire sentir sur tout le versant nord des Alpes, de Genève à Salzbourg et plus loin, doit correspondre quelque part vers le sud ou le sud-ouest un courant ascendant. La question est de savoir où il faut le chercher. Peut-être à une distance assez grande des Alpes. On se rappelle que pendant la tempête de fœhn étudiée par M. Dufour, l'air était tranquille sur le versant méridional des Alpes, tandis qu'en Algérie il soufflait un véritable sirocco, véhément et brûlant. Rien ne démontre jusqu'à présent l'impossibilité d'une coïncidence fréquente et non fortuite, entre les bourrasques de vent du désert et les tempêtes de notre fœhn classique. Sous ce rapport, comme sous d'autres, la question demeure à l'étude.

On me permettra de terminer cet article en consignant ici quelques observations, dont le principal intérêt est d'avoir été faites dans des circonstances qui ne se rencontrent pas tous les jours.

Vers le milieu d'août 1868 un violent orage de fœhn se déchaîna sur les Alpes, particulièrement en Valais, où il fut suivi d'une première et terrible inondation. J'étais à ce moment dans les Alpes de Bex, aux Plans de Frenières. Le jour même où le vent soufflait avec le plus de violence, la veille du débordement du Rhône, je fis avec quelques amis l'ascension du Roc-Percé, dont l'altitude est de 2500 mètres environ. A mesure que nous nous élevions, le vent soufflait avec moins de violence ; en descendant, nous le retrouvâmes aussi fort que le matin, et tout le monde nous assura qu'il soufflait comme il avait soufflé tout le jour, sans interruption ni diminution sensible. Il est donc possible, et c'était le cas ce jour-là dans la localité indiquée, que le

fœhn augmente d'intensité en plongeant. Nous re-
marquâmes en outre qu'il avait sur le sommet du
Roc-Percé le caractère d'un tourbillon d'air plutôt
que d'un vent à direction précise. On sait comment
les crêtes des montagnes font l'office de paravents.
Nulle part on ne trouve de meilleurs abris contre la
tourmente. Il suffit de franchir une arête pour passer du déchaînement le plus violent à un calme
presque complet. Ce jour-là, nous ne pûmes trouver
d'abri sur aucun des versants de la montagne. Le
vent affectait toutes les directions. C'était de l'air
affolé. Quant à sa direction plongeante, elle était
très sensible dans la vallée, elle ne l'était plus du
tout sur les hauteurs. Je n'ai pas d'observations
précises sur sa température ; mais il était encore
très chaud sur le sommet même du Roc-Percé, où
nous fîmes une longue halte sans utiliser nos châles.
Le glacier du Plan-Névé, qui s'appuie au Roc-Percé
et n'est guère plus bas, fondait comme je n'ai jamais
vu fondre un glacier. Le fœhn était bien chaud dans
la plaine ; mais sûrement il ne devait pas toute sa
chaleur à un effet de compression, car il était chaud
jusque sur le haut des Alpes. Il tenait en échec des
nuages gris, qu'un vent d'ouest chassait de notre
côté. Quelques gouttes de pluie nous atteignirent ;
mais le nuage qui nous valut cette menace fut aussitôt refoulé. Pendant la nuit le fœhn tomba ; il y eut

alors de véritables torrents de pluie. Le matin, une fine couche de neige argentait les plus hauts rochers du Muveran.

Le 10 août 1870.

NOTICE SUR LA QUESTION DU FŒHN

La question du fœhn, sujet de si vives discussions en 1868, est aujourd'hui question jugée ; aussi les éditeurs des œuvres d'Eug. Rambert se sont-ils demandé si les pages qui précèdent devaient subsister.

Elles ont été maintenues et nous en sommes heureux, car elles sont un modèle de vulgarisation ; et le remarquable travail scientifique qu'elles ont pour but de faire connaître a, comme le dit E. Rambert, ouvert une période nouvelle d'études patientes aujourd'hui couronnées de succès. La question du fœhn est en outre une question qui appartient d'une façon spéciale à la Suisse et qui par ce fait devait trouver sa place dans les œuvres du peintre de nos Alpes.

L'origine africaine du fœhn suisse n'est aujourd'hui admise par aucun météorologiste. Le fœhn est un vent local qui se forme partout où les circonstances favorables le permettent. Sa sécheresse en certains points et sa température élevée sont dues à son mode de formation et de développement. Le fœhn prend naissance lorsqu'il existe une différence suffisante de la

pression atmosphérique entre les deux côtés d'une
chaîne de montagnes importante. L'équilibre doit se
rétablir, mais les masses d'air ne peuvent se déplacer
horizontalement comme en plaine, il faut qu'elles s'é-
lèvent sur l'un des versants et descendent sur l'autre.
Cette élévation de l'air, accompagnée d'une augmentation de son volume résultant de la diminution de pression, produirait un refroidissement intense de ces masses d'air, si elles étaient formées d'air sec. En réalité
la présence de la vapeur d'eau empêche en partie ce
refroidissement. Cette vapeur d'eau se condense, phénomène accompagné d'un dégagement de chaleur. Il
en résulte que la température de l'air ne décroît sur
le versant italien de nos Alpes, quand le fœhn règne
sur le versant nord, que de 0,5 degré pour 100 mètres
d'élévation. Sur les sommets l'air n'est donc pas nécessairement froid ; il apporte avec lui la chaleur qui
lui a été fournie par la condensation de la vapeur
d'eau. Cette condensation explique les pluies abondantes qui tombent sur le versant italien quand le
fœhn se forme.

Sur le versant nord des Alpes cette masse d'air, à
température déjà assez élevée, se précipite dans la
vallée, se comprime et sa température s'élève encore
très rapidement ; c'est maintenant 1 degré d'accroissement de température par 100 mètres de chute que
gagne l'air descendant. Aucune cause ne peut, pendant cette chute, restituer à cet air l'humidité perdue,
c'est pour cela que le fœhn est si sec et si brûlant dans
la vallée. Mais cette température élevée s'est produite
sur place par la chute même des masses d'air, elle
n'est nullement la preuve d'une origine africaine.

Les conditions favorables à la production d'un vent
ayant les caractères de notre fœhn existent en bien
des lieux divers et partout ces fœhns se ressemblent.

La question du fœhn est scientifiquement résolue, mais nous sommes heureux que les vives discussions auxquelles elle a donné lieu aient apporté à l'actif de la science suisse la belle monographie de M. Louis Dufour et aient en même temps ajouté à notre littérature des Alpes les pages si remarquables que nous venons de relire.

Août, 1888.

Henri Dufour, professeur.

LE VOYAGE DU GLACIER

LE VOYAGE DU GLACIER

L'eau qui est à la surface de la terre change sans cesse de place et d'état. Les variations de la température, les courants et les vents entretiennent dans la mer un mouvement perpétuel. Chaque jour d'immenses quantités d'eau abandonnent, sous forme de vapeurs, les réservoirs de l'Océan et s'élèvent dans l'atmosphère. Emportées par les courants d'air, ces vapeurs retombent en pluie ou en neige, tantôt à la surface de la mer, tantôt sur les continents, où elles forment des ruisseaux, puis des rivières, puis des fleuves, qui trouvent sans peine le chemin de l'Océan. Il s'établit ainsi une circulation incessante d'eau et de vapeur d'eau, qui est aussi nécessaire à notre globe que la circulation du sang est nécessaire à l'homme.

Mais l'eau ne circule pas au moyen d'un système de canaux qui l'obligent à suivre toujours des chemins déterminés. Au moins n'a-t-elle de routes tra-

cées que sur terre ferme. On sait où doivent passer
les flots de sang qui, à chaque pulsation, s'échappent du cœur ; on ne sait point, dans la plupart des
cas, quel voyage vont faire les flots de vapeur qui, à
chaque instant, s'élèvent de la mer. Si la circulation
en est réglée par des lois, ces lois sont fort compliquées, et la science ne les connaît encore que très
imparfaitement.

Un des voyages les plus intéressants que puisse
faire une goutte d'eau est celui-ci : partir des régions
chaudes de l'Océan Atlantique, être transportée par
le vent du sud-ouest jusqu'en pleine Europe, tomber
sur les cimes des Alpes et retourner à la mer par le
Rhin, le Rhône, le Pô ou le Danube. Chaque année
des milliards de gouttes d'eau entreprennent ce
voyage, et il a ceci de remarquable qu'il demande
parfois beaucoup de temps et suppose toute une
série de transformations. Si le vent est favorable, le
trajet de Sainte-Hélène ou de tel autre point de
l'Atlantique à la cime du Mont-Blanc n'exige que
quelques heures. De Chamouny à la Méditerranée
le retour n'est ni long ni difficile, l'Arve et le Rhône
vont bon train ; mais du sommet du Mont-Blanc
jusqu'à la vallée de Chamouny les chances de retard
sont nombreuses, et il n'est pas impossible que pour
ces deux lieues un demi-siècle suffise à peine. Telle
goutte d'eau, tombée dans le voisinage du sommet
à l'état de paillette de neige, ne redeviendra goutte

d'eau mobile qu'après avoir passé par toutes les transitions possibles entre la neige et la glace compacte, et cheminé avec une lenteur dont la nature offre peu d'exemples du haut de la montagne jusqu'à l'extrémité du glacier des Bossons. Elle aura fait l'expérience d'un voyage à l'état solide. Raconter ce voyage, c'est décrire le glacier.

I

Toutes les gouttes d'eau qui tombent sur les pics des Alpes, ne sont pas condamnées au voyage du glacier. Les chances sont diverses. En été les hautes montagnes reçoivent de la pluie, de la neige en flocons, du grésil et de la grêle ; mais il n'en reste rien ; tout s'évapore, coule ou fond. En automne la pluie y devient rare, presque impossible ; en hiver elle y cesse tout à fait, de même que la grêle et la neige en flocons, et l'eau s'y condense presque toujours sous la forme d'une neige en poussière, qui ne diffère pas de celle qu'on voit tomber dans la plaine par 8 ou 10 degrés au-dessous de 0, sauf qu'elle est encore plus légère et plus sèche. Ce sont des aiguilles, des cristaux infiniment petits, dont chacun représente une de ces gouttelettes naissantes qui flottent dans les vapeurs des brouillards. Il n'y a ni fenêtres, ni portes, ni volets qui joignent assez bien pour qu'on en soit garanti. On a beau boucher et tamponner toutes les ouvertures, cette poudre impalpable pénètre partout. Non-seulement elle remplit les chalets, à l'ordinaire mal couverts et mal fermés ; mais elle entre en abondance jusque dans les chambres des hôtels les mieux bâtis. L'eau des pluies, même quand elle fouette les vitres, n'est pas si prompte à s'insinuer.

Cette poudre de neige, qui, à partir du mois d'octobre ou de novembre, blanchit les pentes élevées des Alpes, a seule quelque chance d'exécuter le voyage du glacier. Elle tombe à l'ordinaire chassée par un vent d'ouest ou de sud-ouest, qui la fait voltiger longuement. Elle rase le sol, monte, descend, tourbillonne, et ne s'arrêterait jamais, si elle ne rencontrait pas tôt ou tard quelque flanc de montagne. Elle ne réussit guère à se fixer sur les crêtes ardues, toujours balayées par l'ouragan ; dans les enfoncements, elle s'entasse ; le long des parois abritées, elle glisse et ne s'arrête qu'aux saillies capables de la retenir ; sur les parois que frappe le vent, elle s'accroche partout, si bien qu'on la dirait collée aux murailles. D'étroites corniches, des pentes de 60 ou 70 degrés, de toute part entourées de précipices et où les chamois ne s'aventurent qu'en raidissant leurs jarrets d'acier, servent de base à de lourds édifices surplombants, destinés à tomber avec fracas sitôt qu'ils ne seront plus soutenus du côté de l'abîme. Mais cette distribution n'est que provisoire; œuvre du vent d'ouest, il suffira pour la détruire de quelques bouffées d'un vent contraire. Il n'y a point de repos pour ce givre léger; il est à la merci de tous les souffles de l'air, qui se le renvoient d'un versant à l'autre, et parfois même, le soulevant au-dessus des arêtes, l'emportent de sommet en sommet.

Le vent dispense du voyage du glacier nombre de gouttelettes cristallisées, qui après avoir flotté long-temps vont tomber au fond de quelque vallée, où elles trouvent plus de repos. Les autres, prisonniè-res à la montagne, ne peuvent ni s'évaporer dans un air glacial, ni fondre sous les rayons du pâle so-leil de l'hiver. Elles attendent le printemps, toujours prêtes à être ballottées d'une ravine à l'autre.

La saison s'avance; la montagne se charge d'un poids toujours plus grand, et bientôt, au lieu de chutes partielles, il se produit de grandes chutes générales, connues sous le nom d'*areins* ou avalan-ches d'hiver. Il y a des flancs entiers, aboutissant à des précipices, qui, par une nuit de tourmente, se vident tout à coup. La plupart de ces avalanches d'hiver tombent inaperçues dans les solitudes recu-lées des Alpes; mais quelquefois la pente est directe depuis les hauteurs où l'équilibre s'est rompu jusque

dans les vallons habités, et l'arein rencontre en
chemin des forêts, des champs, des maisons. Mal-
heur à tout ce qui se trouve sur son passage! Quoique le choc ne soit pas aussi brusque que celui des
quartiers de rochers qui roulent des sommets, il
produit des effets bien plus puissants. Un bloc broie
impitoyablement tout ce qu'il frappe; mais il rebondit et ne frappe que de place en place. Tout au plus
creuse-t-il un sillon sur le flanc de la montagne. Il en
est autrement de l'arein : il tombe à la façon des cataractes ; c'est un tourbillon qui se rue d'en haut sur
la plaine, une trombe de neige qui chasse devant
elle une colonne d'air. Il ne broie pas ce qui lui fait
obstacle, il l'enlève. Les plus grands arbres sont
secoués et arrachés comme des roseaux, des pans
de forêts sont fauchés à terre, les maisons sont
rasées, les toits emportés, et les oiseaux eux-
mêmes, une fois pris par la rafale, sont lancés pêle-
mêle avec les bardeaux et les poutres des chalets
disloqués. — Nombre de gouttes d'eau, tombées
en neige sur les cimes, et emportées ainsi dans le
tourbillon de l'arein, franchissent en quelques minutes l'espace qui les séparait de la plaine, et comme
leurs sœurs qu'a délivrées le vent, vont fondre sous
un climat plus doux.

L'arein et le vent sont les deux agents de la distribution des neiges de l'hiver sur les pentes des
Alpes. L'action de l'arein tend à dégarnir les som-

mets au profit ou, si l'on veut, au préjudice des
vallons ; elle est surtout puissante dans la zone où il
tombe le plus de neige, entre deux et trois mille mètres d'altitude ; elle suppose en outre des pentes
ardues. L'action du vent est beaucoup plus générale,
elle se fait sentir partout et les effets en sont considérables. Il n'est point rare que l'on voie flotter autour des cimes un léger nuage blanc qui se meut
sans se déplacer, grandissant et diminuant comme
par bouffées successives. Quand cela arrive au
Mont-Blanc, les habitants de Chamouny disent qu'il
fume sa pipe. A l'œil nu, rien n'est plus gracieux
que ce panache flottant. Si on l'examine au télé-
scope, on en distingue mieux encore l'agitation perpétuelle, et l'on dirait un jet continu de poussière
d'argent ; mais ceux qui ont pu voir le phénomène
de près savent ce que signifient ces apparences, et
ne parlent qu'avec respect des montagnes qui fument
leur pipe. J'ai eu l'occasion de m'en faire une juste
idée. C'était au sommet de la Tschierva, l'une des
plus belles cimes de la Haute-Engadine. Le vent
soufflait du nord ; mais la montagne étant taillée à
pic, il ne pouvait avoir de prise que sur l'extrême
rebord des neiges qui en couronnent le faîte. Ces
neiges elles-mêmes étaient presque partout recouvertes d'une mince couche de glace, qui augmentait
la résistance. L'ouragan triomphait de ces obstacles.
Chaque rafale faisait éclater le vernis de glace et le

brisait en plaques irrégulières, qui étaient enlevées dans les airs avec des flots de neige en poussière. Les tourbillons suivaient une marche précise. Ils commençaient au point de l'arête le plus avancé contre le vent, puis se propageaient jusqu'à la cime avec une effrayante rapidité. Quoique blottis dans une niche, entre deux grosses pierres, nous étions obligés, quand ils arrivaient à nous, de fermer les yeux et de nous garantir le visage. Bientôt le calme renaissait, et nous pouvions les voir suspendus dans l'espace, souvent à de grandes hauteurs. Ils retombaient en décrivant de fort belles paraboles ; mais en chemin ils étaient repris par un second coup de vent, qui lançait de la même manière un second tourbillon, et ainsi de suite. Chaque rafale était accompagnée d'un bruit étrange, celui des plaques de glace enlevées qui se heurtaient et se brisaient les unes contre les autres. Le spectacle était grandiose. Pour qu'il devînt terrible, il suffirait de supposer un vent qui, au lieu d'effleurer le dessus d'une muraille de glace, balaierait tout un versant chargé de neige. Ce serait une tourmente, une confusion générales, et le voyageur assez téméraire pour vouloir assister à une scène pareille, courrait grand risque de rester enseveli sous ces masses mouvantes.

De tels ouragans ne sont point rares sur les Alpes, surtout en hiver, et l'on peut quelquefois les observer à huit, dix et même vingt lieues. Si la bise souffle le lendemain d'un jour où il est tombé beaucoup de neige, la ligne des montagnes qui se dessinent à l'horizon a l'air de vaciller. Elle est partout couronnée d'une bordure vaporeuse, moins forte sur les sommets que dans les dépressions et sur les cols. A l'aide d'un bon télescope, on n'a pas de peine à reconnaître que c'est encore le tourbillonnement des neiges qui donne au profil de la montagne cette bordure mobile. Parfois même on peut mesurer la hauteur à laquelle le vent les soulève. A l'orient du lac Léman, par exemple, les deux tours d'Aï se dessinent en noir sur le ciel, comme deux créneaux de trois cents mètres chacun; la bise s'engouffre avec un redoublement de fureur dans la gorge qui les sépare, et il arrive que les fusées de neige qui jaillissent du fond s'élancent jusqu'au-dessus des deux tours, où elles se déploient dans l'espace ouvert. C'est donc à plus de trois cents mètres que l'ouragan les emporte et les fait flotter. Ce phénomène, toujours intéressant à observer,[1] produit des effets admirables au lever et au coucher du soleil. On voit cette bordure argentée briller des teintes les plus

---

[1] M. le docteur F. Cérésole en a donné une description très exacte dans le troisième *Annuaire du Club alpin suisse* (*Jahrbuch des Schweizer Alpenclubs*, Berne 1866, p. 544). Il observait de Morges, et malgré la distance, environ 18 lieues, il a vu distinctement fumer le Mont-Blanc.

riches, or ou rose, avec des reflets irisés, et l'on dirait une auréole au front des montagnes.

Ainsi la poussière de neige agitée par le vent donne lieu sur les Alpes à des accidents semblables à ceux que produit la poussière du Sahara quand souffle le simoun. Ce sont les mêmes tourbillons, avec des jets en hauteur plus hardis, parce que la neige est plus légère ; mais, tandis que les violences du simoun recommencent éternellement une œuvre stérile, le vent accomplit sur les Alpes un travail qui n'est point en pure perte. Le sable est toujours le sable, il ne peut ni changer de forme ni se fixer, et l'ouragan le promène au hasard sur la surface du désert ; la neige peut se fixer, devenir de la glace ou se transformer en eau fertilisante, et il n'est point indifférent qu'elle s'amasse en tel lieu plutôt qu'en tel autre. A force d'être transportées de versant en versant, ou de glisser avec l'arein sur les pentes trop ardues, les neiges des Alpes finissent par se loger en plus grande quantité dans les bas-fonds, où, quand arrivent les beaux jours, le soleil a plus de prise sur elles. Le vent et l'arein préparent ainsi le terrain pour un nouvel agent libérateur, l'été, le plus puissant de tous. Si la neige était également répartie sur toutes les pentes, l'action de la fonte et de l'évaporation se ferait sentir avec une régularité méthodique ; un peu plus ou un peu moins prompte, selon les versants, elle gagnerait quelques mètres un

jour, quelques mètres le lendemain, et il y aurait toujours une ligne de démarcation, tirée au cordeau,
entre les parties uniformément revêtues de neige et
les parties uniformément dégagées. Une marche aussi
régulière serait infiniment plus lente que celle que la
nature suit en réalité. Il résulte sans doute de l'inégale répartition des neiges que l'été ne vient pas à
bout de les fondre dans certains creux où elles se
sont amassées, et qu'on peut attribuer au vent ou à
l'arein tout ce qui en persiste au-dessous de 3000 mètres ; mais il en résulte, d'un autre côté, que de vastes étendues de terrain se dégarnissent beaucoup
plus promptement. Dès le printemps des îlots de
terre ferme surgissent de toute part. Ce sont des
tertres, des arêtes, des dessus de monticule, où le
vent n'a pas permis que les neiges s'amoncelassent,
et qui verdissent en quelques jours. Les animaux de
la montagne, lièvres, renards, chamois, s'y donnent
rendez-vous, et de ces premiers foyers se propage
tout alentour la rapide action de la fonte. Ils grandissent, ils se multiplient, et bientôt de vastes pentes
sont couvertes de gazons fleuris, pendant que tout
à côté, dans les enfoncements, la neige s'élève encore à plusieurs mètres.

D'îlot en îlot monte le souffle de l'été, rendant à
la grande circulation des eaux les neiges accumulées. Il se fait sentir jusqu'au cœur des régions glaciaires. Non loin des plus hauts sommets, quoiqu'il

n'ait pas le temps d'achever son œuvre, il dispute
encore la possession du sol aux frimas de l'hiver.
Peut-être lui arrive-t-il souvent d'être vainqueur
sans qu'on s'en doute? Il se peut que de chauds étés
dévorent sur toute l'étendue de la chaîne des Alpes
toutes les neiges d'un hiver sec et froid. Mais il suffit que l'été soit battu d'un jour en moyenne, pour
que l'hiver, fort de réserves séculaires, se rie de ses
efforts. En tout cas le travail de l'été est énorme. Si
la neige qui tombe au St-Bernard (2472 m.) restait
sur le sol sans se tasser, il y en aurait à la fin de
l'hiver une couche de 15 mètres. Elle fond toute,
sauf quelques taches çà et là, qui disparaissent aussi
dans les années exceptionnelles. A 3000 mètres, il
en tombe moins, parce que la plupart des nuages
pesamment chargés de vapeurs flottent au-dessous
de ce niveau ; mais les nuits y sont plus froides, la
bonne saison y est plus courte, et l'équilibre s'établit
à peu près entre ce que l'hiver fournit et ce que
l'été dévore.

Que reste-t-il pour le voyage du glacier? Presque
rien au-dessous de 3000 mètres ; peu de chose au-
dessus : la neige de quelques jours ou de quelques
semaines, qui, tombée en automne ou au commencement de l'hiver, a été bientôt plus ou moins pro-
tégée contre le vent et l'arein. Et encore faut-il en
défalquer tout ce qu'ils ont eu le temps d'en emporter l'un et l'autre. Peut-être, serrée comme elle l'a

été sous le poids des chutes postérieures, forme-t-elle à peine, dans les endroits les plus favorisés, une couche d'une main. Un jour, quelques heures de plus, et l'été en aurait raison. Mais de nouvelles neiges vont la couvrir, et ce sera un premier dépôt porté en compte pour un été futur, qui, laissant un arriéré semblable, rendra de plus en plus difficile la tâche du soleil d'août.

Plus ces eaux perdues s'amassent sur la montagne, moins elles ont chance de s'écouler, car si l'hiver donne la neige, l'été la fixe quand il ne réussit pas à la fondre. Les rayons du soleil en humectent la surface ; une certaine quantité d'eau filtre à l'intérieur et se congèle au premier froid. Cette action, quelquefois répétée, transforme la neige mobile en une masse ferme et résistante, qui le deviendra plus encore par l'effet de la pression quand dix ou vingt couches, arriéré de dix ou vingt années, pèseront les unes sur les autres.

L'accumulation des neiges de l'hiver, fixées par le soleil de l'été, peut à la longue modifier le relief d'une montagne. Si elle est très déchirée, les creux ne tarderont pas à être comblés, tandis que les arêtes se dénuderont entièrement ; si elle est massive au contraire, la neige, en s'y entassant, fera disparaître toutes les inégalités. Dans les deux cas, il y aura nivellement ; mais dans le premier la montagne n'en paraîtra que plus abrupte et plus déchirée, par

suite du contraste entre l'éclat des neiges et les rochers noirs ; dans le second tous les angles auront
disparu, et l'on aura des dômes parfaits. L'aspect
d'une cime peut être ainsi transformé. Le Galenstock
en offre un exemple. Voisin des pics les plus ardus
des Alpes bernoises, le Finsteraar, le Schreckhorn,
il se fait remarquer, quand on passe le Grimsel, par
sa forme en demi-coupole : au sud il est à pic,
comme si la moitié de coupole qui manque s'était
détachée, en laissant à nu un affreux précipice; au
nord, la ligne de faîte se montre arrondie, et couverte partout, ainsi que les flancs qui y conduisent,
d'un magnifique manteau de neige. Si l'on gravit
cette belle calotte, promenade facile quand la neige
n'est pas trop dure, on verra en certains points af-
fleurer les rochers d'une arête ensevelie, et l'on
pourra se convaincre que le Galenstock est un pic
de la même famille que le Finsteraar et le Schreckhorn; seulement les ravines en ont été comblées.

Toutefois, si l'on veut se faire une juste idée de ce
que la neige peut ajouter au relief des montagnes, il
vaut mieux visiter, non les Alpes bernoises, qui sont
trop abruptes, mais les grandes coupoles des Alpes
pennines, celles du massif du Mont-Rose, le Mont-
Blanc, surtout le Combin. Le Combin est peut-être
le plus parfait des dômes des Alpes ; c'est le type du
faîte neigé. Les frimas ont tout envahi. Ce ne sont
que neiges sur neiges, et les angles, les brisures, les

aspérités ont disparu pour faire place à des formes moulées et caressantes. Ainsi vêtue, la montagne n'a pas beaucoup moins de fierté ; mais elle a pour l'œil quelque chose de plus calme et de plus reposé. On a vu des arbres, des tilleuls séculaires, s'arrondir avec la même grâce hardie. La croupe d'un cheval sauvage, le port de son cou, les mouvements de sa crinière ondoyante, ont aussi quelque analogie lointaine avec la noble pose de ce géant des Alpes, immobile à l'horizon. Qui donc a fait ce chef-d'œuvre ? Les voyageurs n'y songent guère ; ils contemplent le tableau en oubliant l'artiste, et plus d'un croirait à quelque mystification, si on lui disait sans préambule que ce sont les jeux du vent et de la neige qui, de ce bloc informe, ont fait un modèle de grâce et de radieuse majesté.

En modifiant le relief des montagnes, l'accumulation des neiges en exhausse les sommets. Plusieurs cimes sont chargées d'une croûte glacée qui mesure de 20 à 50 mètres d'épaisseur, parfois davantage. Quand elle est coupée de manière à ce que sur un point quelconque on en voie la tranche, on y distingue une stratification confuse, et l'on voudrait compter les couches, comme on fait pour les arbres. Ce n'est guère possible, soit parce que les couches ne sont pas assez nettement distinctes, soit parce que ces tranches à pic sont presque toujours d'un abord périlleux ; mais on en voit assez pour deviner dans ces entassements le travail des siècles. Cependant, si considérables qu'ils soient, on se demande pourquoi ils ne le sont pas beaucoup plus encore. Il est des sommets en forme d'esplanade, qui sembleraient devoir s'exhausser indéfiniment. Un décimètre par an ferait dix mètres par siècle, cent mètres par mille ans. Depuis que les Alpes sont debout, les neiges devraient s'être élevées sur certains faîtes élargis à une phénoménale hauteur. D'où vient qu'il en reste à peine de quoi rivaliser avec l'orgueil des constructions humaines? Fondé sur le roc, au sommet du Mont-Blanc, le Panthéon percerait de son dôme les neiges qu'y ont entassées les hivers de tant de siècles. Où sont les masses disparues?

La réponse ne semble pas facile. Tout indique que ce sont des eaux fixées sur la montagne, des eaux qui ne reverront plus l'Océan, et enlevées pour toujours à la circulation universelle. On dirait qu'elles font corps avec la cime qu'elles couronnent. Pour être rendues à la plaine, il faudrait qu'elles s'écoulassent. Mais on cherche en vain quelque trace de mouvement, ou si l'on en trouve, ce ne sont que des traces d'un mouvement tout local. Voici, par exemple, un rocher qui sort de la neige, nous voulons y atteindre, et il nous faut franchir d'un saut une large et profonde fissure. Pourquoi cette solution de continuité? Elle est due sans doute à la réverbération du rocher, qui a fondu la neige tout au-

tour. Plus loin, c'est un brusque changement de
pente. Prenons garde, car voici des gouffres séparés
les uns des autres par des ponts voûtés ou par de
véritables chaussées, et rangés à la file de manière
à former une ligne qui coïncide avec celle du changement de la pente. L'ouverture en est souvent si
étroite qu'il n'y pénètre qu'une clarté vague et diffuse; mais, quand le regard peut y plonger, il a
peine à se détacher des reflets qui s'y jouent. La
masse, en se tassant, doit s'être brisée le long de
l'angle vif formé par le changement de la pente, et
les neiges fraîches, avec leur singulière facilité à se
soutenir, paillette sur paillette, auront rapproché les
parois disjointes par des avant-toits surplombants.

Les bords de ces gouffres sont souvent le théâtre
de singulières formations, qui témoignent aussi, à
leur manière, d'un travail des neiges, mais toujours
d'un travail sur place. La plus curieuse est celle qui
doit son nom de *sérac* à une vague ressemblance
avec une espèce de fromage qu'on fabrique dans les
chalets des Alpes. On voit bien que ce ne sont pas
les naturalistes, mais les vachers de la montagne qui
les ont baptisés. Les séracs ont l'aspect de cristaux
de glace. Il y en a de fort beaux au Goûté, de plus
beaux encore au Combin. De Saussure a évalué à
cinquante pieds la hauteur de ceux du Goûté. Cette
mesure, calculée à distance, au moyen d'un télé-
scope, doit être un minimum. On se demande com-

ment se forment les séracs. Autant que j'en ai pu juger, il n'y en a guère que sur les sommets très chargés de neige et aux pentes accidentées. Il faut les chercher sur les lignes de faîte ou bien dans le voisinage des excavations, lorsque la pente change brusquement. Supposez que la muraille de neige qui forme la lèvre inférieure d'un de ces abîmes entr'ouverts soit coupée de deux fissures transversales, et vous aurez le socle d'un sérac. L'air joue alentour, et les alternatives de chaud et de froid en cristallisent toutes les surfaces. Puis il tombe une brasse de neige fraîche ; si elle réussit à se maintenir sur ce piédestal, elle ne tarde point à faire corps avec lui. Le sérac se trouve exhaussé d'un étage, et ainsi de suite. [1] Les uns représentent un cube, d'autres figurent une pyramide. On y distingue une stratification confuse, et la partie supérieure, souvent endommagée, semble n'avoir pas encore acquis une bien grande consistance. Au Goûté, ils forment une rangée de créneaux le long de l'arête ; au Combin, ils sont disposés en demi-cercle sur une brisure de la pente ; d'abord ils se touchent tous, comme les perles d'un collier, puis la file présente des lacunes. C'était ainsi du moins en 1858. Le chemin que l'on suivait pour atteindre la cime passait à cent pas du

---

[1] Ceci est moins une explication qu'une description. Les séracs sont d'un abord difficile et n'ont pas été l'objet d'études suffisantes.

plus beau des séracs détachés, pyramide régulière
à quatre pans, qui, même à prendre la face tournée
en amont, mesurait au moins le double de la hauteur que de Saussure attribue à ceux du Goûté. Il
était là, solitaire au milieu des neiges, mystérieux
comme les pyramides et les sphinx qu'on voit sur-
gir des sables de l'Egypte. Ce n'était cependant
qu'une fantaisie de la nature, dont le temps a déjà
fait justice. D'autres voyageurs ont suivi la même
route et n'ont pas revu le sérac géant. Il aura glissé
sur la pente, et se sera brisé dans sa chute, comme
deux de ses compagnons le firent sous nos yeux.

Ces phénomènes singuliers, gouffres, séracs, n'empêchent pas que les très hautes régions glaciaires
ne paraissent, au premier coup d'œil, vouées à une
éternelle immobilité. C'est un monde à part, où,
sauf dans les jours d'orage, règnent le silence, le
repos et la lumière. Pas une goutte d'eau ne coule
à la surface de ces champs glacés ; on est trop loin
pour entendre le murmure des cascades de la vallée. Rien n'y trouble la pureté des neiges. Le vent
n'y transporte guère la poussière de la plaine, et,
s'il en trouve encore à enlever sur l'âpre surface
des rochers, à peine l'a-t-il déposée qu'elle disparaît
sous une couche de neige fraîche. La même chose
arrive aux petits cailloux et aux gros blocs qui tombent des parois escarpées, en sorte que la neige
resplendit immaculée. Rien n'égale l'éclat du vernis

de glace solide qui la protége souvent, surtout dans
l'arrière-saison. Lorsqu'en plein midi et par un ciel
sans nuages toutes les pentes sont également éclai-
rées, il se produit une telle quantité de lumière
réfléchie que l'œil ne la supporte plus. De quelque
côté que l'on regarde, on ne rencontre que scintille-
ments et éblouissements. Si, au contraire, le ciel est
voilé et que tout soit dans l'ombre, les distances
s'effacent : on croit toucher de la main des cimes
éloignées, dont l'uniforme et mate blancheur produit
je ne sais qu'elle impression fantastique et lugubre ;
l'esprit est comme accablé par cette monotonie de
teintes au milieu de formes colossales qui échappent
à toute mesure. Mais le soir et le matin, quand les
rayons du soleil arrivent horizontalement, les distances s'accusent, souvent même s'exagèrent, les
plans successifs se dessinent, les nuances se font
valoir mutuellement, et l'on compte une gamme
infinie de tons entre la blancheur veloutée des neiges
à l'ombre et les feux rayonnants des glaces au soleil.
Les courbes de la pente, infléchies doucement,
semblent se prolonger à l'infini, et les rares accidents que l'on rencontre sur la route, ces tombeaux
entr'ouverts, ces séracs immobiles et toujours
menaçants, n'interrompent l'imposante simplicité du
paysage que pour en rendre l'impression plus forte.
L'image de la mort flotte vaguement au milieu des
pensées diverses qu'inspirent tant de splendeurs :

on la voit assise à l'entrée des gouffres d'azur ; mais ce n'est plus le squelette hideux, le spectre décharné qui hante les imaginations effrayées, c'est l'image de la mort qui est immobilité, non de la mort qui est pourriture, et il semble qu'il y aurait quelque charme à dormir dans un de ces tombeaux que n'a pas creusés la pelle du fossoyeur, où la corruption ne pénètre pas, qui n'ont point été mesurés à la taille du corps, et où l'on aurait au moins de l'espace, de l'air et une douce lumière.

Mais si tout est immobile, où donc sont les neiges qui manquent aux sommets ? Quelle force secrète a pu les rendre à la liberté ? Si cette force existe, elle agit mystérieusement, car rien n'en trahit les effets. Rien, c'est trop dire. Du haut des cimes la vue est libre, elle plonge dans les vallées, et l'on voit les frimas s'y continuer en longues coulées glaciaires. Sont-ce vraiment des coulées ? Le trop plein des hautes neiges s'épanche-t-il là-bas ? La supposition peut paraître bizarre, et cependant elle se présente involontairement à l'esprit, et plus on regarde plus on a de peine à y échapper. Si l'immobilité règne dans l'entourage immédiat du spectateur, chacune des grandes lignes du paysage semble au contraire lui révéler un mouvement. Les transitions sont insensibles entre le pur éclat des cimes et les teintes bleues ou grises du glacier. Les neiges des hautes pentes, suspendues aux flancs des ravines, paraissent prêtes à tomber ; plus bas s'ouvrent de vastes réservoirs remplis jusqu'aux bords ; les flots glacés en extravasent, et une fois engagés dans le vaste lit que leur offrent les deux versants d'une vallée, ils en suivent les contours et en dessinent les sinuosités aussi bien que le ferait un fleuve. Sur leurs bords verdissent les forêts et les pentes gazonnées ; mais ils n'en continuent pas moins leur marche envahissante, refoulant au loin les hameaux.

Pour décider entre ces deux impressions contraires, il faut tout voir et tout voir de près. Descendons. Ce qui se passe à la naissance des vallées nous révélera peut-être l'énigme des sommets.

II

Si l'on part de quelque sommet très élevé, la Jungfrau, le Combin, surtout le Mont-Blanc, on pourra descendre plusieurs centaines de mètres sans rien remarquer de nouveau. La neige que le pied foule reste la même ; sur les tranches qu'elle forme au bord des précipices, on découvre toujours une stratification confuse, et de temps en temps on rencontre un sérac à admirer ou un gouffre à éviter. Cependant on approche des hauts bassins cachés

au pied des cimes, et des changements apparaissent. La neige perd sa finesse et sa sécheresse
premières ; ses aiguilles s'agglomèrent et forment
ensemble de petites pelottes ou des grains qui
ressemblent assez aux grains de grésil, sauf qu'ils
sont plus irréguliers. Cette transformation se continue par degrés insensibles, mais ininterrompus ; les
grains deviennent plus gros, ils s'agglutinent, et la
neige prend l'apparence d'une sorte de mortier, que
les gelées de la nuit peuvent rendre assez dur pour
qu'il soit nécessaire d'employer la hache quand on
veut y tailler des marches. Elle est aussi moins
pure. La couleur en est terne. On commence à rencontrer quelques débris, de petits cailloux, du sable,
de la poussière, parfois des feuilles sèches apportées par le vent.

Un moment capital est celui où ce mortier devient
assez homogène pour que l'eau puisse couler à la
surface au lieu de se perdre par infiltration. Ici encore les transitions sont lentes. On trouve d'abord
des flancs bien exposés où, sous l'action du soleil,
une couche de quelques centimètres se transforme
en une sorte de gelée visqueuse, mais sans écoulement apparent. Sur les points où deux pentes con-
vergent, l'eau filtre assez abondamment pour que les
trous faits avec le fer du bâton s'emplissent au
moment où on le retire. Plus loin, cette gelée liquide,
qui n'est pas encore de l'eau et qui n'est déjà plus

de la neige, commence à s'écouler pesamment ;
puis un ruisseau se prononce, un ruisseau dont la
marche est embarrassée par les neiges à demi fon-
dues qu'il entraîne, mais qui a déjà la force de se
creuser une rigole ; il la déblaie petit à petit, et le
voilà enfin qui court joyeux et limpide dans un lit
d'instant en instant plus marqué et plus uni. On
peut hâter le moment où se forment les ruisseaux
des hautes neiges en leur creusant un canal au
moyen de quelque grosse pierre que l'on fait glisser.
Le canal établi, les eaux s'y précipitent.

Quand on est descendu jusque dans la région des
premiers ruisseaux, on touche au moment, plus décisif encore, où la neige, après avoir été fine poussière, grains de grésil, mortier friable, sera enfin de
la véritable glace. A vrai dire, ce n'est pas de la
glace lisse comme celle de nos étangs et de nos
fontaines. Si on en détache un morceau et qu'on le
laisse fondre au soleil, il se décompose ; si on le
frappe à coups de marteau, on sent qu'il se désa-
grége plus encore qu'il ne se brise ; on y soupçonne
des espaces vides, des lacunes, et lorsqu'on le plonge
dans un liquide coloré, on découvre tout un réseau
de fissures capillaires par où le liquide pénètre de
part en part. A l'état sec, cette glace est opaque, à
cause de l'air qu'elle contient ; il faut qu'elle soit
baignée d'eau pour devenir transparente. Néanmoins
c'est bien de la glace et de la glace dure, sinon tout

à fait homogène. La hache la fait sauter en esquilles, et les ruisseaux y creusent des sillons aux parois merveilleusement polies.

D'autres phénomènes signalent l'apparition de cette glace, qui constituera désormais la substance même du glacier. Les principaux sont les crevasses et les moraines. Nous avons rencontré des gouffres près des cimes; mais c'étaient des cavités irrégulières, des vides souvent dissimulés et qui s'élargissaient de haut en bas; les crevasses proprement dites suivent une direction beaucoup plus nette et s'évasent à l'ouverture. Les gouffres supérieurs peuvent avoir toutes les formes; les crevasses sont des fentes allongées et relativement étroites. Les moraines indiquent mieux encore les transformations que subit la neige à mesure qu'on s'éloigne des hauteurs. On sait combien les rochers des Alpes sont ruinés. Chaque printemps ils se dépouillent d'une grande quantité de blocs que détachent les alternatives de gelée et de dégel. Il n'y a pas dans toute l'étendue des Alpes une seule paroi au pied de laquelle on ne trouve un rempart de débris. Ces débris encombrent les pâturages, ils encombrent aussi les glaciers; mais dans les régions élevées ils restent ensevelis sous la neige, et il faut qu'elle acquière un certain degré de consistance pour être capable de porter d'abord des cailloux, puis des blocs de plus en plus gros. Quand elle est enfin passée à l'état de

glace, elle porterait des quartiers de montagne. A
partir de cet instant, tous les débris qui atteignent
le glacier s'entassent en désordre sur les bords, et
y forment de longues collines irrégulières, reposant
moitié sur la glace, moitié sur la terre ferme : ces
collines sont les moraines.

Une fois que l'on a ces trois choses, le ruisseau,
la crevasse, la moraine, qui toutes trois se rattachent à la transformation de la neige en glace, on
est entré dans une zone nouvelle, à laquelle certains
naturalistes réservent exclusivement le nom de *glacier*. Où est la limite entre les neiges des hauteurs
et le glacier proprement dit? Elle varie selon les
versants, les chaînes, les massifs; elle varie aussi
selon les années. Peut-être ne prendrait-on pas assez
de marge en disant qu'elle oscille entre 3000 et 2400
mètres. Parfois on peut l'indiquer avec précision, la
montrer de la main ; mais il est tout aussi fréquent
qu'elle soit vague, indécise, et qu'on puisse faire un
assez long trajet sans savoir au juste si l'on marche
sur de la neige ou sur de la glace. Ce qui à l'extérieur distingue essentiellement les deux zones, c'est
que, sous forme de glace ou de neige, peu importe,
les frimas occupent dans la première toute la montagne, sauf les pentes trop raides ou trop exposées
au vent, tandis que dans la seconde ils ne se maintiennent guère qu'au fond des vallées ou dans les
dépressions du sol, entre des versants qui se dégar-

nissent en été et souvent se couvrent de verdure. Dans la première il n'y a qu'une saison, un hiver de douze mois, moins rude en juillet qu'en décembre ; dans la seconde il y a deux saisons, un hiver de neuf mois, pendant lequel elle se confond avec la zone supérieure, et un été de trois mois, pendant lequel elle s'en distingue en se dépouillant de l'uniforme linceul des neiges fraîches pour montrer au grand jour ses crevasses, ses ruisseaux, ses moraines. La zone supérieure est celle du plein océan des hautes neiges ; la zone inférieure comprend les golfes de glace qui font saillie et descendent jusque dans les régions habitées.

J'ai dit les golfes, j'aurais pu dire les fleuves, car les indices de mouvement deviennent si nombreux et si clairs qu'ils doivent frapper les yeux les moins attentifs. Qu'est-ce que ces crevasses qui à chaque instant coupent le glacier et obligent à de longs détours ? Peut-être ne remarquera-t-on d'abord que les belles teintes de leurs parois ; mais on deviendra plus curieux, si l'on a la chance d'en voir une se former tout à coup. Une détonation se fait entendre, elle se prolonge au travers de la masse, des blocs ébranlés par la secousse glissent sur la pente, et l'on se demande, lorsqu'on n'y est pas habitué, si l'on assiste à un tremblement de terre et ce que signifie ce coup de théâtre. Cependant on regarde, on cherche, et l'on finit par découvrir une fente imperceptible, parfois très longue, mais si étroite, qu'il n'est pas toujours facile d'y introduire une lame de couteau. Il faut une bien violente tension et une résistance presque égale pour produire avec tant de fracas et d'effort une brisure si imperceptible.

Les moraines nous fournissent une seconde preuve, plus directe et plus positive, du mouvement qui entraîne ces masses gelées. Elles se forment au bord du glacier, au pied des rochers qui le dominent. Si le glacier se trouve coupé par un îlot de terre ferme qui le divise en deux bras, l'extrémité de l'îlot devient le point de départ d'une traînée de débris, qui se prolonge indéfiniment sur le dos du glacier. Le même phénomène se produit invariablement à la jonction de deux glaciers. Si l'inclinaison est nulle ou très faible, cette moraine de surface ne peut pas s'être produite par un glissement des matériaux. Ils doivent avoir été transportés, mais comment ? Les eaux n'y sont pour rien, car la moraine ne cherche pas la ligne de plus forte pente ; elle va droit son chemin, coupant les creux en travers et passant par dessus les collines de glace. Souvent même elle est portée sur une sorte de chaussée. Toutes les suppositions qu'on peut faire échouent devant les faits, sauf une seule, mais celle-là si naturelle que d'elle-même elle se présente à l'esprit : il faut que le glacier chemine et transporte les blocs.

Les glaciers n'offrent rien de plus caractéristique

que ces moraines de surface. Le témoignage en est clair non-seulement pour les naturalistes habitués à observer, mais pour tout le monde. Elles rendent sensible à l'œil le mouvement du glacier ; ce sont des convois qu'il entraîne avec lui.

Mais les plus intéressantes ne sont ni celles qui naissent au pied d'un îlot, ni celles qui se forment à la jonction de deux affluents, ni celles qui s'allongent sur les bords. Il en est qui émergent soudain à la surface du glacier sans cause apparente. D'où viennent-elles ? Levez les yeux, et vous verrez à une certaine distance au-dessus du point où elles apparaissent, fort en arrière peut-être, quelque promontoire rocheux qui fait saillie. C'est de ce promontoire qu'elles transportent les débris ; c'est là qu'est leur véritable origine ; seulement leur partie supérieure se dérobe sous le résidu des neiges d'un ou plusieurs hivers. Si l'on en doute il est souvent facile d'en obtenir la preuve directe. Il n'y a qu'à faire collection des diverses espèces de pierres qu'elles charrient ; peut-être y trouvera-t-on quelque spécialité inconnue aux moraines voisines ; s'il en est ainsi, allez droit au promontoire signalé comme leur point d'origine, et vous y trouverez en place la roche qui a fourni les spécialités de la moraine.

Un géologue qui a étudié une montagne peut dire de quoi est composée chaque moraine des glaciers qui pendent sur ses flancs. Souvent une cime est d'une autre formation que les masses qui lui servent de contre-forts ; les seules moraines qui partent du sommet ou qui peuvent en recevoir des débris, charrient des blocs analogues à ceux du sommet lui-même. Qu'est-ce à dire, sinon que les moraines accusent un mouvement non-seulement à partir du point où elles apparaissent, mais à partir de leur véritable point d'origine, qui peut être fort au-dessus, en pleine région des hautes neiges. Ainsi s'explique l'énigme des sommets. Ce qui leur manque a pris la même route que les moraines. Le trop plein s'en est écoulé sur les flancs de la montagne, mais cet écoulement s'est accompli avec une lenteur voisine de l'immobilité, et sous l'uniforme manteau des neiges fraîches qui couvre et ensevelit tout ce qui pourrait le trahir.

III

Nous pouvons donc envisager les glaciers proprement dits non comme des golfes tranquilles, mais comme des coulées qui pénètrent plus ou moins avant dans une région que rien d'ailleurs ne condamnerait à une absolue stérilité. L'aspect en varie selon les accidents du chemin par où ils s'échappent

vers la plaine. Parfois, au sortir des hauts bassins de
la montagne, le glacier s'engage dans une longue·
vallée au fond presque plat ou doucement incliné.
Dans ce cas, on a ce qu'on pourrait appeler le gla·
cier *tranquille*. Ces glaciers tranquilles ne sont pas
les moins intéressants ; ils ont aussi leur majesté ;
ils ont en outre cet avantage particulier qu'on peut
les parcourir aisément et en étudier les détails. Il en
est du glacier comme des plages de la mer : impossible d'y faire une simple promenade sans trouver
mille sujets d'observation ; nous ne mentionnerons
que les plus saillants. La première place revient de
droit au ruisseau du glacier. Dans ces froides solitudes, comme dans les vallons de la plaine, rien n'a-
nime le paysage autant que le mouvement de l'eau.
Le ruisseau, c'est la vie, c'en est au moins l'image.
Les ruisseaux de terre ferme se creusent un lit où
ils s'emprisonnent pour toujours ; ce lit a toute une
histoire, le ruisseau y lutte de son mieux contre les
accidents qu'il rencontre, il l'obstrue, il l'approfondit ; il s'y fait lac quand le passage est fermé, cascades sur les gradins qu'il faut franchir ; il y murmure,
il y gronde, il y rejaillit, il y arrose des plantes, il y
entretient à la fois la fertilité et le changement. Le
ruisseau du glacier est chose plus éphémère ; il ne
dure qu'un été, il n'a pas le temps d'approfondir son
lit, il rencontre en chemin peu d'obstacles, il n'a pas
de rochers à contourner, pas de plantes à arroser :

c'est une création beaucoup plus simple, un filet d'eau dans un sillon de glace, rien de plus; mais cette eau est la plus limpide qu'il y ait au monde, et ce sillon est un lit d'azur. Les parois en sont si parfaitement polies que le ruisseau y glisse sans frottement, et passe sans qu'on l'entende. Point de vagues, point d'écume, point de lutte, point d'hésitation ni de petites colères; c'est la vie facile, la grâce sans effort, l'obéissance parfaite et l'idéale limpidité.

Les ruisseaux du glacier n'ont pas tous la même destinée. Quelques-uns, avant d'avoir eu le temps de grossir, arrivent au bord d'une crevasse et y tombent en pluie de perles. Si la crevasse est ouverte jusqu'au sol, il ne leur reste qu'à cheminer obscurément sous les glaces; sinon, ils la remplissent à moitié, et trouvent des canaux intérieurs qui les ramènent au jour. Il en est qui jaillissent en brillante fontaine à quelques cents pas au-dessous de l'abîme où ils ont disparu. D'autres réussissent à éviter les crevasses, et deviennent, grâce aux affluents qu'ils reçoivent, de véritables torrents, mais toujours des torrents cristallins, qui coulent sans révolte et sans bruit. Cependant ils finissent, eux aussi, par rencontrer quelque gouffre; il faut voir alors les belles et mystérieuses cascades, et comme le flot transparent disparaît en gerbes ondoyantes dans la profondeur voilée d'azur. Quelquefois ils trouvent en chemin des anses où ils forment des lacs. C'est toujours une chose ravissante qu'une nappe de cette eau si parfaitement claire, immobile dans un bassin d'émeraude ; les plus purs sont les plus beaux, et il faut les chercher dans les parties du glacier où il y a le moins de débris. Néanmoins ceux qui naissent dans le voisinage immédiat des moraines ont bien aussi leur intérêt : leurs bords, constamment fondus par l'action de l'eau, ne tardent pas à s'escarper, et la moraine y déverse ses matériaux, qu'on voit entassés au fond, et dont on distingue tous les détails. La plupart de ces lacs ont une existence éphémère. Tôt ou tard une crevasse les traverse, et ils se vident aussitôt. Alors les matériaux mis à sec protégent contre le soleil la glace qu'ils recouvrent, et comme le soleil agit partout alentour, ils s'élèvent petit à petit, si bien qu'au bout de quelques mois, au lieu d'être emprisonnés dans une dépression, ils couronnent une éminence. Pendant ce temps le glacier marche, et cette colline chargée de débris s'éloigne de son lieu d'origine. S'il se forme un second lac à l'endroit où était le premier, il lui arrivera quelque accident semblable, de sorte qu'après quelques années cinq ou six monticules de blocs voyageront à la suite les uns des autres.

Les choses se passent un peu différemment quand il s'agit de très petits lacs alimentés par de très petits ruisseaux qui ne charrient que de menus débris. Le fond de ces lacs, ou plutôt de ces baignoires, se recouvre à la longue d'une couche de sable ou de fin gravier, qui, la baignoire vidée, protége aussi la glace contre les rayons du soleil. Bientôt il se forme à la place du lac disparu un cône régulier, qui ressemble à une très haute fourmilière, et qui s'escarpe de jour en jour, jusqu'à ce que le sable glisse et se répande de tous les côtés. Le cône alors fond rapidement ; mais autour de lui s'élève une autre colline en forme d'anneau avec un cratère au centre. Si par hasard les débris qui recouvrent cette nouvelle colline viennent à glisser dans le cratère, il en naîtra un second cône qui a beaucoup de chances de produire un nouvel anneau, et ainsi de suite jusqu'à éparpillement complet des débris protecteurs. Une fois séparés, ils n'ont plus la force de garantir la glace ; ils contribuent au contraire à en accélérer la fonte, parce qu'ils se réchauffent de part en part, de sorte qu'après avoir siégé sur des cônes élevés, lorsqu'ils étaient réunis, ils s'ensevelissent, dès qu'ils sont isolés, au fond de petits entonnoirs. En certains endroits on rencontre des multitudes de ces entonnoirs, et à quelque distance on aperçoit des groupes de cônes qui pyramident en famille.

Le voyage des débris à la surface des glaciers s'opère en général avec une grande régularité. Les moraines sont de longues traînées, qui s'élargissent ou se resserrent avec le glacier, et suivent une route

parfaitement déterminée. Chaque bloc chemine à
son rang, et il ne leur arrive guère de se devancer
les uns les autres. Quelquefois cependant une pierre
de fortes dimensions se détache de la masse et glisse
en dehors. Autant la marche du grand convoi est
bien réglée, autant celle des blocs isolés est sujette
à des accidents bizarres. Ce sont des déserteurs, li-
vrés à eux-mêmes et à toutes les chances du hasard.
Ils ont coutume de *tabler*, comme disent les naturalistes, c'est-à-dire que, grâce à la fonte plus rapide
autour d'eux que sous eux, ils finissent par se trouver perchés sur un fût de glace. Les dalles plates
enlevées à quelque paroi schisteuse représentent
assez bien, ainsi perchées, une table à un pied ; mais
les rayons obliques du soleil attaquent la colonne
qui les supporte, et les blocs tombent lourdement.
Glissant alors selon la direction des pentes, ils
accomplissent de véritables voyages en zigzag, s'é-
cartant à droite pour revenir à gauche, avançant
pour reculer. Ils ne vont pas loin toutefois sans rencontrer une crevasse ; si elle est assez grande, ils
s'y engouffrent et restent pris entre ses parois ; puis,
le glacier fondant toujours, au bout de quelques semaines, de quelques mois ou de quelques étés, ils
reparaissent à la surface et recommencent à tabler,
jusqu'à ce qu'ils tombent dans une nouvelle crevasse. Ces aventures se continuent indéfiniment, car

une fois qu'ils ont quitté les rangs, ils ont peu de
chances d'y rentrer : la moraine chemine en talus,
et c'est tant pis pour les déserteurs.

« Sont-ce des terres labourables? » demandait une
jolie Parisienne en montrant les moraines qui s'étalent sur la Mer de glace au-dessus du Mont-Anvert.
On peut au moins se demander si ce sont des terres
absolument stériles, et s'il n'y a rien à y observer
que la position des blocs et les accidents de leur
voyage. Les flancs de la montagne commencent à
verdoyer. Voici des arbustes au bord même du glacier, plus bas des forêts. Déjà l'on entend les clo-
chettes des vaches et la corne du chevrier. Pourquoi
les blocs tombés de ces pentes n'auraient-ils pas
conservé quelque trace de vie? En se donnant la
peine de chercher, on y découvrira dans quelque
anfractuosité de la pierre des restes de végétation
desséchée. Il y avait là une saxifrage, ou une androsace. Tel de ces blocs a dû être émaillé de jolies
plantes; mais depuis qu'il voyage sur le glacier,
elles ont toutes péri, toutes sans exception, sauf
peut-être quelques pauvres lichens qui ont la vie
plus dure, et qui n'ont pas encore eu le temps de
périr tout à fait.

La moraine est déserte. Le glacier l'est-il aussi? A
première vue on le croirait peuplé seulement de cadavres : ici un papillon, ailleurs une mouche ou tel
autre insecte. Dans la plaine on rencontre peu de

cadavres d'animaux. La vie s'y entretient de ses propres dépouilles, et partout abondent les insectes voraces, armés de pinces et de crocs, qui font la chasse aux morts. Le papillon qui tombe épuisé sur le bord de la route a le temps de voir, avant de mourir, s'il sera la proie des fourmis ou des carabes; mais chasseurs et victimes ne s'aventurent sur le glacier que pour y périr d'engourdissement ou de lassitude, et ils y dorment les uns auprès des autres, garantis de la corruption par le froid linceul qui les entoure. Ils s'incrustent dans la glace, et s'y creusent une fosse en forme d'entonnoir, de la même manière que les petits débris. Il n'est point rare d'en trouver en telle quantité qu'il suffirait de quelques heures pour faire une riche collection des insectes ailés qui habitent les vallées avoisinantes. Le glacier est un cimetière.

En recherchant les corps morts, on soulèvera peut-être quelque dalle pour voir ce qu'elle recouvre. Regardons bien, car c'est là qu'il y a chance de trouver trace de vie. Chose curieuse, le glacier, qui est rebelle à toute végétation, a pourtant une faune, mais une faune qui ne se compose que d'une seule espèce, presque microscopique. Ce sont de petits insectes qui sautent fort bien; aussi les a-t-on nommés les puces du glacier. Noirs et brillants, ils ont des antennes assez longues et comme des écailles sur le dos. Ils sont d'ailleurs si petits qu'ils s'insinuent dans les moindres fissures de la glace, et y trouvent des routes invisibles, très suffisantes pour eux. Il semble difficile qu'ils y fassent la chasse à quoi que ce soit; ils ont tout l'air de vivre de l'eau du glacier; peut-être, avec leurs fins organes, y trouvent-ils encore des atomes cachés de substance organique. Qui sait d'ailleurs s'il n'y a pas des habitants inconnus dans la glace elle-même? On connaît la neige rouge. Elle n'est pas particulière aux glaciers; on la trouve à une hauteur de 2,000 mètres environ, et le plus souvent sur des pentes d'où la neige disparaît en été. La coloration en est due à la présence d'une multitude de petits infusoires. Si au lieu d'être rouges ces infusoires étaient d'un gris blanchâtre, ou s'ils n'étaient pas assez nombreux pour changer la coloration générale des neiges, est-il bien sûr qu'on les eût remarqués?

Ces commencements de vie enfouis dans les neiges ne se révèlent qu'à l'observateur attentif, et pour le touriste en promenade le glacier demeure un champ désert, avec des corps ensevelis à la surface. Malheureusement ce n'est pas à la surface seulement qu'il recèle des cadavres; il y en a dans l'intérieur, et de plus grands que ceux des insectes ailés. Il les rendra tôt ou tard : tout ce qu'il contient revient au jour une fois ou l'autre. Il n'aime pas la saleté, disent les montagnards. Mais il est plus prompt à engloutir ses victimes qu'à les rendre, et ce n'est pas sans un vague sentiment de terreur qu'on sonde du regard les abîmes dont il est coupé. De tous les accidents du glacier, les crevasses sont celui qui fait le plus d'impression. Quand on se promène sur un glacier, on n'en laisse passer aucune sans essayer d'en voir le fond. Quelquefois on peut y descendre, en se dévalant à l'une des extrémités, au point où s'en rapprochent les parois; mais si l'on peut descendre dans une crevasse, c'est ordinairement qu'elle est en train de se fermer et qu'il n'en reste que le vase supérieur. Les belles crevasses sont celles dont on ne voit pas le fond. Seules elles donnent l'idée de ce que peuvent être les reflets à l'intérieur du glacier. Les ténèbres qui règnent dans la profondeur se transforment en un sombre azur, qui devient plus lumineux à mesure qu'on approche de la surface, et il est impossible de rien imaginer de plus doux à l'œil que ce passage de la nuit au jour à travers toutes les nuances du bleu le plus pur. A défaut de sonde, on y jette des pierres apportées à force de bras des moraines les plus voisines. On se penche sur le bord pour voir et pour entendre : on ne voit presque rien, la pierre a bientôt disparu ; mais elle rebondit de parois en parois, et l'on entend distinctement une vibration musicale, qui se communique à toute la masse du glacier. On dirait un orgue immense, d'où s'échappe une note sourde et prolongée, funèbre gémissement de ces vastes tombeaux.

Tel est le glacier *tranquille*; mais il est rare qu'un glacier chemine longuement par une route unie et douce. Les plus favorisés finissent par arriver au-dessus de quelque pente abrupte où il faut bien qu'ils s'engagent. Plusieurs n'abandonnent les hauts réservoirs de la montagne que pour se précipiter par une gorge étroite ou se déverser sur des flancs escarpés. Les glaciers précipitueux ne sont jamais des glaciers tranquilles. L'escalade en est difficile, sinon impossible, et le plus souvent on ne peut les observer que du dehors. Le nombre des crevasses est en raison de la pente et des aspérités du sol, deux choses qui vont ordinairement ensemble; aussi pour peu que la pente devienne ardue, le glacier se transforme en un fouillis de blocs qui semblent prêts à se ruer les uns sur les autres, et auxquels on donne quelquefois, bien à tort, le nom de séracs. On compare volontiers ces chutes de glace à une cataracte dont les flots auraient été soudain convertis en masses gelées. L'image n'est pas tout à fait juste. Les flots liquides se suivent sans interruption; les flots du glacier sont partout brisés et entrecoupés. Les premiers se déploient en gerbes ondoyantes et jusque dans les rejaillissements les plus impétueux conservent encore de la flexibilité et de la grâce:

les derniers, rigides et compactes, se déchirent à angle vif, et ne se prêtent à descendre que par un violent effort. Le désordre des cataractes du glacier se produit d'une manière graduelle. Au point où l'inclinaison devient tout à coup plus sensible, on voit courir de larges crevasses transversales entre lesquelles se dressent des tranches solides, épaisses et régulières : le glacier se feuillette. A mesure que la pente se prononce, les crevasses se rapprochent, et la dislocation commence. Enfin voici la chute proprement dite; les tranches deviennent des lames qui se brisent en tout sens, et bientôt le glacier n'offre plus qu'un inextricable entre-croisement, un dédale de blocs et d'abîmes. Les blocs, tous penchés en avant, comme s'ils avaient hâte de passer, figurent des pyramides, des obélisques, des tours, des créneaux ruinés, des pans de murs contournés et tordus. Celui-ci surplombe, celui-là s'appuie sur l'épaule du voisin. On en voit qui sont plus épais par le haut que par le bas. Plusieurs sont percés à jour; de plusieurs autres il ne reste qu'un socle informe, et une cassure fraîche indique une chute récente. L'esprit le plus fécond n'inventerait pas la moitié des formes qui se pressent dans ces accumulations de cristaux irréguliers. Le soleil les fait varier chaque jour, comme chaque jour il en rend l'équilibre plus incertain. Ses rayons pénètrent dans les hachures jusqu'à la base même des blocs pour les fondre et les ronger sans cesse. De minute en minute on entend quelque craquement, et l'on voit disparaître dans l'abîme un de ces géants trop hardiment posés. A part ces soudaines ruptures d'équilibre, l'œil ne perçoit pas de mouvement, et pourtant on sent que toute la masse se meut, et qu'il s'y fait un travail qui ne s'interrompt pas un instant. Jamais avec l'apparence de l'immobilité, la nature n'a mieux réussi à donner l'illusion du mouvement, et il résulte de ces impressions contraires un effet fantastique, qui saisit les imaginations les plus ingrates. Au milieu de ce bouleversement, les moraines se disloquent et deviennent ce qu'elles peuvent. La boue, le sable, les cailloux et les fragments de petite taille ont bientôt disparu dans les crevasses supérieures. Les gros quartiers résistent plus longtemps. On en voit qui reposent sur les deux bords d'une crevasse comme un pont naturel; mais, pour peu qu'elle s'élargisse, ils y tombent, et restent pris entre ses parois, sauf à s'enfoncer par petites chutes à mesure que fond la glace contre laquelle ils s'appuient. D'autres réussissent à se maintenir tant bien que mal, perchés sur quelque glaçon, qu'ils écrasent enfin de leur poids, et toute la moraine s'engloutit ainsi dans les flots de la cataracte, dont les abîmes chatoient au soleil, de plus en plus purs et brillants.

Avec de la persévérance et quelque hardiesse, quand d'ailleurs on est bien muni de tous les engins nécessaires, hache, corde, crampons, on peut quelquefois pénétrer jusqu'au centre d'une de ces coulées de cristaux ; mais dès qu'on les aborde on ne voit plus que les masses dont on est immédiatement dominé. A droite, à gauche, devant, derrière, partout se dressent sur votre tête un obélisque ou une aiguille. On se sent à la merci de ces colosses dont les formes étranges s'accusent d'autant mieux qu'on les voit de plus près, et quand on se glisse entre leurs dentelures on se fait à soi-même l'effet d'une humble fourmi qui rôderait entre les mâchoires d'un lion. Il n'est pas besoin de s'y engager bien loin pour se perdre, et le retour ne laisse pas d'être inquiétant quelquefois. Comment s'orienter au milieu de ce labyrinthe sans cesse renaissant ? Où a-t-on passé ? Est-ce bien ici ? Est-il possible que l'on ait pu contourner un bloc si formidable ? A-t-on eu réellement l'audace de chevaucher sur cette crête aiguë?... L'observation la plus attentive se trouve en défaut, la mémoire se trouble, et les souvenirs se confondent dans l'impression du chaos.

Pour l'observateur qui, non content des effets pittoresques, désire se rendre compte des causes, il est peut-être moins intéressant de pousser une pointe hardie jusqu'au milieu de ces cataractes que d'en étudier le commencement et la fin, la fin surtout. Nous avons dit comment le glacier se feuillette au-dessus de la rampe qu'il doit franchir ; vers le bas il se reforme au contraire, les lames se rapprochent et se pressent les unes sur les autres, les abîmes se ferment, et il ne reste bientôt que des ondulations irrégulières, semblables à de grandes vagues, qui s'effacent à leur tour, de telle sorte qu'à quelques cents pas de la chute le glacier est aussi tranquille que s'il n'avait pas cessé de cheminer par une route unie. On pourrait croire que la glace doit en être plus friable, ou tout au moins qu'on y distinguera des traces mal effacées de tant de ruptures ; mais non, elle résiste plus énergiquement à la hache, et il semble que plus elle a été brisée plus elle forme un tout indivisible. L'aspect d'ailleurs en est le même, sauf une espèce de stratification verticale, très apparente sur les parois des crevasses, et qui produit parfois un effet brillant : des bandes de glace plus bleue alternent avec des bandes de glace plus blanche ; les premières paraissent enchâssées dans les secondes, et elles forment ensemble une masse veinée. Plus bas enfin on voit reparaître à la surface du glacier quelques-uns des matériaux enfouis, d'abord les plus gros, puis les cailloux ordinaires, et finalement les moraines se reconstituent presque aussi nettes, aussi distinctes qu'auparavant.

Les glaciers ainsi tourmentés le sont quelquefois au point de se briser tout à fait. Il en résulte des avalanches d'une espèce particulière, comparables à des chutes de montagnes. J'ai pu en constater un exemple assez curieux. Un bras latéral du grand glacier du Combin tombe sur le Valsorey, non loin de la route du Saint-Bernard. Après une chute verticale, ou peu s'en faut, qui ne doit pas mesurer moins de deux cents mètres, il rencontre des pentes plus douces sur lesquelles il se prolonge jusque dans les pâturages. En 1858, un énorme glaçon, figurant un pilier gigantesque, était adossé contre la paroi verticale. C'est la seule fois que j'aie vu une cataracte de glace ressembler tout à fait à une cascade immobilisée. C'était bien un glaçon, et pour se le représenter exactement il n'y a qu'à supposer un Niagara gelé, peut-être moins large que celui du fleuve Saint-Laurent, mais tombant avec la même unité de jet d'une hauteur deux ou trois fois plus considérable. Quelques années plus tard, la cataracte n'existait plus, et l'on ne voyait que le rocher noir contre lequel elle s'appuyait autrefois. Ce pilier de glace s'était écroulé, et le glacier inférieur, qui ne paraissait pas avoir sensiblement diminué, n'était alimenté que par les blocs qui tombaient de temps à autre des hauts réservoirs du Combin. Il n'est point rare que les glaciers soient ainsi coupés, et présentent deux ou trois étages séparés par des murailles de rochers nus. La facilité avec laquelle ils se reforment n'est jamais plus frappante : la glace qui tombe d'un étage à l'autre se réduit en poussière ; néanmoins elle ne tarde pas à constituer de nouveau une masse compacte, et le dernier tronçon d'un glacier coupé en trois chemine aussi régulière- ment que s'il n'y avait pas eu de rupture. Sans les veines de glace bleue enchâssées dans la glace blanche, on pourrait ne pas soupçonner les désor- dres de son cours. Il est vrai qu'elles entretiennent une certaine irrégularité à la surface et ne passent guère inaperçues. Elles sont plus homogènes, plus dures que la glace blanche, elles résistent mieux à l'action du soleil, en sorte qu'à chaque veine bleue correspond une crête plus ou moins proéminente, à chaque veine blanche un sillon où se logent les débris.

Cependant le glacier pénètre dans des régions basses et chaudes : les ruisseaux deviennent nom- breux, et par les ouvertures des crevasses on entend gronder de véritables torrents. Le glacier doit diminuer. Cette diminution n'est pas d'abord perceptible à l'œil, car c'est en profondeur qu'elle a lieu, et il faudrait pour en juger voir le fond des crevasses. Quant à la largeur, elle dépend surtout de l'écartement des parois : le glacier se rétrécit quand elles se rapprochent ; il s'élargit quand elles s'éloignent, et partout il se moule si bien sur les sinuosités de son lit qu'il ne semble pas avoir de peine à le remplir. Dès que les premiers indices d'une diminution se laissent apercevoir, on peut se dire qu'on approche de la fin. Ce n'est pas la partie la moins intéressante. On y trouve les plus belles aiguilles, et le désordre des moraines y atteint son maximum. C'est en outre l'endroit qui offre le plus de facilités pour entrevoir ce qui se passe sous le glacier. Il est plus que probable qu'à un niveau supérieur la glace adhère au sol ; mais vers leur extrémité tous les glaciers de quelque étendue ont quitté depuis longtemps la région des frimas. Ils descendent parfois jusqu'à la hauteur des montagnettes de la plaine, 1000 ou 1200 mètres. La chaleur de la terre les fait fondre par-dessous, et il y a souvent un intervalle libre entre la glace et le sol. De partout s'échappent des ruisseaux, et sur les points d'où sortent les courants les plus actifs il se forme des grottes profondes et spacieuses, où l'on peut souvent pénétrer sans danger. Il faut le faire toutes les fois que c'est possible. Des teintes d'azur, plus suaves que celles du ciel le plus doux, embellissent les arceaux de la grotte ; le jour qui pénètre par l'ouverture, souvent aussi par quelque fissure transversale, en multiplie les reflets ; on est entouré, on est baigné de cette lumière idéale ; tandis que sur le pavé de la grotte roule un torrent épais et sale, et que de tous les interstices débouchent des flots de boue et de limon. On découvre alors que le glacier repose sur une couche de vase, et que c'est lui-même qui la produit. Il pèse d'un poids énorme sur son lit de rochers, et ne marche qu'avec un

frottement continuel, de sorte qu'il broie à la longue
et réduit en poudre fine toutes les aspérités. L'eau
qui suinte des fissures imbibe cette poussière. Elle
chemine avec le glacier et fait l'office d'un émeri. Il
y reste toujours de petits grains de sable plus durs,
quelquefois des cailloux qui, serrés contre la roche,
y dessinent de fines stries ou des raies un peu plus
fortes. Le glacier ne travaille pas seulement au
grand jour, en transportant les débris tombés des
hauteurs ; il travaille encore dans l'obscurité en
polissant le sol qu'il recouvre, en en faisant disparaître les angles et les rugosités. Balayez le pavé
d'une de ces grottes, mettez la roche à nu, et vous
la trouverez invariablement rabotée, limée, polie.
Elle le sera surtout dans les parties qui se relèvent
et font obstacle à la marche des glaces. Ce travail
de polissage est d'une finesse extrême. Les raies se
touchent sans se confondre, et l'on peut suivre la
marche de chacun des grains de sable qui ont tracé
leur sillon sur la pierre.

Toutes ces boues, après un voyage bien autrement
laborieux que celui des blocs qui se font porter,
arrivent au jour, et s'entassent à l'extrémité du
glacier. Là est aussi le rendez-vous général des
moraines qui le couvrent et de celles qui cheminent
sur les bords. Souvent on ne sait où le glacier finit,
tant il est encombré de matériaux. On le traverse
comme on traverserait les dépôts d'un éboulement.

Des plantes peuvent s'y tromper. On trouvera quelques renoncules sur les dernières pentes du glacier de Zmütt, au pied du Cervin. Il est vrai qu'il est chargé entre les plus chargés, et que des naturalistes s'y trompent parfois, aussi bien que les renoncules. Enfin la glace cesse tout à fait, et il ne reste que la grande moraine de front, formée par la réunion de toutes les autres et cimentée par la boue qui s'échappe de dessous le glacier. Elle se déploie en ceinture devant lui, et l'entoure d'un formidable rempart. C'est parfois toute une ascension que de la gravir. Au reste, rien de plus irrégulier que ces vastes amas. Le glacier bat-il en retraite, il les abandonne, et recule en jonchant le sol de débris éparpillés ; puis, après quelques années pluvieuses, on le voit revenir sur ses pas et porter le désordre au milieu de ses vieilles moraines. Il les attaque par le fond, les soulève, les culbute, les renverse sur elles-mêmes. Rien ne lui résiste, excepté le roc en place, qu'il lime, ne pouvant l'enlever. S'il rencontre un sapin, il le couche à terre ; une hutte en bois, il la pousse plus loin ; une prairie, il l'ensevelit et glisse sur les gazons, à moins qu'il ne s'engage, comme un soc de charrue, sous la couche de terre végétale, qui s'enroule et s'empelotonne devant lui. C'est sa manière de labourer. Il fait tout cela doucement, sans bruit, sans secousses, avec une apparence de débonnaireté qui ajoute à l'effet de ces scènes de destruction.

C'est exactement le contraire du torrent qui s'en échappe. Celui-ci, qui semble vouloir tout emporter, se consume en efforts inutiles contre les blocs qui obstruent son lit, et sa rage n'aboutit qu'à charrier de pauvres galets ; il a la violence des faibles. Le glacier procède autrement : il avance sans qu'on l'entende, patient, mais irrésistible. Il ne détruit pas pour détruire, il ne fait qu'écarter les obstacles. Les malheureux dont il ravage les champs le regardent faire avec une muette résignation ; ils assistent à leur ruine et n'essaient pas de la conjurer.

Pour se faire une idée juste de ce qu'il peut y avoir de force dans ces fleuves solides qui marchent toujours, il est bon d'avoir vu à l'œuvre de très petits glaciers. On s'attend à des effets proportionnés à leur taille, et l'on est tout surpris de trouver sur leurs bords, pour peu que la roche s'y prête, des entassements fabuleux. Ils sont moins menaçants, parce qu'ils ne descendent pas jusqu'au milieu des forêts et des pâturages ; cachés dans quelque excavation de la montagne, ils n'attirent pas les regards ; mais si on prend la peine de les y aller chercher, on trouvera qu'ils ont déjà toutes les allures de leurs puissants aînés et qu'ils font rage dans leur solitude. Ils ont des moraines plus grosses qu'eux ; il y en a deux, trois, quatre rangées, et souvent pour les atteindre il faut pendant des heures remonter des champs de ruines. Il est vrai de dire qu'à la hauteur où ils habitent, l'œuvre de destruction qu'ils accomplissent ne disparait pas sous la verdure ; les traces de leurs oscillations pendant une longue suite d'années et de siècles sont partout visibles et l'on peut juger à la fois de leur travail actuel et de leur travail passé.

Les touristes ont coutume de distinguer entre les glaciers qui sont purs et ceux qui ne le sont pas ; ils ont pour les premiers une préférence marquée ; c'est à sa pureté que le glacier de Rosenlauï, dans l'Oberland bernois, doit sa célébrité. Les glaciers ne sont jamais tout à fait purs. Il leur faudrait, pour rester purs, n'être pas dominés, ou ne l'être que par des montagnes parfaitement solides, ce qui ne se rencontre nulle part dans la chaîne des Alpes. C'est une question de degré, il y a du plus et du moins ; mais entre ce plus et ce moins la différence est grande, et rien n'empêche absolument de croire à des glaciers purs. Il est naturel qu'ils plaisent davantage, et sans doute il faut conseiller aux personnes qui veulent avoir vu un glacier de choisir parmi ceux qui sont le moins chargés de débris. Elles emporteront d'une visite au Rosenlauï le souvenir d'un spectacle brillant, tandis que si on les avait conduites au glacier de Zmütt, elles demanderaient sans doute comment on a pu les faire voyager si loin pour leur montrer de telles horreurs. Cependant les glaciers les plus purs sont rarement les plus intéressants.

Cette pureté même est un indice de pauvreté ; elle prouve qu'ils ont vu peu de pays, qu'ils ont cheminé sur des pentes uniformes, et que le voyage n'a pas été riche en événements. Les très grands glaciers finissent tous par se charger de ruines, et si on demande à la nature autre chose que des impressions superficielles et agréables, on en visitera les parties les plus souillées avec autant d'intérêt que celles où ils brillent au soleil, purs et immaculés.

Les grands glaciers ont ceci de remarquable qu'ils se forment à l'ordinaire par la réunion de plusieurs glaciers. Les rivières ont besoin de quelque temps pour confondre leurs eaux ; les glaciers se soudent et ne se mêlent pas. Si l'un est plus pur que l'autre, il se distingue encore par sa blancheur dans le lit où ils coulent côte à côte. Leurs moraines d'ailleurs les accompagnent et les séparent fidèlement. Chacune d'elles est une limite, et il suffit d'en considérer le réseau pour décomposer le glacier.

Parmi les plus grands glaciers de la Suisse, on en compte trois qui jouissent d'une célébrité particulière, celui de l'Aar, celui d'Aletsch et celui du Mont-Rose. Le premier est le plus simple. Deux fleuves jumeaux tombent des montagnes, et, séparés par une muraille de rochers, coulent parallèlement ; puis la muraille s'abaisse, ils se joignent et remplissent de leurs flots apaisés une vallée haute et large, où ils cheminent d'un cours égal et majestueux : tel est

le glacier de l'Aar. Celui d'Aletsch est le glacier-roi, qui ne connaît que des tributaires. Derrière l'Aletsch-horn se cache un réservoir où se rassemblent les eaux solides de tout un amphithéâtre de montagnes; le glacier d'Aletsch s'en échappe, pour s'engager dans une vallée au long cours, qui, au lieu de lui ouvrir le chemin de la plaine, le fait tourner lentement autour de la cime où il a pris naissance et dont il porte le nom. Du haut de l'Aletschhorn on peut, à volonté, faire rouler des quartiers de roc au nord, au sud, à l'est, à l'ouest, tous par une route ou par une autre rejoindront le glacier géant qui fait ceinture autour de lui. Bien différent est celui du Mont-Rose : c'est le glacier composite, multiple, gigantesque produit de dix glaciers formidables. Ils descendent de toutes les pointes du Mont-Rose, les uns purs, les autres souillés, les uns à flots tranquilles, les autres en se brisant aux parois des ravines, et viennent se réunir dans la vaste enceinte que dominent tant de sommets rivaux. C'est moins un fleuve qu'une mer en mouvement; une mer qui tout à coup voit le chemin se fermer devant elle, et qui ne trouve d'issue que par une gorge étroite entre deux murailles inébranlables. Le glacier s'y précipite, il se fait torrent, se brise, se hérisse, puis se tordant sur lui-même à un dernier contour de la gorge, il en débouche, abrupte et tourmenté, et vient mourir sur le fond verdoyant de la vallée.

22

Veut-on se donner l'entière et ineffaçable impression des grandeurs du monde alpestre, qu'on aille visiter un de ces trois glaciers, mais qu'on ne se borne pas à y toucher barre en passant. Quand on veut voir un fleuve on en descend ou l'on en remonte le cours ; faisons de même pour ces fleuves solides. Jeunes gens, qui avez le souffle léger, le jarret infatigable, profitez d'une belle nuit pour gagner cette cime de Jazzy, qui continue au nord la haute ligne du Mont-Rose. Alertes comme vous l'êtes, vous y arriverez presque à l'aurore ; puis, quand vous aurez pris haleine et joui quelque temps de la vue, remettez-vous en route, et faites, vous aussi, votre voyage du glacier. Imposez-vous pour loi de ne mettre le pied sur la rive que lorsqu'il le faudra absolument. La route est longue, parfois difficile ; allez toujours, la récompense qui vous attend est d'avoir vu la nature travailler dans sa puissance et de vous être en quelque sorte associés à son œuvre. Moraines, ruisseaux, aiguilles, crevasses, grandes et petites choses, regardez tout au passage. Si quelques études préliminaires vous permettent d'observer comme le ferait un naturaliste, tant mieux ; sinon, regardez encore. Heureux, sans doute, celui qui peut deviner le secret des choses ! heureux déjà celui qui peut les voir et s'en graver l'image dans l'esprit ! Voyez ce que deviennent, à mesure qu'elles s'écoulent vers les profondeurs où nous vivons, ces neiges éthérées, parure des hauts sommets. De ce monde aérien, qui semble n'appartenir ni au ciel ni à la terre, passez à celui du glacier, plus voisin de nous, premier et gigantesque théâtre de luttes, de labeur et de destruction. Ils se touchent, et pourtant ce sont déjà deux pôles. Légères sont les neiges d'en haut; le glacier est pesant, il ne se meut qu'à force d'obstination, et jusque dans les jeux les plus hardis de ses hautes cataractes il y a de l'effort, de la contrainte et je ne sais quelle rude gaucherie; s'il a des aiguilles légèrement posées, ce ne peut être que par quelque hasard d'équilibre, qui leur permet de rester dans la position d'une tour qui va tomber. Les neiges d'en haut sont pures et lumineuses, elles ont bientôt enseveli ce qui pourrait les souiller, en toute saison elles resplendissent au soleil; le glacier se découvre chaque été, et ne craint pas d'étaler aux yeux les matériaux qui le salissent. Les neiges d'en haut ne semblent faites que pour briller; le glacier est fait pour charrier, il a les épaules robustes, il ne cède pas sous les plus gros blocs, il les soulève au besoin dans les airs, et vous renverseriez sur lui toute une montagne qu'il en transporterait les débris à la plaine avec ordre, avec lenteur, avec la patience de la force, et sans jamais fléchir sous le poids. Les neiges d'en haut habitent un pays de lumière, pour elles sont les premiers rayons de l'aurore et les dernières lueurs du couchant; le glacier se traîne dans les vallées, et ne voit le ciel qu'entre deux murailles de rocher. Les neiges d'en haut ont de l'espace pour jouer et tourbillonner ; le glacier n'a pas de place pour ses vagues congelées, qui se gênent dans les défilés et s'y pressent les unes sur les autres. Les neiges d'en haut protégent les cimes ; le glacier les mine par dessous, les ronge, les lime, et convertit en boue la charpente des Alpes. Les neiges d'en haut reposent inoffensives dans d'éternelles solitudes ; le glacier est un envahisseur qui descend en rampant jusque dans les vallées populeuses, attaque les champs des hommes et renverse leurs habitations. Et cependant c'est bien des neiges d'en haut que naît le glacier, mais par quelle série de métamorphoses insensibles ! Amollies par la chaleur du jour, durcies par les gelées de la nuit, elles se fixent, se tassent, deviennent une masse rugueuse, puis une espèce de ciment grossier, puis une glace à gros grains, moitié opaque, moitié transparente, mais de plus en plus compacte, jusqu'à ce qu'enfin de cette chose légère qui s'appelle une étoile de neige, de ces mille paillettes qui voltigent à la manière des moucherons bercés sur leurs ailes diaphanes, se soit formé ce reptile effrayant et superbe qui s'accroche aux aspérités des rocs, déroule ses plis le long des précipices et fait craquer dans les gorges de la montagne ses anneaux monstrueux.

IV

Donc les glaciers marchent, c'est par eux que s'écoule le trop plein des neiges des hauteurs, par eux qu'elles sont rendues à la grande circulation des eaux. Tous les accidents de leur cours, tous ces phénomènes curieux et variés dépendent de la force qui les fait mouvoir. Quelle est cette force? Nous les aurions bien mal décrits si le lecteur ne se l'était pas encore demandé. La science s'est posé la même question. Nous n'essaierons pas de retracer tous les efforts qu'elle a faits pour y répondre, ce serait une longue histoire. Quelques mots cependant, moins pour satisfaire la curiosité que pour l'exciter, si possible.

Dès le commencement du siècle passé, Scheuchzer, l'un des plus habiles physiciens du temps, disait que le mouvement des glaciers s'explique par l'infiltration et la congélation de l'eau dans leurs fentes et interstices. Mais Scheuchzer écrivait en latin ; les glaciers n'avaient pas encore piqué la curiosité publique, et ce qu'il put en dire n'attira guère que l'attention des savants. Il était réservé à de Saussure de populariser la géographie physique des Alpes et

toutes les questions qui s'y rattachent. Or de Saussure n'adopta point les vues de Scheuchzer. Selon
lui, le mouvement des glaciers était l'effet direct de
la pesanteur ; il lui semblait fort naturel que ces
masses gelées, entraînées par la pente, dégagées par
les eaux de toute adhérence avec le sol, glissassent
sur les flancs des monts. Cette théorie est la première qui ait eu généralement cours parmi les
savants et dans le public, et on peut l'envisager
comme le point de départ de tout le travail posté-
rieur.

Cependant on avait peine à comprendre comment
certains glaciers peuvent glisser sur un fond plat ou
dont l'inclinaison moyenne ne dépasse pas celle que
le génie moderne autorise pour les grandes routes
de montagne. Cette difficulté parut bien plus grande
quand on eut acquis la certitude que les glaciers
avaient eu jadis une extension infiniment plus considérable. Le moyen de les faire glisser des Alpes au
Jura ? Aussi M. Jean de Charpentier, le premier naturaliste qui se soit fait une idée claire de ce qu'é-
taient les glaciers d'autrefois, revint-il hardiment aux
vues de Scheuchzer. Il fit valoir l'immense quantité
de petites fissures capillaires qui pénètrent en tout
sens la substance du glacier, la facilité avec laquelle
elles s'emplissent, et les alternatives incessantes, en
été presque journalières, de gelée et de dégel dans
les hautes régions. M. de Charpentier ne mettait pas

en doute qu'en additionnant toutes les pressions exercées par la congélation de l'eau contre les parois de ces fissures capillaires, on n'obtînt un déploiement de force suffisant pour expliquer même l'extension des anciens glaciers.

Cette théorie l'emporta d'abord sur celle de de Saussure, puis on y découvrit aussi des difficultés multipliées. Elle se conciliait mal avec le mouvement des glaciers en hiver, mouvement déjà constaté par de Saussure; elle supposait dans leur intérieur des variations de température que l'observation n'a pas confirmées. Elle avait enfin cet inconvénient que la cause du mouvement s'y détruit par le mouvement même. Chaque fissure qui s'emplit et dont l'eau se congèle est perdue pour la force motrice, et quand toutes celles que peut contenir un glacier seraient pleines jusqu'au bord, le froid le plus intense ne pourrait le dilater que de la quantité dont l'eau se dilate en se transformant en glace, c'est-à-dire à peu près d'un dixième, après quoi le glacier ne serait plus qu'un énorme glaçon, compacte et immobile. M. de Charpentier avait entrevu l'objection et cherché à y échapper en supposant que la dilatation de la glace engendre de nouvelles fissures; mais sa théorie, à force de devenir ingénieuse, devenait mal aisée à saisir, et d'ailleurs, quelque effort qu'il fît, il n'obtenait qu'un sursis de peu d'importance.

On finit par comprendre que le problème ne serait

jamais résolu, si on ne se livrait pas tout d'abord à une étude plus attentive des faits. Un naturaliste suisse, Hugi, voyageur intrépide, avait déjà donné l'exemple. Hugi fut imité par plusieurs de ses compatriotes, ainsi que par de nombreux savants étrangers. MM. Agassiz, Desor et Ch. Vogt firent construire une cabane sur le glacier de l'Aar, et y passèrent plusieurs étés. Les frères Schlagintweit étudièrent avec soin l'un des plus grands glaciers du Tyrol. M. Forbes s'établit au Mont-Anvert, et travailla sur la Mer de Glace, M. Martins au Faulhorn, où il observa minutieusement le petit glacier du même nom. Le branle était donné, et dès lors il ne s'est plus passé un seul été sans que les recherches de la science aient été poursuivies avec un zèle infatigable sur plusieurs points des régions glaciaires.

Le premier résultat de ces campagnes diverses fut la réunion d'un très grand nombre d'observations précises. On peut dire que, lorsque Agassiz bâtit sa cabane sur la moraine du glacier de l'Aar, cette cabane devenue célèbre sous le nom d'Hôtel des Neuchâtelois, les glaciers n'avaient été étudiés qu'en gros. Bientôt des données exactes remplacèrent les notions vagues et générales : on connut la structure de la glace à des hauteurs variées, l'action de la fonte fut mesurée, et l'on eut enfin des chiffres qui permirent de se faire une idée précise du mouvement des glaciers. Ce mouvement varie. Il dépend d'une foule de circonstances. Il est plus faible en hiver qu'en été, plus faible aussi à de grandes hauteurs que dans les régions moyennes, il croît en raison de la masse, il est plus sensible à la surface que dans l'intérieur et vers le centre que sur les bords ; mais il est encore très lent quand il atteint son maximum. Il peut être comparé à celui de la pointe extrême d'une aiguille de montre faisant deux fois en 24 heures le tour de son cadran. Il suffit de varier le diamètre du cadran, en passant des petites montres de dames aux grosses montres que l'on fabriquait autrefois, pour représenter à peu près les diverses vitesses observées. Une vitesse de 3 décimètres en un jour est déjà considérable, et il n'y a que peu de glaciers qui cheminent à raison de 100 mètres par an, ce qui suppose un demi-siècle pour un trajet d'une lieue suisse.

De tous ces faits il ne sortit d'abord aucune idée générale nouvelle. La discussion semblait toujours renfermée entre ces deux termes, glissement ou dilatation, lorsque l'Anglais Forbes changea tout à coup la face du débat. Forbes prétendit que les glaciers coulaient. Il les compara à des masses d'argile boueuse, de cire molle ou de lave en fusion. L'idée parut bizarre ; néanmoins elle expliquait tant de particularités curieuses qu'elle eut un prompt succès. On comprenait pourquoi aux plus grands réservoirs de neige correspondent les plus grands glaciers, pourquoi ceux-ci suivent avec une si exacte docilité les contours sinueux du lit qu'ils remplissent, pourquoi le cours en est plus rapide aux endroits resserrés que lorsqu'ils ont de l'espace pour s'élargir, pourquoi ils s'accumulent contre les rochers qui leur barrent le passage, pourquoi la vitesse est en raison de la masse, moindre sur les bords qu'au centre, pourquoi lorsqu'ils se terminent sur un fond plat ils s'étalent en éventail, etc. Forbes n'était pas le premier à parler du mouvement des glaciers comme de l'écoulement d'un fleuve ; cette idée était déjà venue à Gœthe, et un an avant que Forbes eût publié son premier grand ouvrage sur les Alpes, un naturaliste de Zurich, M. Trumpler, avait émis des vues assez semblables dans un mémoire lu à la Société des sciences naturelles réunie à Altorf. Mais Forbes a fait la théorie sienne par l'autorité de son nom et par les développements qu'il lui a donnés. Rien de plus séduisant que la théorie de Forbes, et pourtant rien de plus contraire à la première apparence, rien de plus difficile à admettre pour quiconque avait fait, par exemple, la promenade classique du Jardin, à quelques lieues de Chamouny. La grande cataracte du glacier de Talèfre, au-dessous du Jardin, avec ses franches cassures et le désordre de ses blocs, ne donne guère l'idée d'une substance plastique. Pour peu d'ailleurs qu'on s'aventure sur quelque pente escarpée et qu'il faille recourir à la hache, on ne tarde pas à s'apercevoir que cette glace est singulièrement résistante. La théorie de Forbes, qui faisait disparaître tant de difficultés, se heurtait contre le simple aspect des choses, et quand en multipliant les comparaisons et les images, il parlait de l'écoulement des glaciers à peu près comme on parlerait de celui d'un fleuve de miel, on commençait à douter de la plasticité de la glace pour croire à celle des hypothèses de la science.

Le glacier est-il une masse plastique, oui ou non? Telle était la question qui se posait, et qui devait bientôt conduire à une étude attentive des propriétés intrinsèques de la glace, surtout de la glace formée par la congélation de la neige. Une expérience, qui n'avait pas pour objet direct la théorie des glaciers, donna l'éveil. Faraday montra qu'un bloc de glace coupé en deux se ressoude si on en rapproche les parties, en les serrant l'une contre l'autre, après les avoir exposées à une chaleur suffisante pour que la surface soit humide. Ce fut un trait de lumière pour un autre savant, M. Tyndall. Il fit de son côté des expériences, puis des séjours sur les Alpes, et à peine avait-il vu dans un premier voyage les glaciers de l'Oberland, qu'il corrigeait sur plus d'un point les vues de ses devanciers.

Les expériences de Tyndall sont très connues. Il prit des moules en bois dont le vide figurait une sphère, une lentille, un segment d'anneau. Un bloc

de glace comprimée fut placé entre les deux parties
du premier de ces moules et soumis à l'action de la
presse hydraulique. La glace craqua et se réduisit
en morceaux. On continua de presser, et au bout de
quelques minutes on sortit du moule une belle
sphère de glace pure. On prit ensuite le moule à ca-
vité lenticulaire, on y plaça la sphère qu'on venait
d'obtenir, et après un brisement nouveau on retira
une lentille de glace. On fit de même avec le moule
annulaire, et la lentille devint un segment d'anneau.
Toutefois, pour que ces transformations fussent possibles, il fallait que la température de la glace fût
voisine du point de fusion. Avec de la glace très
froide, et par conséquent très sèche, l'expérience ne
réussissait pas ; une fois la glace brisée, il n'y avait
pas moyen de la ressouder. Rien de plus simple que
ces expériences. Ainsi que l'a fort bien indiqué
M. Martins, elles diffèrent à peine, sauf la précision,
de celles que répètent chaque jour en hiver les enfants qui font des balles de neige. Elles n'en sont
pas moins concluantes. Peut-être la propriété que
possède la glace de se ressouder ainsi, ne diffère-t-
elle pas essentiellement de celle qu'on remarque
dans d'autres corps, le fer par exemple, lorsqu'on
les porte à une température voisine de leur point de
fusion, mais elle semble plus extraordinaire dans la
glace, qui est bien loin d'avoir la malléabilité du fer
chaud et qui manque presque totalement de ducti-

lité. Corps bien autrement revêche, la glace ne se laisse point étirer, et elle ne se laisse pas non plus façonner sans résistance. Toutefois on peut concevoir une force à la fois énergique et douce, qui modifierait insensiblement un morceau de glace en le faisant passer par une série infinie de moules entre la sphère de Tyndall et son segment d'anneau.

Cette propriété, la masse entière du glacier doit la posséder à peu près en tout temps. En hiver elle se refroidit peu, soit à cause de la chaleur naturelle du sol, dont la température est supérieure à 0° jusqu'à 2600 mètres environ, soit à cause de l'épais manteau de neige qui la garantit des influences extérieures. Le glacier se trouve donc toujours dans des conditions peu différentes de celles de l'expérience de Tyndall. Il est impossible que sa température à l'intérieur s'éloigne beaucoup du point de fusion, et en été tout concourt à l'y ramener. En outre, la quantité d'eau qu'il absorbe lui fournit plus que l'humidité nécessaire pour se ressouder s'il se brise. Retenue dans un réseau compliqué de fissures et de cavités grandes et petites, cette eau ne s'écoule ou ne se congèle que peu à peu ; il est probable qu'elle contribue à entretenir les ruisseaux qui en hiver s'échappent encore des glaciers, et, alors même que la provision en serait épuisée, la température générale de la masse ne tomberait point assez bas pour que le glacier fût absolument sec.

A peine Tyndall eut-il mis le pied sur un glacier qu'il reconnut partout deux ordres de phénomènes non seulement distincts, mais contradictoires. Il fut frappé, comme Forbes, de mille effets de plasticité. Le glacier lui parut un fleuve qui se moule sur son lit, et il rendit la justesse de cette comparaison plus évidente encore par une expérience capitale. On avait mesuré le mouvement de plusieurs glaciers dans des conditions fort différentes, mais sans songer à déterminer le point maximum de vitesse aux tournants. On sait comment les fleuves se comportent en pareil cas : ils se jettent de toute leur masse contre le fond des golfes. Si le mouvement des glaciers a lieu par écoulement, ils doivent se comporter de même, et c'est en effet ce qu'ils font, ainsi que Tyndall l'a démontré par des mesures exactes prises sur la Mer de Glace. Le maximum de vitesse n'est au centre que lorsque le glacier chemine en ligne droite, et il se déplace à tous les tournants, de telle façon que la courbe de plus grande vitesse exagère les sinuosités du rivage.

Mais aux phénomènes qui témoignent de la facilité du glacier à se plier aux circonstances, s'en opposaient d'autres qui attestaient la nature revêche d'un corps rigide. Quoi de plus éloquent que le témoignage des crevasses ? Une crevasse est une brisure. Pour qu'une crevasse se forme, il faut une résistance énergique à un effort violent. Si le glacier

se comporte comme un fleuve lent à couler par la
manière dont il s'accommode aux mouvements de
son lit, il se comporte fort différemment quand il se
brise et se déchire.

Quelle relation peut-il y avoir entre des faits si
opposés ? Tyndall apportait avec lui la clef du problème. Le glacier est docile quand il subit un effort
de pression ; il est rebelle quand il subit un effort de
traction.

La pression est partout ; la preuve en est dans le
mouvement même du glacier, qui est constant et
appréciable sur tous les points. Aussi les phénomènes qui attestent la plasticité sont-ils d'autant plus
frappants qu'on embrasse un plus vaste ensemble.
Nulle part on ne les apprécie mieux que du haut
des cimes, d'où l'on peut suivre le cours entier de
quelque grand glacier. L'effort de traction n'est pas
aussi général, et pour s'en rendre un compte exact
il faut voir le glacier en détail. Ce sera, si l'on veut,
un accident, mais un accident si commun que c'est
à peine s'il le cède en importance au fait général.
Deux causes principales contribuent à multiplier les
tractions. D'abord les pentes, les brusques mouvements du sol. Un glacier plus ou moins plat arrive-
t-il au bord d'un précipice, il y sera fatalement
poussé ; mais à peine quelques parties de la masse
y seront-elles engagées qu'elles exerceront par leur
poids un effort de traction sur les parties qui sui-

vent, et dès que cet effort l'emportera sur la résistance qu'oppose la cohésion de la glace, il y aura rupture. En second lieu, des tractions peuvent naître de la pression elle-même. Toute pression inégale doit en produire dans un corps solide. Les parties plus énergiquement poussées tirent celles qui le sont moins. Les crevasses de bord, par exemple, proviennent de ce que le glacier chemine plus rapidement au centre, en sorte que le flot central tire après lui les flots riverains, attardés par le frottement. Ceux-ci résistent, et, conformément aux lois de la mécanique, ils se brisent perpendiculairement à l'effort de traction. C'est pourquoi toutes les crevasses de bord remontent obliquement vers le centre du glacier.

La combinaison de ces deux forces contraires se marque avec la dernière évidence partout où le glacier tombe en cataracte. Livré à tous les hasards d'une chute violente, il semble sur le point d'être réduit à néant, la traction l'emporte; mais à peine atteint-il le bas du gradin qu'il a dû franchir, que la force de pression reprend le dessus, répare toutes ses brèches, et qu'il recommence à s'écouler d'un flot égal et tranquille. La traction a failli le briser en poussière; l'instant d'après la pression l'a ressoudé en une seule et puissante masse. La structure veinée elle-même est une preuve de plus des effets réparateurs de la pression. On sait qu'une violente pres-

sion peut suppléer à la chaleur et ramener la glace
à l'état liquide. Cet accident doit se produire au pied
des cataractes ; il s'y forme des lames liquides d'où
l'air s'échappe sous forme de bulles, et qui, de nouveau congelées, deviennent ces belles tranches de
glace bleue, enchâssées dans la masse plus opaque.
Cette glace bleue est plus dure, et c'est ainsi que de
la lutte engagée entre les forces contraires qui dis-
posent de sa fortune, le glacier sort plus compacte
et plus fortement constitué.

La théorie de Tyndall est une de ces belles géné-
ralisations qui ne sont possibles que lorsque les
questions sont ramenées aux termes véritables. Etant
donné ce premier fait que la glace cède aux efforts
de pression et résiste aux efforts de traction, il ne
reste qu'à supposer une quantité suffisante de glace
reposant sur un plan incliné, et à varier les circonstances accessoires de la même manière que la nature
les varie dans les laboratoires de la montagne, pour
voir naître aussitôt tous les phénomènes dont l'ensemble constitue la physionomie actuelle et l'histoire
des glaciers alpins. Prenez pour plan incliné les
pentes des hautes Alpes, expérimentez sur la neige
qui les charge avec le soleil pour producteur d'humidité, vous verrez ces neiges céder à leur propre
poids, s'écouler lentement, et à mesure qu'elles
s'écouleront se transformer en glace d'abord friable,
puis toujours plus compacte, de même que les balles

que font les enfants se congèlent toujours plus fortement par la pression. Variez les pentes, le système des crevasses apparaîtra avec la richesse de ses accidents. Faites tomber des débris sur la glace, ces débris entraînés reproduiront les moraines. Faites passer un précipice au travers de la route que le glacier doit suivre, les cataractes s'y déverseront, et la structure veinée en portera le témoignage jusqu'à l'extrémité du glacier.

Au fond, la supériorité de la théorie de Tyndall est dans sa clarté plus grande. Cette clarté est-elle parfaite, et n'y a-t-il plus rien à chercher au-delà ? Ce n'est pas sans doute ce qu'a voulu dire M. Aug. de la Rive lorsque, dans son discours à la Société helvétique des sciences naturelles réunie à Genève, il déclarait la théorie des glaciers définitivement constituée.[1] Cette déclaration signifie plutôt que sans la croire achevée de tout point, le célèbre physicien la considère comme reposant dès aujourd'hui sur des bases inébranlables. M. de la Rive lui-même y signale en passant un point encore obscur, à propos de la structure veinée.

J'oserai en signaler un second. La théorie de Tyndall se rapproche de celle de de Saussure en ce sens qu'elle en appelle à la pesanteur comme à la

---

[1] *Actes de la Société helvétique des Sciences naturelles* réunie à Genève les 21, 22 et 23 août 1865. — Voir le discours d'ouverture.

cause première et directe du mouvement des glaciers ; elle en diffère en ce qu'au lieu de supposer
un glissement uniforme de toute la masse, elle suppose et démontre une espèce d'écoulement dans des
conditions très particulières, qui tiennent à la nature
même de la glace. Mais encore ne voit-on pas au
juste comment la pesanteur détermine cet écoulement. Lorsque Tyndall fabriquait ses sphères, ses
lentilles, ses anneaux, il travaillait au moyen de
deux instruments : le moule et la presse hydrauli-
lique. Les moules ne manquent pas dans les laboratoires de la nature ; ce sont les pentes des Alpes,
surtout leurs dépressions et leurs vallées ; mais où
est la presse hydraulique ? — La presse hydraulique,
répond M. de la Rive, est dans les masses de neige
et de glace accumulées sur les sommets et qui exercent leur pression sur la glace qui descend dans les
vallées. Cette réponse me paraît une fidèle traduc-
tion de plusieurs passages de Tyndall. Si je la comprends bien, elle repose sur la distinction, établie
par quelques auteurs et assez généralement admise,
entre les neiges des sommets ou des hauts réservoirs et les glaces des basses régions. Celles-ci
feraient l'office du bloc sur lequel expérimentait
Tyndall, tandis qu'aux neiges des hauteurs appartiendrait le rôle de la presse hydraulique. Mais
quand je vois d'épaisses croûtes glacées suspendues
en permanence aux flancs abruptes du Cervin, j'ai

peine à comprendre la pression des neiges d'en haut. Elles sont trop bien fixées au sol. Elles doivent y adhérer, ainsi que le démontrent d'ailleurs de nombreuses expériences de M. Dollfus-Ausset. Cette hypothèse d'ailleurs ne saurait s'appliquer à nombre de petits glaciers, qui ne sont chargés d'aucun amas de neige permanent ; elle ne semble pas non plus applicable à certains glaciers d'esplanade, celui de Sanfleuron, par exemple, dont la pente est très douce, qui ne sont dominés par aucune cime, sauf par tel pic abrupt totalement dégarni de neige en été, et qui n'en cheminent pas moins sur les hauts plateaux des Alpes. Et quant aux grands glaciers, celui d'Aletsch, par exemple, leur masse n'est-elle pas hors de proportion avec les neiges que l'on pourrait envisager à la rigueur comme pesant sur eux ? Et si cela est vrai des grands glaciers actuels, à combien plus forte raison de ceux d'autrefois ? Où placera-t-on sur les Alpes la presse hydraulique qui faisait mouvoir l'ancien glacier du Rhône ?

M. de la Rive, je l'ai dit, a fidèlement rendu les vues du savant anglais. Il n'en est pas moins vrai que lorsque Tyndall en vient à les résumer dans une série d'aphorismes, il a soin de choisir une formule élastique : « Quand une masse de glace, dit-il, d'une épaisseur suffisante, est rassemblée sur le sol, les parties inférieures sont comprimées par les parties supérieures. Si la masse repose sur une pente,

elle cédera principalement dans le sens de la pente
et se mouvra en descendant ». Plus rien ici ne rappelle les deux zones ; il n'est question ni des neiges
des sommets, ni des glaces des vallées. Une certaine
altitude n'est pas assignée à la force motrice, une
autre altitude aux masses en mouvement. La cause
est partout, l'effet aussi. Néanmoins cette formule
laisse subsister encore quelques doutes, et il y a
peut-être dans la manière dont parle Tyndall plus
de circonspection que de clarté. L'épaisseur étant
posée comme condition, on serait tenté d'en conclure que par les parties supérieures Tyndall entend
les couches de surface et par les parties inférieures
les couches de fond ; dans ce cas le mouvement du
glacier devrait être moins rapide à la surface qu'à
10 mètres, moins rapide à 10 mètres qu'à 20, et ainsi
de suite jusqu'à ce que l'influence du frottement se
fît sentir avec assez de force pour contre-balancer
l'action croissante de la pression. Mais Tyndall lui-
même a prouvé par une expérience, faite au péril
de sa vie, que le maximum de vitesse doit être plutôt à la surface. — S'il faut l'entendre autrement, si,
sans distinguer entre deux zones, Tyndall désigne
par les parties inférieures celles qui sont situées
plus bas sur la pente de la montagne et par les parties supérieures celles qui sont situées plus haut, on
retombe dans quelques-unes des difficultés que soulève la réponse de M. de la Rive ; on se demande

pourquoi marchent les glaciers d'esplanade, et comment l'ancien glacier du Rhône a pu être poussé sur toute la largeur du plateau vaudois, de Vevey au Chasseron, sur une contre-pente de dix lieues.

Nous touchons ici au point obscur de la théorie ; c'en est aussi le point controversé et. qui semble l'être de plus en plus. Une pression étant supposée, Tyndall rend facilement raison des accidents contraires du glacier ; mais il reste à expliquer clairement cette pression elle-même. Aussi plusieurs naturalistes, tout en admettant les résultats positifs des observations et des expériences de Tyndall, cherchent-ils une autre cause à la pression qui fait mouvoir les glaces des Alpes. Quelques-uns veulent qu'elle résulte de l'accroissement des cristaux dont le glacier est formé. Il arriverait à chacun de ces cristaux, toujours baignés par l'eau qui circule dans les fissures, à peu près la même chose qu'aux grains de grésil qui deviennent des grêlons en s'assimilant les vapeurs des nuages qu'ils traversent. L'écoulement apparent du glacier serait un phénomène de croissance. Le glacier serait nourri par la fonte des neiges qui le recouvrent chaque hiver. Ce système rappelle à quelques égards celui de M. de Charpentier, et je crains qu'il ne se heurte à la même difficulté. Il lui faut pour faire mouvoir le glacier d'innombrables fissures capillaires ; il lui en faut une provision toujours renouvelée, et l'on ne voit pas ce qui peut la renouveler. On s'est demandé encore si l'on ne pourrait pas attribuer la pression à laquelle cède le glacier à quelque changement dans sa température. La glace peut aussi bien que les autres corps se réchauffer et se refroidir dans de certaines limites, et comme les autres corps elle se dilate sensiblement sous l'influence de la chaleur. A vrai dire, la température des glaciers est peu variable ; ils se maintiennent à zéro ou très près. Le glacier est un corps toujours plus ou moins en fusion ; mais il suffirait de différences minimes pour qu'il en résultât tour à tour une dilatation et une contraction. La dilatation produirait un effet de pression auquel le glacier céderait dans le sens de la pente ; la contraction produirait un effet contraire auquel le glacier résisterait en se fendillant ou se fissurant.

C'est ainsi que l'ancien débat se continue et se transforme. On ne parle plus de glissement ; on a de même renoncé à attribuer le mouvement des glaciers aux alternatives de gelée et de dégel ; mais on se demande toujours si la pression qu'ils subissent résulte directement de la pesanteur. La plupart des physiciens inclinent pour l'affirmative ; mais en présence des obscurités et des objections persistantes, il semble difficile d'envisager la question comme résolue.

Le degré d'avancement de la théorie répond assez exactement à la quantité et à la nature des observations faites sur les lieux. Ce qu'on a le mieux étudié, ce sont les régions moyennes ou basses. Jusqu'ici, la plupart des naturalistes ont planté leur tente à 2000, 2400, 2600 mètres. La zone comprise entre 3000 et 4000 mètres n'a pas encore été l'objet d'études suivies. On a peu de données sur la première transformation de la neige en glace, sur le mouvement et la température des neiges voisines des sommets les plus élevés, sur les effets du tassement, sur l'état des couches de fond. Aussi n'est-il pas étonnant que la théorie des glaciers garde encore quelques obscurités.

Le moment semble venu de retourner à l'observation avec une ardeur toute semblable à celle qu'y ont mise les premiers pionniers de la science. Il ne s'agit pas de recommencer, mais de reprendre et de continuer l'œuvre d'Agassiz, de Forbes, de Tyndall. M. Dollfus-Ausset, naturaliste infatigable, qui use de sa fortune comme d'un fonds destiné à l'avancement de la science, est entré déjà dans cette voie. Il n'a épargné ni peines ni sacrifices pour multiplier les observations à de hautes altitudes. Il a poussé la curiosité jusqu'à vouloir être exactement instruit de ce qui se passe au cœur de l'hiver à plus de 3000 mètres. C'est lui qui a organisé le séjour que trois guides habitués aux observations météorologiques ont fait il y a deux ans au Saint-Théodule. Cet exemple sera suivi, et avant peu d'années sans doute des

savants, et non seulement des guides, auront passé
l'hiver à ces hauteurs, et nous en rapporteront toute
une moisson d'observations nouvelles. La science
n'a pas coutume de rester à mi-chemin ; elle ne recule que devant l'impossible. Si d'ailleurs il est une
question qui ait chance d'être étudiée avec suite et
avec zèle, c'est bien celle des glaciers. Les naturalistes qui l'ont abordée lui sont tous restés fidèles.
Plusieurs lui ont voué leur vie. Chaque été ils re-
prennent avec le même plaisir leur sac de voyage.
Ils savent qu'ils trouveront là-haut non le loisir, mais
quelque chose qui vaut mieux, l'étude fortifiante,
l'étude sous le ciel bleu, loin des petites préoccupa-
tions de la vie habituelle. Ils auront à y soutenir
plus d'une lutte contre la nature ; mais ces luttes
sont de celles qui entretiennent la santé ; elles peuvent produire la fatigue, jamais la lassitude, et elles
font jouir également de l'activité et du repos. N'y
a-t-il pas des savants qui se sont fait un véritable
chez-eux de la haute montagne, et qui, de retour
dans la plaine, se trouvent dépaysés et perdus ?
Pourquoi s'en étonner ? La nature, mère de la
science, s'est réservé sur les Alpes un laboratoire
où la main des hommes n'a rien arrangé ni rien dé-
rangé, où le temps a pu faire son œuvre en paix, et
où elle travaille aujourd'hui comme elle travaillait
il y a mille ans : un tel laboratoire vaut un temple.

Il est d'ailleurs bien peu d'études qui réunissent

au même degré et fondent dans une plus parfaite harmonie les jouissances de la poésie et les pures austérités de la recherche scientifique. On ne sait si ceux qui s'y livrent sont plus attirés par les unes ou par les autres. Cette heureuse union se manifeste jusque dans les résultats acquis. Souvent on a reproché à la science de faire pour la nature ce que font pour les poëtes certains commentateurs, qui les dessèchent en les expliquant. Ici rien de semblable; l'admiration n'est pas en raison inverse du savoir. En fait de glaciers, les véritables artistes ne sont ni les peintres, ni les poëtes, ni les littérateurs, ce sont les savants, à commencer par de Saussure et à finir par Tyndall. Plus la théorie approche de son achèvement, plus elle offre de prise à l'art et à la poésie. Qu'est-ce donc que cet étrange écoulement dont Tyndall a révélé les lois contradictoires ? Il n'en est pas de plus laborieux, et il semble appartenir à ces temps fabuleux dont parlent les cosmogonies anciennes, où les éléments n'étaient pas encore séparés et où la matière attendait une forme. Tout s'écoule dans l'univers. L'air se répand dans l'espace, quelquefois doucement, quelquefois avec fureur, toujours avec facilité : les vents ont des ailes aussi bien que les oiseaux. L'eau court à la surface de la terre sans avoir la légèreté des êtres aériens, elle est fixée au sol ; mais elle est chose mobile, elle a grâce à se déplacer. La boue et la lave allongent sur les pentes leurs masses inertes, qui s'épanchent pesamment sans se rompre jamais. Les corps solides ont aussi une espèce d'écoulement : emprisonnez-les dans un espace fermé de toute part sauf un étroit orifice, et à force de peser sur eux vous les contraindrez à s'échapper par la seule voie qui leur soit ouverte. Quant au glacier, il ne peut pas ne pas s'écouler ; il a une carrière à fournir, et il la fournira jusqu'au bout. Cependant il semble que les moyens lui en aient été refusés. Il faut qu'il s'écoule, et il ne peut s'écouler qu'en se brisant à chaque pas pour se reformer aussitôt. A le voir en apparence immobile, à l'entendre gémir et craquer, on croit deviner une lutte entre la loi qui commande et la matière qui résiste. La matière obéit néanmoins, mais avec effort et travail. Elle obéit au prix d'une destruction et d'un enfantement perpétuels !

1867.

NOTE

SUR

LA LITTÉRATURE GLACIAIRE

La littérature *glaciaire*, si l'on peut l'appeler ainsi, devient tous les jours plus riche. C'est, dès à présent, une assez longue étude que celle de la science des glaciers et de son histoire. Peut-être quelques-uns de mes lecteurs, désireux de l'approfondir, me sauront-ils gré de leur donner ici quelques indications sommaires pour les guider dans le dédale des livres, où, au début, il est facile de se perdre. Voici dans ce but une liste des premiers ouvrages à lire ou à consulter, accompagnée de quelques observations.

1. DE SAUSSURE, *Voyage dans les Alpes*. Neuchâtel et Genève, 1779-1796. Particulièrement le chapitre sur les Glaciers.

2. L. AGASSIZ, *Etudes sur les Glaciers*. Neuchâtel. 1840.

3. J. DE CHARPENTIER, *Essais sur les Glaciers et le Terrain erratique du Rhône*. Lausanne, 1841.

4. Chanoine RENDU, *Théorie des Glaciers de Savoie*, insérée dans le tome X des *Mémoires de l'Académie royale de Savoie*, 1841.

5. Desor, *Excursions et séjours dans les Glaciers et les hautes régions des Alpes*. Neuchâtel, 1844.

6. Desor, *Nouvelles excursions et séjours dans les Alpes*. Neuchâtel, 1844.

7. J.-D. Forbes, *Travels through the Alps of Savoy, etc. with Observations on the Phenomena of Glaciers*. Edimbourg, 1845.

8. L. Agassiz, *Système glaciaire* ou *Nouvelles Etudes et Expériences sur les Glaciers actuels*. Paris, 1847.

9. A. Mousson, *Die Gletscher der Jetzzeit*. Zurich, 1854.

10. J. Tyndall, *The Glaciers of the Alps*. London, 1860.

11. A. de la Rive, *Discours prononcé le 21 août 1865 à l'ouverture de la quarante-neuvième session de la Société helvétique des Sciences naturelles, réunie à Genève*. Voir les *Actes de la Société helvétique des Sciences naturelles*. Genève, 1865.

12. William Huber, *Les Glaciers*. Paris, 1867.

13. Dollfuss-Ausset, *Matériaux pour l'Etude des Glaciers*. Paris, 1864, etc. Publication non encore terminée.

On pourrait joindre à cette liste les articles publiés par M. Ch. Martins dans la *Revue des Deux-Mondes*, en 1847 et 1867 ; les derniers ont été réunis en brochure sous le titre : *Les Glaciers actuels et la Période glaciaire*, Paris, 1867.

Les ouvrages de de Saussure, Agassiz, Charpentier, Forbes et Tyndall (nᵒˢ 1, 2, 3, 7, 8, 10), sont les principaux monuments de la science des glaciers ; on y trouvera, exposées par leurs auteurs, les diverses théories par lesquelles on a cherché à expliquer le mouvement des glaciers. L'un des plus classiques est celui d'Agassiz (nᵒ 2). Il a paru quelques mois avant celui de J. de Charpentier. Néanmoins tous les savants

suisses savent que le véritable auleur de la théorie
du mouvement des glaciers par la congélation de l'eau
dans les fissures capillaires, et de celle du transport
des blocs erratiques par les glaciers, est Jean de Charpentier. C'est à lui qu'appartient la priorité réelle. Il
est bon de l'observer, parce qu'on s'y est trompé plus
d'une fois à l'étranger. M. Agassiz est assez riche de
son propre fonds pour qu'on ne l'enrichisse pas encore du mérite d'autrui. J'ajouterai que l'ouvrage de
J. de Charpentier, moins agréable à lire, moins lit-
téraire, est sur plusieurs points d'une critique plus
exacte. On fera bien, selon moi, de lire Charpentier
avant Agassiz. Il peut être utile de rappeler à ce propos que l'ouvrage de M. Agassiz est antérieur à ses
grands séjours au glacier de l'Aar. Il en corrigeait les
épreuves lorsqu'il vint s'y installer en 1840. Avec plus
de patience il aurait sans doute évité plus d'une erreur. Il n'aurait pas affirmé, par exemple, que le mouvement des glaciers est plus rapide sur les bords qu'au
centre, et il n'aurait pas expliqué le fait si simple que
les matériaux enfouis dans le glacier reparaissent à la
surface à une certaine distance par une pression ou
poussée de bas en haut.

L'ouvrage du chanoine Rendu (n° 4) est un des plus
intéressants après ceux que nous venons de citer. Dès
1839, M. Rendu avait entrevu et à moitié deviné plusieurs des faits mis en pleine lumière par Forbes et
Tyndall.

Les récits de M. Desor (n°ˢ 5 et 6) sont justement
populaires. Au charme de la narration et des descriptions s'ajoute l'instruction précise. On y trouvera l'ingénieux commentaire des théories de Charpentier et
d'Agassiz, avec toute l'histoire des travaux de ce dernier et de ses compagnons.

Le discours de M. de la Rive (n° 11) est un résumé

succinct, mais fait de main de maître, des résultats jusqu'à présent obtenus. On peut le lire soit avant les ouvrages que nous venons de mentionner et pour s'orienter, soit après, comme conclusion. L'autorité du nom de M. de la Rive ajoute au prix de ce morceau. Le lecteur n'aura pas de peine à voir qu'il nous a plus d'une fois servi de guide, malgré l'objection que nous avons faite sur un point spécial.

La publication de M. Dolfuss-Ausset (n° 13) bientôt terminée, est un vaste magasin où l'on trouve tout ; mais avant de la consulter on fera bien de consacrer quelques heures, peut-être davantage, à en étudier l'ordre. Autrement on courrait le risque de s'y perdre.

Enfin les ouvrages de MM. Mousson et William Huber sont deux petits volumes, simples et bons, à l'usage de tout le monde. C'est, croyons-nous, par l'un ou l'autre de ces deux livres qu'il faut aborder l'étude de la science des glaciers. C'en est la meilleure introduction. Ensuite on passera aux grands ouvrages originaux des hommes qui l'ont créée.

L'ouvrage de M. Mousson, en allemand, est surtout excellent comme méthode. Son seul défaut est de dater de 1854. M. Mousson rendrait un véritable service en en donnant une édition nouvelle, où il pourrait tenir compte des travaux accomplis ces dernières années. M. Mousson, comme M. de la Rive, comme Tyndall, a l'avantage d'être un véritable physicien, ce qui donne à ses déductions une sûreté qu'on ne trouve pas toujours dans les écrits des purs naturalistes sur la théorie des glaciers.

Le livre de M. Huber, de date toute récente (1867), est très agréable à lire, et renferme dans un court espace un nombre considérable de renseignements précieux. Quiconque aura passé deux ou trois jours à le lire sérieusement, trouvera un intérêt double à

toute course dans le voisinage des glaciers, et pourra
même recueillir des observations utiles pour la
science. Je le recommande particulièrement aux nombreux amateurs, membres du Club alpin ou autres,
qui visitent pour leur plaisir les hautes régions.

Il est toutefois une question sur laquelle il m'est
difficile d'être d'accord avec M. Huber, et qui a assez
d'importance, surtout en vue des touristes observateurs auxquels il pourrait servir de guide, pour que je
m'y arrête quelques instants.

Après avoir exposé les diverses théories que l'on a
mises en avant pour expliquer le mouvement des
glaciers, M. Huber les range en deux classes, dont la
première comprend celles qui supposent un glissement, et la seconde celles qui n'en supposent aucun.
Dans la première rentrent celles de Forbes et Tyndall, M. Huber assimilant à un glissement l'épanche-
ment d'un corps plastique posé sur une pente. Cette
classification établie, M. Huber se livre à une discussion assez amusante, parce qu'à la fin on ne sait plus
ni ce qu'il pense ni ce qu'il faut croire, tant il a fait
valoir d'arguments contre les théories à glissement et
les théories sans glissement.

Si je ne me trompe, le point faible de cette discussion consiste dans l'assimilation faite par M. Huber
entre glissement et écoulement. Sans aucun doute la
théorie de de Saussure et celles de MM. Forbes et
Tyndall ont ceci de commun qu'elles expliquent le
mouvement des glaciers par l'action directe de la pesanteur. Mais à cela près, elles ne sont point assimi-
lables, et j'en trouve la preuve dans les arguments
que M. Huber leur oppose aux unes et aux autres,
sans distinction. Ces arguments, irréfutables dans la
théorie du pur glissement, ont beaucoup moins de
force contre celle de l'écoulement.

Ils sont au nombre de quatre, dont le premier est que si les glaciers glissaient sur leur lit, ils participeraient à la force d'accélération, comme tout corps en mouvement sur un plan incliné. Or on sait qu'il n'en est rien. Les mesures de Tyndall prouvent que le mouvement de la Mer de glace se ralentit au lieu de s'accélérer.

Remarquons d'abord que les mesures de Tyndall sont très insuffisantes. Elles portent uniquement sur les régions basses ou moyennes de la Mer dè glace. Si au lieu de trois mesures, on en avait une douzaine prises à intervalles égaux, la première aussi près que possible des sommets du Géant, la dernière à l'extrémité du glacier des Bois, on arriverait peut-être à des résultats sensiblement différents. Certains indices donnent à penser que le mouvement des glaciers a deux minima, l'un à leur origine, près des sommets, l'autre à leur extrémité, en sorte que la loi d'accélération, si tant est qu'il y ait à l'appliquer ici, se ferait sentir dans une partie de leur cours. Ces mesures néanmoins, si insuffisantes qu'elles soient, fournissent un argument bien fort contre la théorie du glissement. Mais il suffit de se faire une idée claire de l'écoulement des corps plastiques pour trouver dans les théories de Forbes et de Tyndall une explication plausible du fait démontré par Tyndall. Prenez un morceau de poix, représentant à peu près un cube et posez-le sur un plan incliné, après avoir piqué sur l'une des faces latérales une série d'épingles formant une ligne perpendiculaire à la base. Au bout de quelques minutes, si la chaleur est suffisante, un écoulement sera sensible et la ligne d'épingles se couchera lentement dans le sens de la pente. L'épingle inférieure se déplacera à peine; celle qui est immédiatement au-dessus fera plus de chemin, et ainsi de suite. On peut concevoir le morceau de poix comme formé d'une série infinie de couches superposées. La première, celle qui repose sur le plan, une couche idéale, est sans écoulement ; la seconde a coulé en glissant d'une quantité infiniment petite sur la première ; la troisième a participé du mouvement de la seconde en y ajoutant son mouvement propre, et ainsi de suite à travers toute la série jusqu'à la couche supérieure. On voit que dans ce système les vitesses observées à la surface seront en raison de l'épaisseur du corps. Si le glacier est une masse plastique, le même phénomène s'y reproduira, et il est tout naturel que dans sa partie inférieure la Mer de glace chemine moins rapidement, attendu qu'elle devient d'instant en instant moins épaisse.

Le second argument de M. Huber est que certains glaciers, reposant sur des pentes raides, devraient, même en n'admettant pas l'accélération, se mouvoir sensiblement plus vite que ceux qui glissent sur une moindre déclivité. Il en est de cet argument comme du premier. Avec la théorie du glissement, il est difficile, sinon impossible, d'y répondre ; dans celle de l'écoulement on y répond en disant que la rapidité du mouvement est en raison composée de la pente et de l'épaisseur. Un glacier de 200 mètres d'épaisseur reposant sur une pente de 15 degrés cheminera aussi vite et peut-être plus vite qu'un glacier de 100 mètres incliné de 30 degrés.

Le troisième argument est que les glaciers progressent même sur des lits horizontaux ou très peu inclinés, et que pour expliquer ce fait il est difficile d'invoquer la pression des hautes régions sur les basses. Nous croyons avec M. Huber, on a pu le voir, que la pression des « hautes régions sur les basses » n'explique pas suffisamment le mouvement d'un grand nombre de glaciers, et même de glaciers très inclinés.

Comme lui, nous ne comprenons pas le *glissement* des glaciers quand il n'y a pas de pente; mais l'*écoulement* est possible dans toutes les conditions, même sur un plan absolument horizontal. Plaçons notre morceau de poix sur un plan horizontal et nous verrons l'écoulement se produire aussi bien que sur une pente; seulement il se produira dans tous les sens également. Il paraît en être de même pour les glaciers. Celui du Rhône vient mourir sur le fond plat d'une vallée trop large pour qu'il la recouvre entièrement; il s'y étale en éventail par un écoulement rayonnant. Le glacier des Clarides repose sur une haute terrasse peu inclinée et coupée latéralement par un précipice; je ne sache pas qu'on y ait pris des mesures, mais les masses qui en tombent fréquemment indiquent une pression ou poussée latérale.

Enfin M. Huber estime que si le mouvement du glacier était dû à son poids et si, comme on l'admet, la température du lit restait constante, il n'y aurait pas de raisons pour que le mouvement se ralentît pendant la saison froide. Encore un argument qui nous paraît très fort contre la théorie du glissement et nul contre celle de l'écoulement. La facilité d'écoulement est en raison de la plasticité de la glace; la plasticité dépend de son plus ou moins d'humidité. En été, le glacier est très humide, il est donc plus plastique et peut s'écouler plus facilement; en hiver, il est presque sec et ne s'écoule qu'avec peine. S'il était tout à fait sec, le mouvement serait arrêté.

La conclusion de M. Huber est que chaque glacier est un *individu*, dont le mouvement dépend d'une infinité de causes différentes : altitude, dimensions, inclinaison, température, orientation, sinuosités, rugosité du lit, absorption, etc. — N'est-il pas plus naturel d'envisager toutes les causes énumérées par M. Huber comme des circonstances qui modifient l'*individu glacier?* Quant à la cause constituante du glacier, celle qui fait que le glacier est autre chose qu'une masse de neige stationnaire, il semble impossible de la chercher ailleurs que dans une propriété intrinsèque de la glace, propriété qui rende un mouvement possible. A nos yeux la supériorité de la théorie de Tyndall est précisément d'avoir rattaché la formation des glaciers à une propriété de la glace en fusion ou voisine du point de fusion.

L'argument le plus sérieux, à nous connu, que l'on ait invoqué jusqu'à présent contre la théorie de l'écoulement est celui de la première apparence. M. Huber l'exagère lorsqu'il refuse aux molécules de la glace en fusion toute espèce de mobilité les unes par rapport aux autres. Toutefois, il est vrai que, quand on tient dans la main un morceau de glace, extrait de l'un quelconque de nos glaciers, on a peine à se figurer qu'une substance pareille puisse donner lieu à un écoulement. Il y a là une difficulté très réelle, mais elle est peut-être plus grande pour l'imagination que pour la raison. Quoi de plus raide, de moins plastique qu'une feuille de verre. Il n'en est pas moins vrai que si on l'appuie obliquement contre une paroi et qu'on la laisse dans cette position pendant un temps assez long, elle se courbera par le seul effet de son propre poids. Les vitriers le savent bien. Quoi de moins propre à l'écoulement qu'un cylindre d'acier. On l'obligera pourtant à s'écouler, ainsi que l'ont prouvé les expériences récentes de M. Tresca, si on le serre dans une caisse solide et fermée de toute part, sauf un étroit orifice, et si l'on exerce sur lui une pression suffisante. Il y a bien d'autres exemples d'écoulement en réalité beaucoup plus extraordinaire que celui des glaciers.

Il m'est également impossible de comprendre l'opposition que M. Huber établit entre le glacier et la rivière, lorsqu'il dit que la rivière ne débite que l'eau qu'elle reçoit, tandis que le glacier naît, pour ainsi dire, de lui-même. C'est au contraire l'analogie qui me paraît frappante. Le glacier, comme la rivière, ne débite que les neiges qu'il reçoit, et l'extension d'un glacier est toujours en raison directe de la quantité de neige accumulée dans les réservoirs où il prend naissance. Ils grandissent après une série d'années humides et neigeuses, ils diminuent après une série d'années sèches, etc. Je ne connais pas de glacier qui naisse de lui-même. Il y en a qui ne sont pas dominés par des pentes neigées; mais encore ne naissent-ils que dans les lieux où il y a de grandes accumulations de neige en hiver.

Si l'on vidait aujourd'hui le bassin du glacier d'Aletsch entièrement, et que demain on y entassât de nouveau tout ce qu'il contenait de neiges et de glaces, mais en les accumulant toutes au-dessus d'une ligne de niveau fixée à 2600 mètres — c'est à peu près, dit-on, la hauteur au-dessus de laquelle le sol garanti des rayons du soleil reste gelé — si enfin on pouvait maintenir ce dépôt égal à lui-même, sans augmentation ni diminution, je serais très porté à croire que dans cinquante ou cent ans le simple écoulement de ces masses entassées, tout semblable à celui du morceau de poix posé sur un plan incliné, aurait reproduit le glacier d'Aletsch actuel. De là à établir une assimilation entre les glaciers et les cours d'eau il y a loin; mais il y a plus loin encore à repousser toute analogie, comme le fait M. Huber. Remarquons d'ailleurs que plus on observe en grand, plus les analogies d'aspect sont frappantes. Il n'y en a point entre un morceau de glace et le verre d'eau qu'il remplira en se fondant; il y en a de très grandes entre la Mer de glace et un fleuve, et tous les observateurs ont éprouvé l'impression qui a fait dire à M. le chanoine Rendu : « Il y a entre le glacier des Bois et un fleuve une ressemblance tellement frappante, qu'il est impossible (ajoutons presque) de trouver dans celui-ci une circonstance qui ne soit pas dans l'autre ».

La question me semble se poser ainsi. Tyndall a constaté le fait de la plasticité de la glace humide; il a de plus émis l'hypothèse que cette plasticité était la cause du mouvement qui entraîne les glaciers. Cette hypothèse ne doit pas dominer, mais diriger provisoirement les observations. Dès à présent, les observations les plus urgentes à faire sont celles qui démontreront si, oui ou non, le mouvement du glacier est conforme à l'écoulement des corps plastiques. Il faudrait entre autres :

1° Observer la vitesse des glaciers partout où on peut en mesurer l'épaisseur. Nombre de glaciers aboutissent à une paroi qu'ils surplombent, celui du Glarnisch, celui de l'Uri-Rothstock, etc. On peut en dessiner la coupe exactement, ce qui augmenterait de beaucoup l'intérêt d'observations indiquant leur vitesse immédiatement au-dessus. Quand on pourra comparer la coupe de plusieurs glaciers avec leur courbe de vitesse d'un bord à l'autre, la science aura fait un progrès notable.

2° Observer la vitesse des glaciers à diverses profondeurs. On signale comme une circonstance rare celle qui a permis à Tyndall de planter trois piquets sur une tranche latérale de la Mer de glace et d'en suivre le mouvement. La circonstance est en effet rare pour les grands glaciers encaissés dans de profondes vallées. Elle l'est moins pour ceux qui couvrent des terrasses accidentées. J'ai rencontré plus d'un lieu où l'on pourrait répéter avec avantage les observations de Tyndall. J'indiquerai entre autres le glacier de la Sandalp, au tournant de l'Hintere Spitzli.[1] Il se forme là une espèce de crevasse-vallée dont un versant est une paroi de rocher, l'autre une paroi de glace. En prenant les précautions nécessaires, il ne serait point difficile de faire contre cette paroi, au moyen de piquets, l'expérience des épingles sur le morceau de poix. Cette localité aurait en outre l'avantage que la crevasse se prolonge sur le flanc d'un glacier précipiteux, ce qui permettrait de répéter l'expérience à des niveaux différents. Il est probable que d'autres voyageurs pourraient indiquer d'autres localités tout aussi favorables, peut-être plus favorables encore. Ce serait un grand progrès dans l'étude des glaciers qu'une série d'observations analogues. On n'a encore que celle de Tyndall, qui est trop fragmentaire pour qu'on puisse en tirer des conclusions précises et développées. Sur une tranche pareille il faudrait pouvoir observer une rangée de piquets placés de dix en dix mètres, ou même plus rapprochés.

3° Dresser la carte exacte du courant de plusieurs glaciers, y compris leurs affluents et embranchements, à partir des sommets où reposent les neiges qui les alimentent jusqu'à leur extrémité. Toutes les observations que l'on a jusqu'à présent sont fragmentaires, et il n'y a pas un glacier dont on puisse dire que le mouvement en est connu dans son ensemble. Des cartes pareilles accompagnées de toutes les données qu'on aurait pu recueillir sur la nature et la forme du lit, sur l'épaisseur du glacier, etc., seraient d'un haut intérêt. Elles tireraient au clair la question de

---

[1] Voir les *Alpes suisses*, ASCENSIONS ET FLANERIES, *Suisse centrale*, p. 60 et suiv.

l'influence de la pente, et celle de la loi, s'il y en a une, d'accroissement ou de décroissement de vitesse dans le sens de la longueur du glacier. Rien ne contribuerait davantage aux progrès de la théorie que la comparaison de cartes pareilles représentant le mouvement de glaciers placés dans des conditions différentes, glaciers simples, glaciers composés, glaciers remaniés, glaciers de gorge, glaciers d'esplanade avec possibilité de mouvement rayonnant, etc.

De telles observations devraient être poursuivies régulièrement d'après un plan d'ensemble. Elles demanderont du temps et de l'argent. Il est fort à souhaiter qu'une association s'en charge. Les seules associations qui puissent le faire sont les clubs alpins, et celui qui devrait en prendre l'initiative est sans doute le club alpin suisse. J'ai l'intention de le lui proposer dans sa prochaine session, à Berne.

Zurich, le 20 juillet 1868.

TABLE

LIBRAIRIE F. ROUGE, LAUSANNE

★

OUVRAGES DU MÊME AUTEUR :

Alpes suisses : Récits et Croquis, 1 volume . Fr. 3 50
Contenu : *Les cerises du vallon de Gueuroz.
— Le chevrier de Praz-de-Fort. — Une
bibliothèque à la montagne. — Interlaken.
— La batelière de Postunen.*

Alpes suisses : Ascensions et Flaneries. ALPES
VAUDOISES ET DENT DU MIDI, 1 vol. . Fr.
Contenu : *Les plaisirs d'un grimpeur. —
La Dent du Midi. — Bex. — Deux jours
de chasse sur les Alpes vaudoises. — Une
Course manquée. — C'est le renard, his-
toire de chasse. — Villars-Chésières et les
Alpes vaudoises. — La fête de la mi-été à
Anzeindaz en 1870. — Appendice : A pro-
pos de l'accident du Cervin.*

Alpes suisses : Ascensions et Flaneries. SUISSE
CENTRALE, 1 vol. . . . . Fr.
Contenu : *Linththal et les Clarides. — Le
Pilate et le Rigi. — Le Rayon bleu. — Le
Bristenstock. — De Schwyz à Schwyz par
Sion. — Le Rheinthal après l'inondation.*

Poésies, deuxième édition, 1 volume . . . Fr. 5 —

Dernières Poésies. Les Gruyériennes. Poésies
diverses. 1 volume . . . . Fr. 5 —

Poésies et chansons d'enfants. Les quatre
saisons. Grand in-8 relié . . . . . . Fr. 3 —

Corneille, Racine et Molière, deux cours sur la
poésie française au XVIIe siècle. In-8 . Fr. 3 —

Ecrivains nationaux, première série, Genève,
1 volume in-12 . . . . Fr. 1 —

Alexandre Vinet, sa vie et ses ouvrages. In-8
troisième édition, 2 volumes. . . . . Fr. 6 —

Alexandre Calame, sa vie et son œuvre.
Grand in-8 . . . . Fr. 7 50

Lausanne. — Imprimerie Aug. Pache, Cité, 3.